第4版

「解散・清算の実務」

完全解説

―法律・会計・税務のすべて―

公認会計士・税理士
太田 達也 著

税務研究会出版局

第4版の刊行にあたって

　本書は、解散・清算の実務について法務、会計、税務の各分野を関連づけながら総合的に解説する書として、平成22年8月に新刊書として刊行され、その後2回改訂が行われていたものである。「第1編　法務編」、「第2編　会計編」、「第3編　税務編」の3つに分けて構成されており、解散・清算の手続、財務書類の作成方法、税務処理および税務申告書の作成方法、株主・債権者の税務処理をも含め、解散・清算の実務処理全般について設例を交えて総合的に解説している。最新の税法規定を踏まえた実務処理・留意点について詳しく解説した書として、多くの読者にご愛読いただいた。

　今回の改訂にあたっては、次の点を中心として加筆等を行っている。

　第1に、最新の税法等に基づいて、加筆修正を行った。別表等の明細書の記載例についても、最新の様式に見直している。また、解散事業年度以後の事業年度について適用できない特別償却、税額控除制度についても、大幅に改正されており、最新のものに改訂している。

　第2に、平成22年度税制改正前の旧税法が適用される平成22年9月30日以前の解散は、実務上ほとんど発生しなくなったため、旧税法に関連した箇所は全面的にカットした。その結果、全体として見やすい構成になったと思われる。

　第3に、「補編　各種相談事例」は、筆者がこれまでセミナー等で受けた質問や相談について、一定の回答をまとめているものであるが、今回の改訂にあたって新しい質疑を追加している。

　本書が引き続き読者の方々の実務にご参考となりお役立ていただければ、著者として幸甚の限りである。

　本書の内容のうち意見にわたる部分には、筆者の個人的見解が含まれている。したがって、文責はすべて筆者にあることをお断りしておきたい。

　最後に、本書の企画・編集・校正にあたっては、（株）税務研究会の長倉潤氏にご尽力をいただいた。この場を借りて心から謝意を申し上げる。

令和6年10月

公認会計士・税理士　太田達也

は　じ　め　に

　ここ最近、会社の事業の継続を断念するケースが増加している。会社の業績悪化や後継者難など理由は様々であるが、会社を解散・清算することにより消滅させようとするケースが従来以上に増えているように思われる。

　会社を解散・清算するためには、関係する株主、債権者等の協力も必要であるが、その実務には高い専門的知識・スキルが必要不可欠である。法務および会計の面のほか、特に税務の面での高いスキルが必要といえる。また、清算手続に特有の留意事項も数多く存在している。

　平成22年度税制改正により、会社を清算したときの所得計算が、財産法から損益法に改められ、従来と抜本的に異なる課税体系に変更されることとなった。平成22年9月30日以前の解散については改正前の税法が適用され、平成22年10月1日以後の解散については改正後の税法が適用される。

　改正前の税法のもとでは、残余財産が残らない場合には、課税が生じることはなかった。平成22年10月1日以後の解散に適用される改正後の税法のもとでは、継続企業の所得計算と同様の仕組みである損益法が適用されるため、債務免除を受けたときの債務免除益や資産を売却したときの売却益などが益金の額に算入されることになり、欠損金の控除でカバーできるのかどうかが最大のポイントとなる。青色欠損金の控除でカバーできないときは、残余財産がないことが見込まれることを条件として、期限経過欠損金（期限切れ欠損金）の損金算入が認められることとされたため、期限経過欠損金を利用する場面が少なからず生じる。

　本書では、改正前の税法と改正後の税法を十分に比較しながら、その相違点、有利・不利の問題なども含めた実務上の留意点を取り上げている。

　本書は、「第1編　法務編」、「第2編　会計編」、「第3編　税務編」の3つに構成されており、解散・清算の手続、財務書類の作成方法、税務処理および税務申告書の作成方法、株主・債権者の税務処理をも含め、解散・清算の実務処理全般について設例を交えて総合的に解説している。本書が、実務家の皆様のお役に立てることを切に願ってやまない。

　なお、本書の内容のうち意見にわたる部分には、筆者の個人的見解が含まれている。したがって、文責はすべて筆者にあることをお断りしたい。

　最後に、本書の企画・編集・校正にあたっては、（株）税務研究会の奥田守氏にご尽力をいただいた。この場を借りて心から謝意を申し上げたい。

　平成22年8月

公認会計士　太田達也

目　　次

第2編　会　計　編

第3編 税 務 編

第1章 総 論 ………………………………………………………………………… 86

第2章 解散事業年度に係る税務申告 …………………………………… 94

凡　例

主な略語は以下のとおりです。

法法 ……………………………………… 法人税法

法令 ……………………………………… 法人税法施行令

法規 ……………………………………… 法人税法施行規則

法基通 …………………………………… 法人税基本通達

措法 ……………………………………… 租税特別措置法

所法 ……………………………………… 所得税法

第1編
法務編

第1章

総　　論

1 会社解散と清算

(1)　会社解散および清算

　会社解散とは、会社の法人格の消滅を生じさせる原因となる法的事実である。会社が解散すると、通常は清算手続が開始されるが、破産の場合は破産法に基づく破産手続が開始される。

　清算手続とは、会社を取り巻く一切の法律関係を処理するために実行される手続である。解散会社の資産を換価し、一方において債務を弁済し、もしくは債務免除を受け、残余財産が生じる場合には残余財産を株主に対して分配する手続である。

　合併を除き、解散によって会社の法人格が直ちに消滅するわけではない。清算手続においては、法人格は上記の清算手続の結了をもって消滅することになる。破産手続の場合も、破産手続の結了をもって法人格が消滅することになる。清算、破産は、いずれも解散会社の後始末をする手続であり、解散会社の資産・債務の整理を行い、残余財産が残った場合には株主に分配するという形で、最終的に会社が消滅する。

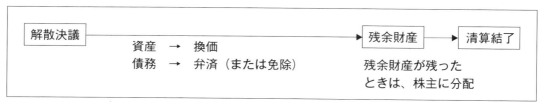

　基本的に債権者に対する債務の弁済が株主に対する分配に優先されるため、清算中の法人は配当できないとされている点に留意が必要である。

(2)　解散事由

　会社の解散原因であるが、次に掲げる事由により会社は解散する（会社法471条、472条）。このほかに、銀行、保険会社等の特定の業種の会社について、特別法（銀行法、保険業法等）において解散原因が定められているものがある。

任意解散	① 定款で定めた存続期間の満了
	② 定款で定めた解散の事由の発生
	③ 株主総会の決議
	④ 合併（合併により当該株式会社が消滅する場合に限る）
強制解散	① 破産手続開始の決定
	② 解散を命ずる裁判（会社法824条1項または833条1項の規定によるもの）
	③ 休眠会社のみなし解散

　任意解散の場合で最も多いのは、株主総会の決議によるケースである。株主総会の特別決議を経る、すなわち会社の意思決定により解散する場合が多いのは周知のとおりである。

　以下、各事由の説明をする。

① 定款で定めた存続期間の満了

　定款により会社の存続期間を定めた場合は、その存続期間の満了により会社は解散する。その時期は客観的に特定できるものであれば問題ない。ただし、その存続期間は登記することが必要である（会社法911条3項4号）。

　なお、定款により存続期間を定めた場合であっても、その存続期間の満了前に株主総会決議等の他の解散原因により解散することはできる。

② 定款で定めた解散の事由の発生

　定款により会社の解散事由を定めた場合は、その解散事由の発生により会社は解散する。この解散事由は、例えば特定の株主の死亡や鉱物資源の枯渇等のように、客観的・具体的に認識できるものであることが求められ、どのようなときに発生するかが客観的に判定できないような解散事由を定めた場合は、その定款の規定は効力を有しないと解されている[1]。

　なお、定款により解散事由を定めた場合であっても、その解散事由の発生前に株主総会決議等の他の解散原因により解散することはできる。

③ 株主総会の決議

　株式会社は、いつでも株主総会の解散決議によって解散することができる。解散決議は、後で説明するように、特別決議の方法による必要がある（会社法309条2項11号）。解散決議に手続上の瑕疵がある場合、内容が定款に違反する場合などは、決議取消の訴

1　新基本法コンメンタール「会社法2」日本評論社、P419（吉川栄一）。

えにより解散決議の効力を争うことができる。また、決議内容が法令違反に該当する場合は、決議無効の訴えにより争うことができる。あるいは、解散決議の不存在の場合には、利害関係人は訴えによらないで解散の無効を主張できるが、清算結了し会社の法人格が消滅したときは、会社に対してそれを争う方法はなくなると解されている[2]。

　株主総会の決議による解散の場合、原則として、解散決議を行った株主総会の日に解散の効力が生じる。解散の日とは、株主総会の解散決議があった日である。一方、判例によれば、期限付の解散決議も有効であるとされているが[3]、その場合は会社の存続期間を定める定款変更が行われたものとして、先の①と同様の存続期間の登記を要すると解されている[4]。

④　合併

　吸収合併における消滅会社は、合併の効力発生日に解散する。清算手続なしに直ちに消滅することになる点が、通常の解散・清算と異なる。吸収合併の登記後でなければ、解散を第三者に対抗することはできない[5]。

　一方、新設合併における各当事会社は、新設会社の成立の日に解散し、清算手続なしに消滅する。

⑤　破産手続開始の決定

　会社は、破産手続開始の決定の時に解散する（破産法30条2項）。ただし、解散し清算中の会社に対して、破産手続開始決定がなされた場合であっても、清算結了前であるときは、解散原因にはならない。

⑥　解散を命ずる裁判

　解散を命ずる裁判には、解散命令（会社法824条）と解散判決（会社法833条）がある。

ⅰ　解散命令

　会社を代表する権限を有する者が刑罰法令に触れる行為を継続・反復する場合等

2　江頭憲治郎「株式会社法（第7版）」有斐閣、P 990。
3　大判・大正2年6月28日・民録19、P 530。
4　「新注釈会社法（13）」有斐閣、P 13（平出慶道）。江頭憲治郎「株式会社法（第7版）」有斐閣、P 885。
5　合併の効力発生日から2週間以内に、存続会社の本店所在地において、消滅会社について解散の登記を、存続会社について変更の登記を行う（会社法921条、922条、商業登記法79条から80条、82条から83条）。

に、公益維持の見地から、法務大臣、株主（社員）、会社債権者その他の利害関係人の申立てによりなされる[6]。

ⅱ　解散判決

　第1に、会社の業務執行上著しく困難な状況に至り、当該会社に回復することができない損害が生じ、または、生ずるおそれがある場合、第2に、会社の財産の管理・処分が著しく失当で会社の存立を危うくする場合において、やむをえない事由があるときは、総株主（完全無議決権株式の株主を除く）の議決権の10分の1（定款でこれを下回る割合を定めることはできる）以上の議決権を有する株主、または、発行済株式（自己株式を除く）の10分の1（定款でこれを下回る割合を定めることはできる）以上の数の株式を有する株主の請求によりなされる。

　株式に譲渡性のない閉鎖的な会社において少数株主が損害を防止するために行使しうる最後の救済手段と位置付けられるが、会社の損害が不可欠の要件とされており、少数株主が恒常的に不利益を被っているだけでは判決は得られない[7]。

⑦　休眠会社のみなし解散

　休眠会社（株式会社であって、当該株式会社に関する登記が最後にあった日から12年を経過したものをいう）は、法務大臣が休眠会社に対し2ヵ月以内に法務省令で定めるところによりその本店の所在地を管轄する登記所に事業を廃止していない旨の届出をすべき旨を官報に公告した場合において、その届出をしないときは、その2ヵ月の期間の満了の時に、解散したものとみなされる。事業を廃止していない旨の届出は、書面によらなければならず、この書面には事業を廃止していない旨などを記載し、登記簿上の会社の代表取締役が記名押印のうえ届け出る必要がある。代理人が届出する場合は、委任状が必要である。当該期間内に当該休眠会社に関する登記がされたときは、解散したものとみなされることはない（会社法472条1項）。当該期間中に役員変更等の登記申請がされたときは、事業を廃止していない旨の届出をしなくても、解散したものとみなされない。

　また、登記所は、上記1項の規定による公告があったときは、休眠会社に対し、その旨の通知を発しなければならない（同条2項）。休眠会社のほとんどは中小の会社であ

6　大阪地判・平成5年10月6日、判時1512号、P 44。
7　江頭憲治郎「株式会社法（第7版）」有斐閣、P 991からP 992。

るため、官報をみていない可能性が高い。そのため、登記所から休眠会社に対する個別の通知が求められているものと考えられる。

　この取扱いは、休眠会社の整理のために設けられているものである。会社法においては、取締役の任期が最長10年に伸長されていることから、最後の登記からの経過期間を12年と設定しているものである。

　なお、特例有限会社の取締役には任期がないため、このみなし解散制度は適用対象外である。それ以外の株式会社については、機関設計の内容にかかわらず適用される。

2　清算株式会社とは

　清算手続中の会社を清算株式会社という。次のように、解散をしていない通常の株式会社と大きく異なる点がある。

(1)　営業行為の制限

　清算株式会社は、清算の目的の範囲内において、清算が結了するまではなお存続するものとみなされる（会社法476条）。存続するものとみなされるだけであるから、清算事務の遂行に必要な範囲でしか営業取引を行うことはできない。例えば、棚卸資産については、解散時に在庫として残っているものについて売却処分等により換価することは清算事務の遂行に必要な範囲であるが、新たな生産を行い、利益を目的として棚卸資産の売却を行うことはできない。ただし、解散時に仕掛品として残っているものについて生産を継続し、完成した製品を売却処分等することは問題ない。

　資産を売却し換価を行うことと、債務を弁済し、もしくは債務免除を受け、債務の整理を行うことを一体的に進めていくことにより、清算事務が遂行される。金銭以外の資産（現物）で分配する場合を除いて、すべての資産を換価し、すべての債務を整理し、残余財産が残る場合に株主に分配することになる。

(2)　取締役の退任および清算人の就任

　会社を解散すると、営業取引を行わないため、取締役、会計参与および会計監査人はその地位を喪失する。それ以後の清算事務は、清算人がこれを行うことになる。株主総会および清算人は必ず設置される機関となるが、定款の定めによって、清算人会、監査役また

は監査役会を置くことができる（会社法477条2項）。

　なお、機関の取扱いについては、別途詳しく解説する。

⑶　剰余金の配当等の禁止

　清算株式会社の権利能力は、清算の目的の範囲内に限定される。すでに説明したように、営業活動などの清算の目的に反する行為はできない。また、同様の趣旨から、次の行為もできない。

　清算株式会社は、自己株式の取得（無償取得および法務省令で定める場合を除く）、剰余金の配当、株式交換、株式移転を行うことはできない（会社法509条、会社法施行規則151条）。また、特別支配株主の株式等売渡請求の規定は、対象会社が清算株式会社である場合には、適用されない（会社法509条2項）。

　清算株式会社における自己株式の取得については、無償取得以外には、次の取得が法務省令により認められている（会社法施行規則151条）。

無償取得の場合以外に自己株式の取得が認められる場合

①　他の法人等が行う剰余金の配当または残余財産の分配により、当該清算株式会社の株式（自己株式）を取得する場合

②　他の法人等が行う組織変更・合併・株式交換・取得条項付株式の取得・全部取得条項付種類株式の取得に際して、当該他の法人等の株式と引換えに、当該清算株式会社の株式（自己株式）を取得する場合

③　他の法人等の当該新株予約権等の定めに基づき、当該新株予約権と引換えに当該清算株式会社の株式（自己株式）を取得する場合

④　吸収合併または新設合併に際して、反対株主の株式買取請求に応じて当該清算株式会社の株式（自己株式）を取得する場合

⑤　清算株式会社となる前にした行為（発行する株式の全部を譲渡制限株式とする定款変更等、株式併合、事業の全部の譲渡等、吸収合併・吸収分割・株式交換、新設合併・新設分割・株式移転）に際して、反対株主の株式買取請求に応じて当該清算株式会社の株式（自己株式）を取得する場合

⑥　当該清算株式会社が清算株式会社となる前に、株主が行った単元未満株式の買取請求に応じて当該清算株式会社の株式（自己株式）を取得する場合

　清算株式会社においては、株主に対する払戻しよりも債権者に対する債務の弁済が優先される。したがって、債務の弁済が終了する前に、株主に対する払戻しを行うことはできないものとされている。その関連から、資本金その他の株主資本の計数の変更（資本金、準備金、剰余金の額の変動）はできない（会社法509条1項2号）。

⑷　**合併等の制限**

　清算株式会社を吸収合併存続会社とする吸収合併、吸収分割承継会社とする吸収分割を行うことはできない（会社法474条）。解散した会社は、清算の目的の範囲内でしか権利能力を有しないからであると解されている。

　逆に、解散した会社が合併消滅会社または吸収分割会社になることはできる。また、株式の買取請求は合併の場合には認められるが、分割の場合には認められない[8]。

　なお、株式および社債の発行はできる。子会社の清算を円滑に行うために、親会社が子会社の新株発行を引き受けることがあり、その場合にも制限はないことを意味する。

3　清算株式会社の機関

　会社は解散決議を行うと、以後は清算株式会社となる。株主総会は、解散前と同じ株主構成で存続するが、それ以外の機関については、次のように取り扱われる（会社法477条）。

> ①　清算株式会社には、1人または2人以上の清算人を置かなければならない。
> ②　清算株式会社は、定款の定めによって、清算人会、監査役または監査役会を置くことができる。
> ③　監査役会を置く旨の定款の定めがある清算株式会社は、清算人会を置かなければならない。
> ④　会社法475条（清算の開始原因）各号に掲げる場合に該当することとなった時において公開会社または大会社であった清算株式会社は、監査役を置かなければならない[9]。

⑴　**清算人の職務**

　清算人は、次に掲げる職務を行う（会社法481条）。

> ・現務の結了[10]
> ・債権の取立ておよび債務の弁済
> ・残余財産の分配

　会社が解散すると、取締役はその地位を喪失し、それ以後の清算事務は清算人が行うことになる。資産を換価し、債務の弁済等を行い、残余財産が残れば株主に対して分配す

8　江頭憲治郎「株式会社法（第7版）」有斐閣、P998。
9　会社解散時において監査等委員会設置会社であった清算株式会社の場合は、監査等委員である取締役が監査役となる。また、会社解散時において指名委員会等設置会社であった清算株式会社の場合は、監査委員が監査役となる。
10　例えば解散時に残っている在庫を販売するなど、会社解散時において未了となっている事務を結了させることである。

る。

　清算人会非設置会社においては、清算人は、清算株式会社の業務を執行する（会社法482条1項）。清算人が2人以上の場合には、清算株式会社の業務は、定款に別段の定めがある場合を除き、清算人の過半数をもって決定する（同条2項）。清算人は、次に掲げる事項についての決定を各清算人に委任することができない（同条3項）。これらの事項については、必ず清算人の過半数の決定による必要があるという意味である。

①　支配人の選任および解任
②　支店の設置、移転および廃止
③　会社法298条1項各号に掲げる事項[11]
④　清算人の職務の執行が法令および定款に適合することを確保するための体制その他清算株式会社の業務の適正を確保するために必要なものとして法務省令で定める体制の整備

　なお、清算人会設置会社の業務執行の決定は、清算人会が行う（会社法489条2項）。清算人会設置会社の職務については、後述する。

(2)　清算人の選任

　清算人の選任方法は次のとおりである（会社法478条1項）。

①　法定清算人

　会社を解散したときは、一義的には取締役全員がそのまま清算人に就任する。これを「法定清算人」という。この場合は、解散前の代表取締役がそのまま代表清算人に就く。法定清算人の場合は、株主総会による清算人の選任決議は不要である。

②　株主総会の選任による清算人

　解散決議を行う株主総会において、清算人を選任することができる。解散前の取締役以外の者を清算人にする、あるいは、解散前の取締役のうちの一部を清算人にする場合などは、この方法による。

　中小企業の場合で、清算事務にそれほどの負担がない場合には、清算人を1人だけとするケースが少なくない。例えば解散前の取締役が3人いた場合で、清算人をそのうちの1人のみとする場合は、この方法による必要があり、株主総会の選任決議が必要である。

11　株主総会の招集の決定事項（株主総会の日時、場所、会議の目的事項ほか）。

③　定款の定めによる清算人

　定款に会社が解散したときの清算人の取扱いを定めておくことができる。その場合は、定款の定めに従い、清算人が選任される。ただし、定款にそのような定めを置いている例はほとんどない。

　上記以外のケースとして、清算人となるべき者がいない場合に、利害関係人の請求によって裁判所が清算人を選任する場合があるが、そのようなケースも相当限定的である。したがって、法定清算人によるか、もしくは株主総会の決議により選任するか、いずれかで対応するケースが大部分である。

　会社と清算人との関係は委任の規定に従うため（会社法478条6項、330条）、法定清算人でない場合には、清算人による就任の承諾が必要である。

(3)　清算人の員数

　清算人は、最低1人でもよい取扱いとなっている。ただし、清算人会を設置する場合は、3人以上置かなければならない（会社法478条8項、331条5項）。

　清算人会を設置するかどうかは任意であるから、中小企業で清算事務にそれほどの負担がない場合は、清算人会を設置しないで、清算人を1人だけ置く選択が可能である。また、取締役の員数が多い会社においては、そのうちの一部を清算人とするケースがみられ、その場合も株主総会の決議によることになる。

　なお、清算人が1人の場合は、その者が代表清算人となる。清算人が2人以上の場合は、清算人各自が代表権を有することになる。ただし、清算人の互選または株主総会の決議により、代表清算人を選定することができる。

　一方、清算人会設置会社である場合は、清算人会の決議により、代表清算人を選定することになる。

(4)　清算人の任期

　清算人の任期は法定されていない。就任したときから、清算結了まで在任するのが一般的である。清算結了前に、辞任により退任することもできる。また、株主総会の決議によって、いつでも解任することができる（会社法479条1項）。また、重要な事由があるときは、一定の要件を満たした株主の申立てにより、裁判所が解任することができる（同条2項）。

　清算人が1人の場合は、後任の清算人が就任するまでの間、退任した清算人がなお清算

人としての権利義務を有することになる点に留意する必要がある（会社法479条4項、346条1項）。

(5)　清算人会の設置・非設置

　清算人会を設置するかどうかについては、すでに説明したように、任意である。清算人が複数であっても、設置するかどうかは自由である。清算人会を設置する場合は、定款に定めて設置することになる（会社法477条2項）。清算前の定款に、取締役会を設置する旨の定めがあったとしても、清算人会を設置するかどうかは任意であるから、設置する場合に定款に定めを入れることになる。

　また、監査役会を設置する旨の定款の定めがある株式会社は、清算人会を設置しなければならない点に留意する必要がある（会社法477条3項）。ただし、解散前に監査役会を設置していた会社であっても、清算人会を設置する必要がないと判断される場合には、監査役会を設置する旨の定款の定めを廃止することにより、清算人会を設置しない対応も可能である。

　清算人会を設置する場合には、清算人は3人以上置かなければならない。清算人会は、すべての清算人で組織する（会社法489条1項）。

清算人の設置・非設置の比較

	清算人会非設置会社	清算人会設置会社
清算人の員数	1人以上	3人以上
代表清算人	・清算人が1人の場合は、その者 ・清算人が複数の場合は、清算人各自が代表権を有することになる。ただし、清算人の互選または株主総会の決議により、代表清算人を選定することができる。	清算人会の決議により選定（法定清算人の場合は、代表取締役がそのまま代表清算人に就く）
清算人の任期	・清算人の任期は法定されていない（就任したときから、清算結了まで在任するのが一般的である）。 ・清算結了前に、辞任により退任することもできる。また、株主総会の決議によって、いつでも解任することができる。	同　左

　なお、清算人会の設置は、登記事項である（会社法928条1項3号）。登記すべき事項の内容については、後で解説する。

(6)　清算人会の職務

　清算人会は、次に掲げる職務を行う（会社法489条2項）。

> ・清算人会設置会社の業務執行の決定
> ・清算人の職務の執行の監督
> ・代表清算人の選定および解職

　すでに説明したように、清算人会は、清算人の中から代表清算人を選定する必要があり、選定された代表清算人は、清算株式会社の代表機関として、清算業務を執行することになる。清算人会は、清算人の職務執行を監督する。取締役会の取扱いとパラレルな関係になっている。

⑺　監査役の設置

　解散時に公開会社[12]または大会社[13]であった会社については、監査役を設置しなければならない（会社法477条4項）。解散時に公開会社でなく、かつ、大会社でない会社については、監査役の設置は任意である。

　監査役を設置する旨の定款の定めがある場合は、監査役を設置しなければならないため、解散時に公開会社または大会社であった会社以外の会社で、監査役を設置しない場合は、株主総会の定款変更決議により、定款から監査役を設置する旨の定めを廃止する必要がある点に留意する必要がある。その場合、会社解散時の株主総会決議で廃止する対応で問題ない。定款変更の効力が生じたときに、従前の監査役は退任することになる（会社法480条1項）。逆に、監査役を設置する場合は、定款に定めて設置することになる（会社法477条2項）。ただし、解散前に監査役を設置する定款の定めがあれば、解散にあたって定款を変更しない限り、清算後もその定款の定めが適用されることになる。

　なお、清算株式会社の監査役の任期については、定めがない（会社法480条2項）。

⑻　監査役会の設置

　監査役会を設置する場合は、定款に定めて設置する（会社法477条2項）。監査役会を設置する場合は、監査役は3人以上置く必要があり、そのうちの半数以上は社外監査役である必要がある（会社法335条3項）。

12　発行する全部または一部の株式に譲渡制限を付していない会社である（会社法2条5号）。たとえ発行する株式の一部についてのみ譲渡制限を付している場合であっても、公開会社に該当する。逆に、非公開会社とは、発行する全部の株式に譲渡制限を付している会社をいう。
13　資本金5億円以上または負債総額200億円以上の会社である。

(9)　清算株式会社の機関設計

　清算株式会社の機関設計は、株式会社のそれと同様に、バリエーションが生じる。

清算株式会社の機関設計のパターン

機関設計	内容と留意点
清算人	・清算人1人のケースと清算人複数のケースがありうる。 ・清算人1人のケースが最もシンプルな機関設計[14] ・清算人が複数の場合であっても、清算人会を設置するかどうかは任意である。 ・定款に監査役（または監査役会）を設置する旨の定めがある場合は、定款変更により、当該定めを廃止する。
清算人＋監査役	・解散時に公開会社または大会社であった会社は、監査役の設置が強制される（それ以外は任意）。 ・定款に監査役を設置する旨の定めがない場合は、定款変更により、当該定めを新設し、株主総会決議により監査役を選任する。
清算人会	・清算人を3人以上置く必要がある。 ・清算人会の決議により、代表清算人を選定する。 ・定款変更により、清算人会を設置する旨の定めを新設する。 ・定款に監査役（または監査役会）を設置する旨の定めがある場合は、定款変更により、当該定めを廃止する。
清算人会＋監査役	・解散時に公開会社または大会社であった会社は、監査役の設置が強制される（それ以外は任意）。 ・定款変更により、清算人会を設置する旨の定めを新設する。 ・定款に監査役会を設置する旨の定めがある場合は、定款変更により、当該定めを廃止する。 ・定款に監査役を設置する旨の定めがない場合は、定款変更により、当該定めを新設し、株主総会決議により監査役を選任する。
清算人会＋監査役会	・複数の監査役を置く場合であっても、監査役会の設置は任意である。 ・定款変更により、清算人会を設置する旨の定めを新設する。 ・定款に監査役会を設置する旨の定めがない場合は、定款変更により、当該定めを新設し、株主総会決議により監査役を選任する。 ・監査役会を設置する場合は、清算人会の設置が強制される。

4　定款変更の必要性

　会社が解散すると、機関の取扱いが変わるため、定款変更が必要となる。清算人を必ず

14　中小企業で清算事務にそれほどの負担がない場合は、清算人会を設置しないで清算人1人のみとし、監査役も設置しないケースがみられる。

置かなければならない点を除いては、清算人会や監査役の設置は原則として任意となる（解散時に公開会社または大会社であった会社は監査役を置く必要がある）。そのため、解散の登記および清算人の登記を行うに際して、機関設計の内容がわかるように、定款の添付が義務付けられている。会社の解散を決議するときの株主総会において、併せて定款変更議案を付議する必要がある。

　以下、定款変更の必要性が生じうる内容について解説する。

定款の各項目と変更が必要となる事項

定款の項目	変更すべき内容のポイント
機関	株主総会および取締役のほか取締役会や監査役を設置する旨を記載していることが考えられるが、株主総会のほか清算人、清算人会を設置する旨など、清算株式会社の採用した機関設計に合わせた内容に変更する。
株主総会	解散した後は、解散の日の翌日から1年ごとの事業年度となるため、定時株主総会の開催日および定時株主総会の基準日の変更の必要が生じる。また、株主総会の議長についても清算株式会社の機関に合わせた記載に変更する必要が生じる。
取締役（および取締役会）	取締役の員数、任期、代表取締役の選定、取締役会に係る規定を、清算株式会社の機関の内容に合わせて見直すことが考えられる。
監査役	監査役の員数、任期に係る規定を、清算株式会社の機関の内容に合わせて見直すことが考えられる。
計算	清算事業年度は、解散の日の翌日から1年となるため、その内容に改めることが考えられる。

5 会社解散・清算と事業年度の取扱い

　会社法上、事業年度開始の日から解散の日までを1つの事業年度として取り扱う。これを「解散事業年度」という。その後は、解散の日の翌日から1年ごとに清算中の各事業年度が終了する。また、残余財産が確定した場合には、残余財産確定の日をもって、その事業年度（最後事業年度）は終了する。税務上も同様に取り扱うため、各事業年度について確定申告書の提出が必要となる。

　なお、持分会社（合名、合資、合同会社）および協同組合等については、解散の日の翌日から定款で定めた事業年度終了の日までが1つの事業年度とされ、その後も定款で定めた事業年度開始の日から定款で定めた事業年度終了の日までが各事業年度となる。最後は、残余財産確定の日に最後事業年度が終了する。株式会社の場合と異なる点に留意する

必要がある。

　また、特例有限会社は株式会社と同様の取扱いが適用され、事業年度開始の日から解散日までが1つの事業年度、解散日の翌日から1年ごとに清算中の各事業年度が終了する。

　さらに、破産の場合の取扱いは、通常の解散と異なる点に留意が必要である。すなわち、法人税基本通達1−2−9のいう「解散等」には、「破産手続開始」は含まれていないため、破産の場合には法人税基本通達1−2−9の適用を受けない。そのため、法人税法13条および14条の規定がそのまま適用されることとなる。したがって、破産開始決定後の事業年度の取扱いについては、「破産開始決定があった日の翌日から当該事業年度終了の日（定款に定めた事業年度終了の日）」までが1つの事業年度となり、その後も当該事業年度終了の日の翌日から1年ごとに事業年度が終了する。最後は、その直近の事業年度終了の日の翌日から残余財産確定の日までが最後事業年度になる。

　平成22年度税制改正により、平成22年10月1日以後の解散から改正後の税法が適用され、解散の日の翌日以降も継続企業と同様の損益法による所得計算となったため、「清算事業年度予納申告書」や「清算確定申告書」という特別の様式は用いないことになった。継続企業と同じ通常の申告書および別表を用いる。したがって、旧税法が適用される平成22年9月30日以前の解散と、改正後の税法が適用される平成22年10月1日以後の解散で、使用する確定申告書の様式が異なるため、以下の図表は改正後の税法の場合と旧税法の場合に分けて表している。

事業年度の取扱いおよび各申告書の提出期限（平成22年10月1日以後解散）

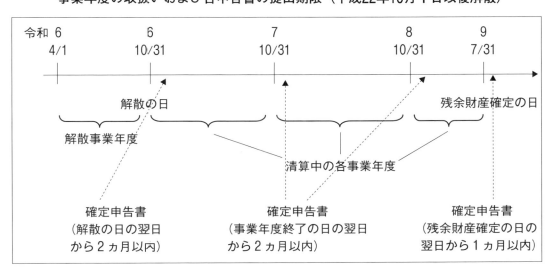

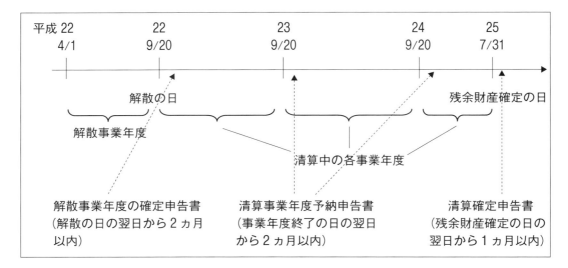

事業年度の取扱いおよび各申告書の提出期限（平成22年9月30日以前解散）

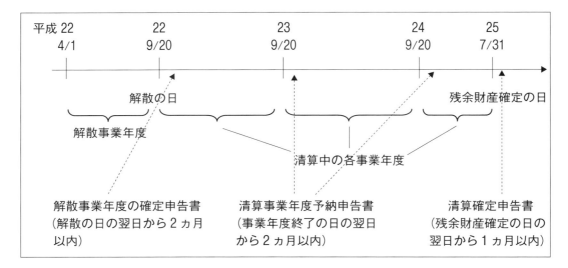

第2章
解散の手続（解散決議から財産目録・貸借対照表の株主総会での承認、確定申告書の提出に至るまで）

　解散の手続について、「第2章　解散の手続（解散決議から財産目録・貸借対照表の株主総会での承認、確定申告書の提出に至るまで）」と「第3章　解散の手続（清算中の事業年度以降、清算結了に至るまで）」に分けて、それぞれについて詳しく解説する。

　解散に係る意思決定から、解散時の財産目録および貸借対照表の株主総会での承認、解散事業年度の確定申告書の提出に至るまでの手続の流れは、次のとおりである。

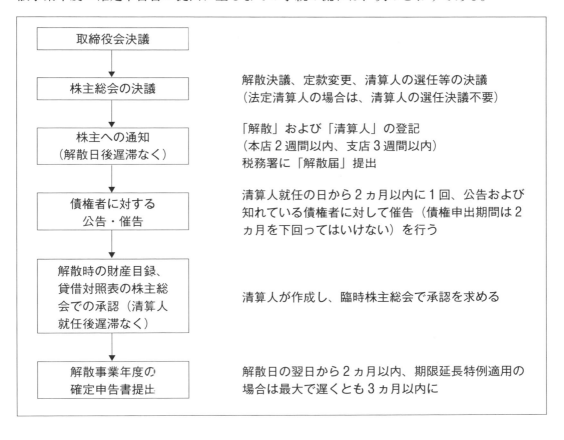

1 取締役会決議

　会社を株主総会決議により解散するときは、株主総会の招集の決定が必要であり、取締役会設置会社の場合は、取締役会で招集の決定に係る決議を行う。株主総会の日時および場所、会議の目的事項（議題）などを定める必要がある（会社法298条1項、会社法施行規則63条）。

取締役会議事録の記載例

取締役会議事録

1．開催日時　　　令和○年○月○日　午前○時から午前○時
2．会場　　　　　東京都千代田区○町○丁目○番○号　本社会議室
3．議長　　　　　代表取締役社長　　甲野太郎
4．出席　　　　　総取締役3名中全員

　　　　　　　　　総監査役1名中全員
5．決議事項
　　第1号議案　　臨時株主総会招集の件
　　議長は、下記の要領により、当社臨時株主総会を開催したい旨を説明し、その承認を求めたところ、全員の賛成をもって承認可決された。

記

1．日時　　　令和○年○月○日（○曜日）　午前○時
2．場所　　　東京都千代田区○町○丁目○番○号　本社会議室
3．株主総会の目的事項
　　第1号議案　　当会社解散の件
　　第2号議案　　清算人選任の件
　　第3号議案　　定款の一部変更の件
4．その他招集手続に関する事項
　(1)　本総会に関し、株主は議決権を有する他の株主1名に委任してその議決権を行使することができるものとする。
　(2)　本総会に関し、株主が議決権の不統一行使を行う場合は、株主総会の会日の3日前までに、書面をもって議決権の不統一行使を行う旨およびその理由を当社に通知することとする。

　なお、株主総会の目的事項に関する議長の説明の概要は、次のとおりであった。

第1号議案　　当会社解散の件

　議長より、別紙のとおり当会社の現状についての説明があり、当会社解散を臨時株主総会に提案したい旨の説明があった。

第2号議案　　清算人選任の件

　議長より、別紙のとおりの清算人候補者を推薦したい旨の説明があった。

第3号議案　　定款の一部変更の件

　議長より、別紙のとおり定款を変更したい旨の説明があった。

　以上の決議内容を明確にするため、取締役甲野一郎はこの議事録を作成し、出席取締役および出席監査役の全員において記名捺印する。

令和○年○月○日

　　　　　　　　　　　　　　　　　　　　　　　　　　　　○○株式会社

　　　　　　　　　　　　　議長　代表取締役　甲野太郎　印

　　　　　　　　　　　　　　　　取締役　甲野一郎　印

　　　　　　　　　　　　　　　　取締役　甲野二郎　印

　　　　　　　　　　　　　　　　監査役　乙田健一　印

（注）　本記載例は、書面投票、電子投票のいずれも採用していない場合の記載例である。したがって、議決権行使書面についての記述はない。

　株主総会の開催にあたっては、取締役は会日の2週間前までに株主に対して招集通知を発しなければならない。ただし、非公開会社の場合は1週間前、また、非公開会社かつ取締役会非設置会社がこれを下回る期間を定款で定めた場合はその期間前までに発する必要がある（会社法299条1項）。

　株主総会の招集通知には、取締役会で定めた招集の決定事項（株主総会の日時および場所、会議の目的事項など）を記載する必要がある。

株主総会招集通知の記載例

　　　　　　　　　　　　　　　　　　　　　　　　　令和○年○月○日

株主各位

　　　　　　　　　　　　　　　　　　東京都千代田区○○町○丁目○番○号

　　　　　　　　　　　　　　　　　　　　　　　　　○○株式会社

　　　　　　　　　　　　　　　　　代表取締役社長　甲野太郎

　　　　　　　　　　　臨時株主総会招集ご通知

　拝啓　平素は格別のご高配を賜り厚くお礼申し上げます。

さて、当社臨時株主総会を下記のとおり開催いたしますので、ご出席くださいますようご通

知申し上げます。

　なお、当日ご出席願えない場合は、同封の委任状用紙に議案に対する賛否をご表示され、ご捺印のうえ、ご返送くださいますようお願い申し上げます。

敬具

記

1．日時　令和〇年〇月〇日（〇曜日）午前〇時
2．場所　東京都千代田区〇〇町〇丁目〇番〇号　当社本社会議室
3．株主総会の目的事項

　第1号議案　当会社解散の件

　第2号議案　清算人3名選任の件

　　清算事務の機動的遂行の必要性から、現任取締役の中から、下記のとおり清算人3名の選任をお願いしたいと存じます。

　　清算人　甲野太郎

　　清算人　甲野一郎

　　清算人　甲野二郎

　第3号議案　定款の一部変更の件

　　現行定款の一部を下記のとおり改めたいと存じます。

現行	改正案
（機関） 第〇条　当会社は、株主総会および取締役のほか、次の機関を置く。 　取締役会 　監査役 （以下略）	（機関） 第〇条　当会社は、株主総会および清算人のほか、次の機関を置く。 　清算人会 　（削除） （以下略）

以　上

委任状の記載例

委任状

住所
氏名

　私は、上記の者を代理人と定め次の権限を委任します。

1．令和〇年〇月〇日開催の〇〇株式会社臨時株主総会に出席し、下記の議案につき私の指

示（○印で表示）に従って議決権を行使すること。ただし、賛否の指示をしていない場合および原案に対し修正案が提出された場合は、いずれも白紙委任します。

第1号議案	第2号議案		第3号議案
賛	賛	（但し、次の候補者を除く）	賛
否	否		否

令和○年○月○日

　　　　　株主　住所

　　　　　　　　氏名

　なお、議決権を有する総株主の同意がある場合には、株主総会の招集手続を省略することができる（会社法300条）。株主総会の招集手続を省略したときの同意書の記載例は、次のとおりである。

招集手続省略に係る同意書の記載例

同意書

　○○株式会社の臨時株主総会が、会社法300条に基づき、会社法の定める所定の招集手続を省略して開催されることに同意いたします。

令和○年○月○日

　　　　　　　　　　　　　　　東京都渋谷区○○町○丁目○番○号
　　　　　　　　　　　　　　　　　株主　○○　○○　印
　　　　　　　　　　　　　　　東京都世田谷区○○町○丁目○番○号
　　　　　　　　　　　　　　　　　株主　○○　○○　印
　　　　　　　　　　　　　　　東京都杉並区○○町○丁目○番○号
　　　　　　　　　　　　　　　　　株主　○○　○○　印
　　　　　　　　　　　　　　　東京都練馬区○○町○丁目○番○号
　　　　　　　　　　　　　　　　　株主　○○　○○　印
　　　　　　　　　　　　　　　神奈川県横浜市○○町○丁目○番○号
　　　　　　　　　　　　　　　　　株主　○○　○○　印

2 株主総会決議

(1) 株主総会を物理的に開催する場合（一般的な場合）

　株主総会決議により解散する場合、決議要件は特別決議である。特別決議とは、その株主総会において議決権を行使することができる株主の議決権の過半数を有する株主が出席し、出席した株主の議決権の3分の2以上に当たる賛成が得られた場合に、可決されたものとされる要件である（会社法309条2項）。

　ただし、定款をもって定めれば、定足数の緩和が可能である。すなわち、定款の定めにより、「その株主総会において議決権を行使することができる株主の議決権の過半数の出席」という定足数要件を緩和することができる。しかし、定款に定めた場合であっても、その株主総会において議決権を行使することができる株主の議決権の3分の1未満に下げることはできない（同条2項括弧書き）[15]。また、「出席した株主の議決権の3分の2以上の賛成」という要件についても、これを上回る要件を定款で定めることができる（同条2項括弧書き）。

　解散決議を諮る株主総会には、「当会社解散の件」という議題を付議することになる。ただし、法定清算人によらない場合には「清算人選任の件」を付議しなければならないし、ケースによっては、「代表清算人選任の件」、「監査役選任の件」を付議する必要も生じる。また、先に説明したように、清算株式会社の機関その他の定款の規定を改める必要が生じるため、「定款の一部変更の件」を併せて付議するのが一般的である。

　解散決議および定款変更決議は特別決議要件であるが、清算人選任決議は普通決議要件である。普通決議は、定款に別段の定めがある場合を除き、議決権を行使することができる株主の議決権の過半数を有する株主が出席し、出席した株主の議決権の過半数の賛成をもって成立する要件である（会社法309条1項）。

　株主総会議事録の記載例は、次のとおりである。

15　例えば、定款をもって定足数を総株主の議決権の3分の1以上と定めた場合の特別決議は、総株主の議決権の3分の1以上を有する株主が出席し、その出席した株主の議決権の3分の2以上に当たる多数で行うこととなる。

株主総会議事録の記載例

株主総会議事録

令和○年○月○日午前○時より、当会社本社会議室において、臨時株主総会を開催した。

株主総数	○○名
発行済株式総数	○○○株
総株主の議決権数	○○○個
出席株主数	○○名（うち委任状○名）
出席株主の議決権の数	○○○個

以上のとおり総株主の議決権の過半数を有する株主が出席したので、本株主総会は適法に成立した。

代表取締役社長甲野太郎は議長となり、開会を宣し、議事を進行した。

第１号議案　当会社解散の件

　議長は、最近の営業状況、当会社を解散せざるを得なくなった経緯・事情を詳細に説明し、会社解散の決議を諮ったところ、満場一致の賛成を得てこれを承認可決した。

第２号議案　清算人３名選任の件

　清算事務の機動的遂行の必要性から、現任取締役５名のうち下記の３名を清算人に指名し、その賛否を諮ったところ、満場一致の賛成を得て下記のとおり可決された。

　　　　清算人　甲野太郎
　　　　清算人　甲野一郎
　　　　清算人　甲野二郎

第３号議案　定款の一部変更の件

　議長は、現行定款の一部を別紙のとおり改めたい旨を説明し、その賛否を諮ったところ、満場一致の賛成を得て提案のとおり可決された。

　議長は、以上をもって本日の議事を終了した旨を述べ、午前○○時○○分閉会を宣した。

　上記決議を明確にするために、取締役甲野一郎はこの議事録を作り、議長、出席取締役、監査役および出席清算人において記名押印する。

令和○年○月○日

　　　　　　　　　　　　　　　　　　　　○○○株式会社株主総会

　　　　　　　議長　代表取締役・清算人　甲野太郎　印

　　　　　　　　　　　取締役・清算人　甲野一郎　印

　　　　　　　　　　　取締役・清算人　甲野二郎　印

　　　　　　　　　　　　　　　取締役　甲野三郎　印

　　　　　　　　　　　　　　　取締役　甲野花子　印

　　　　　　　　　　　　　　　監査役　乙田健一　印

　なお、株主総会の議事録は、解散および清算人の登記を行うに際しての添付書類となるため、必ず作成しなければならない。

　また、会社と清算人との関係は委任の規定に従うため（会社法478条8項、330条）、法定清算人でない場合には、清算人による就任の承諾が必要である。清算人に就く者から、就任承諾書をとることが必要であり、就任承諾書の記載例は次のとおりである。ただし、株主総会の席上で清算人に就く者がその就任を承諾し、株主総会議事録にその旨の記載があるときは、登記申請書に就任承諾書を添付しなくてよい。その場合は、登記申請書に「就任承諾書は、株主総会議事録の記載を援用する。」と記載することになる。

就任承諾書の記載例

就任承諾書

　私は、令和○年○月○日に開催された貴社臨時株主総会において、清算人に選任されましたが、その就任を承諾いたします。

令和○年○月○日
（住所）　神奈川県横浜市○○町○丁目○番○号
（氏名）　　甲野太郎　印

○○株式会社御中

(2) 株主総会の開催を物理的に省略する場合（株主全員が書面等により同意の意思表示をした場合）

　総株主から当該議案について議決権を行使することのできる株主全員が書面または電磁的記録により同意の意思表示をしたときは、当該議案を可決する旨の株主総会決議があったものとみなされる（会社法319条1項）。株主全員の同意により、株主総会の開催を物理的に省略することができるという意味である。

　会社は、株主総会の決議があったものとみなされた日から10年間、当該書面または電磁的記録をその本店に備え置かなければならず（同条2項）、株主および債権者は、株式会社の営業時間内は、いつでも、書面等の閲覧および謄写の請求をすることができる（同条3項）。

　株主総会の開催を省略した場合、次のような株主総会書面決議書を作成しなければならない。解散の登記の添付書類となる。

　この場合に記載すべき事項は、次のとおりである（会社法施行規則72条4項1号）。

株主総会書面決議書の記載事項（株主総会の開催を物理的に省略した場合）

① 株主総会の決議があったものとみなされた事項の内容
② ①の事項の提案をした者の氏名または名称
③ 株主総会の決議があったものとみなされた日
④ 議事録の作成に係る職務を行った取締役の氏名

株主総会書面決議書の記載例

書面決議による株主総会議事録

1．提案者　○○株式会社　代表取締役社長　甲野太郎
2．株主総会の決議があったものとみなされた事項の内容
　⑴　当会社解散の件
　⑵　清算人3名選任の件
　　　甲野太郎、甲野一郎、甲野二郎を清算人に選任した。
　⑶　定款の一部変更の件
　　　別紙のとおり、定款の一部変更を行った。
3．株主総会の決議があったものとみなされた日
　令和○年○月○日
　　以上のとおり、会社法第319条第1項の規定により株主総会の決議があったものとみなされたので、これを証するため、代表取締役甲野太郎がこの議事録を作成し、次に記名押印する。

令和○年○月○日

○○株式会社株主総会
代表取締役　甲野太郎　印

3 株主への通知

　株主総会で解散の決議をしたときは、株主に対して決議した内容を通知すべきである。株主総会に出席していない株主も存在し得るためである。特に様式はないが、「株主総会決議ご通知」というタイトルで、決議した日付や内容を簡潔にまとめることが考えられる。

4 「解散」および「清算人」の登記

　清算人は、解散の日から2週間以内に、本店所在地において「解散」および「清算人」の登記をしなければならない（会社法926条）。「解散」および「清算人」の登記は、同時に登記申請するのが通常である。登記申請人は会社であり、代表清算人が行うが、代表清算人の申請に係る解散の登記の申請書には、その資格を証する書面を添付しなければならない。ただし、当該代表清算人が法定清算人の規定により取締役がそのまま清算人となった場合は、必要ない（商業登記法71条3項）。また、代理人が申請することはできる。その場合は、会社の委任状が必要である。代理人が申請する場合は、代表清算人の押印は必要ない。

　第1に、「解散」の登記については、登記簿に「令和○年○月○日の株主総会決議により解散」のように記載される。

　第2に、「清算人の登記」については、清算人の氏名、および代表清算人の氏名と住所、清算人会設置会社であるときは、その旨が登記される（会社法928条1項）。

(1) 登記申請書の記載例

　登記申請書の記載例は、次のとおりである。①清算人を3名選任し、そのうちの1名を代表清算人に選定する場合の記載例と、②清算人1名で、その者が代表清算人になる場合の記載例をそれぞれ示すものとする。

株式会社解散および清算人選任登記申請書の記載例（清算人3名、代表清算人1名）

株式会社解散および清算人選任登記申請書

1．商号　　　　　　　　○○株式会社

1．本店　　　　　　　　東京都千代田区○○町○丁目○番○号

1．登記の事由　　　　　解散
　　　　　　　　　　　　令和○年○月○日清算人および代表清算人の選任
　　　　　　　　　　　　清算人会設置の定めの設定

1．登記すべき事項

　　　　令和○年○月○日株主総会の決議により解散
　　　清算人の氏名　　　甲野太郎
　　　　　　　　　　　甲野一郎
　　　　　　　　　　　甲野二郎
　　　代表清算人の住所及び氏名
　　　神奈川県横浜市○○町○丁目○番○号
　　　　　　　　　　　甲野太郎

１．登録免許税　　　金39,000円[16]

１．添付書類
　　　　　　定款　　　　　　　　　　　　　　　　　　　　　　　　1通
　　　　　　株主総会議事録　　　　　　　　　　　　　　　　　　　1通
　　　　　　株主の氏名又は名称、住所及び議決権数等を証する書面（株主リスト）　1通
　　　　　　清算人会議事録　　　　　　　　　　　　　　　　　　　1通
　　　　　　清算人および代表清算人の就任承諾書　　　　　　　　　4通[17]
　　　　　　委任状　　　　　　　　　　　　　　　　　　　　　　　1通

　　上記のとおり登記を申請する。
　令和○年○月○日
　　　　　　東京都千代田区○○町○丁目○番○号
　　　　　　申請人（商号）○○株式会社
　　　　　　神奈川県横浜市○○町○丁目○番○号
　　　　　　代表清算人（氏名）甲野太郎
　　　　　　東京都大田区○○町○丁目○番○号
　　　　　　上記代理人（氏名）鈴木一郎　印[18]
　　　　　　連絡先の電話番号

東京法務局　御中

16　解散の登記の登録免許税が30,000円、清算人および代表清算人の登記の登録免許税が9,000円である。清算人会設置会社である旨の登記の費用は6,000円であるが、清算人および代表清算人の登記と一括して申請する場合は、全部で9,000円で足りる。
17　議事録の記載を援用する場合には、「清算人の就任承諾書は株主総会議事録、代表清算人の就任承諾書は清算人会議事録の記載を援用する。」と記載する。
18　申請者は本来会社であるが、代理人が申請する場合、代理人の氏名および捺印が必要である。代理人の印鑑は実印である必要はない。また、会社が申請する場合は、代表清算人が押印する。代表清算人の印鑑については、「印鑑届書」によって登記所に提出した印鑑を押す必要がある。

株式会社解散および清算人選任登記申請書の記載例（清算人1名）

株式会社解散および清算人選任登記申請書

1．商号　　　　　　　　○○株式会社

1．本店　　　　　　　　東京都千代田区○○町○丁目○番○号

1．登記の事由　　　　　解散
　　　　　　　　　　　　令和○年○月○日清算人および代表清算人の選任

1．登記すべき事項
　　　令和○年○月○日株主総会の決議により解散
　　　清算人の氏名　　　甲野太郎
　　　代表清算人の住所及び氏名
　　　神奈川県横浜市○○町○丁目○番○号
　　　　　　　　　　　　甲野太郎

1．登録免許税　　　　金39,000円

1．添付書類
　　　　　　定款　　　　　　　　　　　　　　　　　　　　　　1通
　　　　　　株主総会議事録　　　　　　　　　　　　　　　　　1通
　　　　　　株主の氏名又は名称、住所及び議決権数等を証する書面（株主リスト）　1通
　　　　　　清算人および代表清算人の就任承諾書　　　　　　　2通[19]
　　　　　　委任状　　　　　　　　　　　　　　　　　　　　　1通

　上記のとおり登記を申請する。
令和○年○月○日
　　　　　　東京都千代田区○○町○丁目○番○号
　　　　　　申請人（商号）○○株式会社
　　　　　　神奈川県横浜市○○町○丁目○番○号
　　　　　　代表清算人（氏名）甲野太郎
　　　　　　東京都大田区○○町○丁目○番○号
　　　　　　上記代理人（氏名）鈴木一郎　印[20]

19　議事録の記載を援用する場合には、「清算人及び代表清算人の就任承諾書は株主総会議事録の記載を援用する。」と記載する。

連絡先の電話番号

東京法務局 御中

　代表清算人の就任承諾書については、株主総会で選任している場合は就任承諾書を添付するか、または、株主総会議事録の記載を援用する。なお、代表清算人を清算人の互選で定めた場合は選任を証する書面、清算人会で選定している場合は清算人会議事録の添付が必要となる。

　また、代理人が申請する場合には、会社の委任状が必要となるが、次のような内容となる。

委任状の記載例（清算人会設置会社の場合）

委任状

東京都大田区○○町○丁目○番○号
　　　　　　　鈴木一郎

　私は、上記の者を代理人に定め、下記の権限を委任する。
１．当会社の解散並びに清算人及び代表清算人選任並びに清算人会設置会社の定めの設定の
　　登記を申請する一切の件
１．原本還付の請求及び受領の件

令和○年○月○日

　　　　　　　　　　　　　東京都千代田区○○町○丁目○番○号
　　　　　　　　　　　　　　　　○○株式会社
　　　　　　　　　　　　　　代表清算人　甲野太郎　印

20　申請者は本来会社であるが、代理人が申請する場合、代理人の氏名および捺印が必要である。代理人の印鑑は実印である必要はない。また、会社が申請する場合は、代表清算人が押印する。代表清算人の印鑑については、「印鑑届書」によって登記所に提出した印鑑を押す必要がある。

委任状の記載例（清算人1人の場合）

委任状

東京都大田区○○町○丁目○番○号

鈴木一郎

　私は、上記の者を代理人に定め、下記の権限を委任する。

1．当会社の解散並びに清算人及び代表清算人選任の登記を申請する一切の件
1．原本還付の請求及び受領の件

令和○年○月○日

東京都千代田区○○町○丁目○番○号

○○株式会社

代表清算人　甲野太郎　印

⑵　登記申請の添付書類

　登記申請の添付書類は、次のとおりである（商業登記法46条1項、2項、71条3項、73条1項、2項、商業登記規則61条1項）。

登記申請の添付書類

		添付書類	具体的な内容
解散の登記		・株主総会議事録 ・株主リスト	・解散を決議した株主総会の議事録および株主リスト（株主の氏名または名称、住所および議決権数等を証する書面）
		・代表清算人の資格を証する書面（ただし、法定清算人の場合で、かつ、旧代表取締役がそのまま代表清算人になるケースは不要）	・清算人を選任した株主総会議事録、代表清算人を選定した清算人会議事録、就任承諾書
清算人の登記	清算人会設置会社	・定款 ・清算人の選任を証する書面 ・代表清算人の選定を証する書面 ・清算人および代表清算人が就任を承諾したことを証する書面 ・清算人会設置を示す書面	・定款 ・清算人を株主総会決議で選任したときは株主総会議事録、定款の定めにより選任したときは定款 ・代表清算人の選定を証する書面（清算人会議事録） ・清算人の就任承諾書および代表清算人の就任承諾書 ・清算人会設置に係る株主総会議事録

清算人会設置会社以外	・定款 ・清算人の選任を証する書面 ・清算人の中から代表清算人を選定したときは、その選定を証する書面 ・清算人および代表清算人が就任を承諾したことを証する書面	・定款 ・清算人を株主総会決議で選任したときは株主総会議事録、定款の定めにより選任したときは定款 ・清算人の中から代表清算人を選定したときは、その選定を証する書面（定款によって定めたときは定款、株主総会の決議によって定めたときは株主総会議事録、定款の定めに基づく清算人の互選によって定めたときは定款と互選を証する書面） ・清算人の就任承諾書および代表清算人の就任承諾書

　解散の登記については、添付書類として解散を決議した株主総会の議事録が必要となり、また、清算人の登記については、①清算人会設置会社の場合は、定款、清算人を株主総会決議で選任したときは株主総会議事録、定款の定めにより選任したときは定款、代表清算人の選定を証する書面（清算人会議事録）、清算人の就任承諾書および代表清算人の就任承諾書、清算人会設置に係る株主総会議事録、②清算人会設置会社以外の場合は、定款、清算人を株主総会決議で選任したときは株主総会議事録、定款の定めにより選任したときは定款、清算人の中から代表清算人を選定したときは、その選定を証する書面（定款によって定めたときは定款、株主総会の決議によって定めたときは株主総会議事録、定款の定めに基づく清算人の互選によって定めたときは定款と互選を証する書面）、清算人の就任承諾書および代表清算人の就任承諾書が必要である。

5　「解散届」の提出（所轄税務署）

　会社が解散決議したときは、所轄税務署長に対して、遅滞なく、解散の届出をしなければならない。法人税に関しては所轄税務署長に対して届け出るが、地方税に関しては都道府県および市町村に対して届け出ることになる。

　所定の様式はないため、「異動届出書」の様式を用い、「異動事項等」の欄に「解散」および「事業年度」と記載することが考えられる。

　「解散届」の記載例は、次のとおりである。

異 動 届 出 書
（□ 法人税　□ 消費税）

			通算グループ整理番号	
			※整理番号	

受付印

令和　年　月　日

税務署長殿

次の事項について異動したので届け出ます。

提出区分		（フリガナ）	
通算親法人が提出する場合／通算親法人となる法人が提出する場合／通算子法人が提出する場合／通算子法人となる法人が提出する場合	本店又は主たる事務所の所在地	〒○○○-○○○○　　ビル名等 東京都千代田区○○町○-○-○ 電話（03）○○○○-○○○○	
	納 税 地	〒 同　　上 電話（　　）　　-	
	（フリガナ）	○　○　カブシキガイシャ	
	法 人 名	○　○　株式会社	
	法 人 番 号	□□□□□□□□□□□□□	
	（フリガナ）	コウノ　タロウ	
	代表者氏名	甲野　太郎	
	代表者住所	〒 神奈川県横浜市○○町○-○-○ 電話（○○○）○○○○-○○○○	
送付先・連絡先	□ 本店所在地 □ 代表者住所 □ その他	（フリガナ） 〒　　　　　　　　　ビル名等 電話（　　）　　-	

事業の種類	○○○業			事業年度	（自）　月　日（至）　　月　　日
資本金又は出資金の額	10,000,000 円	地方税の申告期限の延長の処分（承認）の有無		事業税	有・無　　・　の事業年度から　月間
資本金等の額	10,000,000 円	従業者総数	○○ 人	住民税	有・無　　・　の事業年度から　月間
				市内従業者数	○○ 人

異動事項等	異　動　前	異　動　後	異動年月日（登記年月日）
解　散		代表清算人　甲野太郎 住所　神奈川県横浜市○○町 ○-○-○	○・9・30 （○・10・2）
事業年度	（自）4月1日　（至）3月31日	（自）10月1日　（至）9月30日	○・9・30

所轄税務署	税務署	税務署	
納税地等を変更した場合	給与支払事務所等の移転の有無　□ 有　□ 無（名称等変更有）　□ 無（名称等変更無） ※　「有」及び「無（名称等変更有）」の場合には「給与支払事務所等の開設・移転・廃止届出書」の提出も必要です。 旧の本店等は、事務所・事業所として（□ 存続　□ 廃止）する		
事業年度を変更した場合	変更後最初の事業年度：（自）令和　年　月　日 ～（至）令和　年　月　日		
合併の場合	□ 適格合併 □ 非適格合併	分割の場合	□ 分割型分割　：□ 適格　□ その他 □ 分社型分割　：□ 適格　□ その他

公益法人等で収益事業を行う
あ る 場 合□収益事業を行わない

届出内容に該当する□にチェックをしてください。
□ 当該区市町村の事務所等が本店で複数の区市町村に事務所等をもつ法人
□ 当該区市町村の事務所等が支店で複数の区市町村に事務所等をもつ法人
□ 当該区市町村にのみ事務所等を有する法人

添付書類等	1　定款等の写し　　②　登記事項証明書（履歴事項全部証明書）、登記 3　その他（　　　　　　簿謄本又はオンライン登記情報提供制度利用 ※ 税務署への提出は必要ありません。	支店・出張所・工場等	名　称	所　在　地	設置廃止　年月日
				電話（　　）　　-	
	オンライン登記情報提供制度利用の場合	照会番号	発行年月日 都　年　月　日 市　年　月　日	電話（　　）　　-	・・
				電話（　　）　　-	・・

（その他参考となるべき事項）

税理士署名		事務所所在地	〒 電話（　　）　　-

※税務署処理欄	部門		決算期		業種番号		番号		入力		名簿	

異 動 届 出 書

(事業開始等申告書　その2)

※整理番号

受　付　印	提出区分	(フリガナ) 本店又は主たる 事務所の所在地	〒 ○○○-○○○○　　ビル名等 東京都千代田区○○町○-○-○ 電話(03)○○○○-○○○○

条例規則別記第三十二号様式(乙)

その2(都税事務所・支所提出用)

※届出については、それぞれの機関へ提出してください。

提出区分			
通算親法人が提出する場合	通算親法人となる法人が提出する場合	通算子法人が提出する場合	通算子法人となる法人が提出する場合

令和　年　月　日

都税事務所長　殿
支　所　長

次の事項について異動した
ので届け出ます。

納 税 地	〒 同　　上 電話(　　)
(フリガナ) 法 人 名	○○ 　カブシキガイシャ ○○ 　株式会社
法 人 番 号	○○;○○;○○;○○;○○;○○;○
(フリガナ) 代表者氏名	コウノ　タロウ 甲野　太郎
代表者連絡先	(記載不要) 電話(○○○) ○○○○-○○○○

送　付　先 ・ 連　絡　先	(フリガナ) □ 本店所在地 □ 代表者住所 □ その他	〒　　　　ビル名等 電話(　　)

事業の種類	○○○業	事業年度	(自)　月　日　(至)　月　日
資 本 金 又 は 出 資 金 の 額	10,000,000 円	地方税の申告期限 の延長の処分(承 認)の有無	事業税　有・無　・：・：　の事業年度から　月間
資本金等の額	10,000,000 円		住民税　有・無　・：・：　の事業年度から　月間
		従業者総数	○○ 人　市内従業者数　○○ 人

異動事項等	異　動　前	異　動　後	異動年月日 (登記年月日)
解　　散		代表清算人　甲野太郎 住所　神奈川県横浜市○○町 ○-○-○	○・9・30 (○・10・2)
事業年度	(自)4月1日　(至)3月31日	(自)10月1日　(至)9月30日	○・9・30
所轄税務署	税 務 署	税 務 署	

(国税局・東京都・市町村統一様式用)

納税地等を変更した場合	(記載不要) 旧の本店等は、事務所・事業所として(□ 存続　□ 廃止)する		
事業年度を変更した場合	変更後最初の事業年度：(自)令和　年　月　日 ～ (至)令和　年　月　日		
合併の場合　□適格合併　□非適格合併	分割の場合　分割型分割：□適格□その他　分社型分割：□適格□その他	公益法人等で□収益事業を行う ある場合□収益事業を行わない	

届出内容に該当する□にチェックをしてください。

			名　称	所　在　地	設置 廃止	年月日
□ 当該区市町村の事務所等が本店で複数の区市町村 　に事務所等をもつ法人		支店・出張所・工場等				
□ 当該区市町村の事務所等が支店で複数の区市町村 　に事務所等をもつ法人				電話(　　)	・・	
□ 当該区市町村にのみ事務所等を有する法人						
添付書類等	1　定款等の写し　②登記事項証明書(履歴事項全部証明書)、登記 簿謄本又はオンライン登記情報提供制度利用 3　その他(　　)			電話(　　)	・・	
	オンライン 登記情報 提供制度 利用の場合	照会番号	発行年月日 都　年　月　日 市　年　月　日		電話(　　)	

(その他参考となるべき事項)

税理士署名		事務所所在地	〒 電話(　　)

※処理欄	管理票	入　力	照　合

6 債権者に対する公告・催告

(1) 公告および催告の義務

　清算株式会社は、解散後遅滞なく、2ヵ月を下回らない一定の期間を定め、その期間内に会社に対する債権を申し出るべき旨を官報に公告し、かつ、知れている債権者には、各別にこれを催告しなければならない（会社法499条1項）。公告には、債権者がその期間内に申出をしないときは、清算から除斥される旨を付記しなければならない（同条2項）。

　官報による公告に加えて、日刊新聞紙による公告または電子公告を重ねて行った場合であっても、催告を省略することはできず、その点において減資や合併に比して手続が厳格である。

(2) 清算から除斥された債権者の取扱い

　債権の申出期間内に申出をしなかった債権者（知れている債権者を除く）は、清算から除斥される。知れている債権者は除斥されない。「知れている債権者」とは、会社が帳簿その他により氏名および住所等を把握している債権者であり、債権額が確定していなくてもよいと解されている[21]。簿外の債務で会社が把握していない債権者が存在している場合、知れている債権者以外の債権者として、債権の申出をしないと除斥されることになる。

　債権者が債権の申出をしなかったことにより清算から除斥された場合、他の債権者に対してまだ分配されていない財産についてしか弁済を請求することができなくなる（会社法503条2項）。また、残余財産を一部の株主に対してすでに分配している場合には、他の株主に対してこれと同一の割合で分配するために必要な財産に対しての請求はできなくなる（同条3項）。言い換えれば、すでに一部の株主に対して残余財産の分配が行われている場合には、他の株主に対してこれと同一の割合で分配するために必要な財産を残余財産から控除した残額に対してのみ、弁済の請求ができる。残余財産がない場合は、まったく弁済を受けることができなくなることを意味する。

　なお、債権申出期間は、2ヵ月を下回ってはならない旨の規定が置かれているため、2ヵ月ちょうどを設定する場合が多い。清算株式会社は、この債権申出期間内は債務の弁済をすることができない（会社法500条1項前段）。

21　上柳克郎・鴻常夫・竹内昭夫編集代表「新注釈会社法（13）」有斐閣、P 301（中西正明）。

⑶　債権申出期間中の弁済の効力

　債権申出期間中は、債務の弁済ができないとされている。それは、一部の債権者に弁済することにより、残りの債務の弁済に不足をきたす可能性もあるため、債権申出期間内の弁済を待たせ、すべての債権者に対する公平な弁済を保障する趣旨であると解されている。

　ただし、清算株式会社は、債権申出期間内であっても、裁判所の許可を得て、少額の債権、清算株式会社の財産に対する担保権によって担保される債権およびこれを弁済しても他の債権者を害するおそれがない債権に係る債務について、その弁済をすることができる。この場合において、当該許可の申立ては、清算人が2人以上あるときは、その全員の同意によってしなければならない（会社法500条2項）。

　債権申出期間中に、清算株式会社が債務の弁済を行った場合は、私法上は有効であると解されており、清算株式会社が債務超過であるときの公平の確保については、破産手続等により図るほかないと考えられる[22]。

⑷　公告・催告の記載例

　解散公告および債権申出催告書の記載例は、次のとおりである。

解散公告の記載例（官報に掲載）

> 解散公告
> 　当社は、令和○年○月○日開催の臨時株主総会において解散を決議したので、当社に債権を有する者は、本公告掲載の翌日から二箇月以内にお申し出ください。なお、右期間内にお申し出がないときは、清算から除斥します。
> 　令和○年○月○日
> 　東京都千代田区○○町○丁目○番○号
> 　　　　　　　○○株式会社
> 　　　　　　　代表清算人　甲野　太郎

22　江頭憲治郎「株式会社法（第7版）」有斐閣、P1006。

債権申出催告書の記載例

令和○年○月○日

債権者各位

東京都千代田区○○町○丁目○番○号

○○株式会社

代表清算人　甲野　太郎　○印

債権申出催告書

　拝啓　ますますご清祥のこととお慶び申し上げます。

　さて、当社は、令和○年○月○日開催の臨時株主総会において、解散を決議しましたので、貴殿の当社に対して有する債権につき、別紙により、令和○年○月○日までにお申し出ください。

敬具

　上記の債権申出催告書において、債権の申出を「別紙により」お申し出くださいと記載している。債権申出催告書を知れている債権者に発送するに際して、「債権申出書」を同封して、それを返送してもらう方法が採用されるケースが少なくない。「債権申出書」の記載例は、次のとおりである。

債権申出書の記載例

（別紙）

令和○年○月○日

○○株式会社

代表清算人　甲野　太郎殿

東京都港区○○町○丁目○番○号

○○○株式会社

代表取締役　○○○○　印

債権申出書

　貴社に対する債権を、下記のとおり申し出ます。

債権金額合計　　　○○○，○○○円

（内訳）

債権の発生年月日	債権発生の原因	金額（円）
令和○年○月○日	製品○○の納入	○○○，○○○円
令和○年○月○日	製品○○の納入	○○○，○○○円
令和○年○月○日	製品○○の納入	○○○，○○○円

7 解散時の財産目録、貸借対照表の株主総会での承認

　清算人は、就任後遅滞なく会社財産の現況を調査し、解散の日における財産目録および貸借対照表を作成しなければならない（会社法492条1項）。清算人は、財産目録および貸借対照表を株主総会に提出し、その承認を受けなければならない（同条3項）。清算人会設置会社の場合は、株主総会の承認に先立って、清算人会の承認を要する（同条2項）。

　解散の日における貸借対照表の作成方法については、「第2編　会計編」で詳述するが、貸借対照表の各勘定科目について処分価格で評価したもの、すなわち清算貸借対照表であることが求められている。財産目録も、貸借対照表の内訳明細であることから、同様に処分価格で表示したものである。なぜ処分価格で評価した財務書類の作成が求められているかであるが、株主に対して、残余財産が残るのかどうか、残余財産が残る場合にはどの程度の金額が残るのかを判断するための情報を提供する趣旨があるからである。また、債権者に対しては、清算株式会社の財産の状態を表示することにより債務の弁済可能性を示すことにその趣旨がある。

株主総会議事録の記載例

臨時株主総会議事録

　令和○年○月○日午前○時より、東京都千代田区○○町○丁目○番○号当会社本社会議室において臨時株主総会を開催した。

株主総数	○○名
発行済株式総数	○○○株
総株主の議決権数	○○○個
出席株主数	○○名（うち委任状○名）
出席株主の議決権の数	○○○個

　以上のとおり株主の出席があったので、本臨時株主総会は適法に成立した。定款の定めにより代表清算人甲野太郎は議長となり、開会を宣し、議事を進行した。

第1号議案　財産目録および貸借対照表承認の件
　議長は、清算株式会社の財産の現況を調査した結果を詳細に報告し、会社法492条3項の規定に基づき、財産目録および貸借対照表を本総会に提出し、その賛否を諮ったところ、満場一致の賛成を得て提案のとおり可決された。

　議長は、以上をもって本日の議事を終了した旨を述べ、午前○○時○○分閉会を宣した。
　上記決議を明確にするために、この議事録を作り、議長および出席清算人において記名押印する。
　令和○年○月○日

○○株式会社株主総会
議長　代表清算人　甲野太郎　印
清算人　甲野一郎　印
清算人　甲野二郎　印

8 解散事業年度に係る確定申告書提出

　会社が解散した場合、事業年度開始の日から解散の日までを1つの事業年度とみなして、その期間に係る確定申告書を提出しなければならない。提出期限は、解散の日の翌日から2ヵ月以内であるが、期限延長特例の適用を受けることができる。
　なお、確定申告書の作成実務については、「第3編　税務編」で詳しく解説する。

第3章 解散の手続（清算中の事業年度以降、清算結了に至るまで）

　解散の日の翌日から1年ごとに事業年度が終了する。清算中の各事業年度および残余財産が確定し、清算結了に至るまでの手続の流れは、次のとおりである。

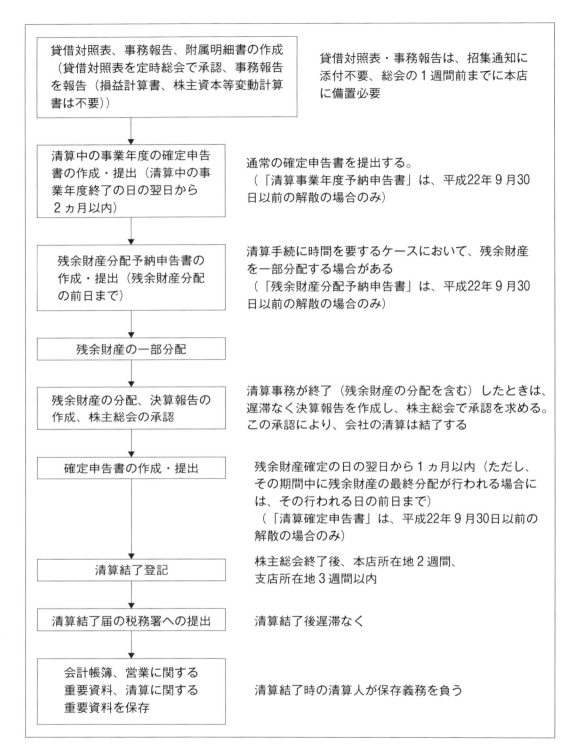

上記の各手続について、以下詳しく解説する。

1　貸借対照表、事務報告、附属明細書の作成

　会社が解散すると、事業年度は「清算事業年度」となる（会社法494条 1 項）。解散の日の翌日から開始される各 1 年の期間となる。例えばX 1 年 9 月30日を解散の日とすると、X 1 年10月 1 日からX 2 年 9 月30日までが 1 つの事業年度となり、以下X 2 年10月 1 日からX 3 年 9 月30日までが 1 つの事業年度となる（以下同様）。

　清算事業年度についても、定時株主総会の開催が必要である（会社法497条）。清算株式会社は、各清算事業年度に係る貸借対照表および事務報告ならびにこれらの附属明細書を作成しなければならない（会社法494条）。

　監査役設置会社である場合は、清算中の各事業年度に係る貸借対照表および事務報告ならびにこれらの附属明細書について監査役の監査を受けなければならない（会社法495条 1 項）。

　監査役設置会社である清算株式会社は、監査を受けた貸借対照表および事務報告を、清算人会設置会社である清算株式会社は、清算人会の承認を受けた貸借対照表および事務報告を、それら以外の清算株式会社は、貸借対照表および事務報告を、定時株主総会に提出しなければならない（会社法497条 1 項）。

　貸借対照表は定時株主総会の承認事項であり、事務報告は報告事項である（同条 2 項、3 項）。これらの書類の作成方法については、「第 2 編　会計編」で詳説する。

　貸借対照表・事務報告を招集通知に添付する必要はない。ただし、貸借対照表および事務報告ならびにこれらの附属明細書（監査役設置会社の場合は、監査報告を含む）は、定時株主総会の日の 1 週間前の日から、本店所在地における清算結了の登記の時までの間、本店に備え置かなければならない（会社法496条 1 項）。

　なお、清算株式会社については、決算公告を行う必要はない（会社法509条 1 項 2 号）。

2　清算中の事業年度の確定申告書の作成・提出

　清算中の各事業年度終了の日の翌日から 2 ヵ月以内に、税務申告書を作成・提出する必要がある。平成22年度税制改正により、平成22年10月 1 日以後の解散から、財産法ではなく、継続企業と同様の損益法に基づく所得計算に改正された。したがって、平成22年10月

1日以後の解散については改正税法が適用され、継続企業と同様の通常の確定申告書を作成・提出する必要があり、一方、平成22年9月30日以前の解散については旧税法が適用され、財産法を前提とした清算事業年度予納申告書を作成・提出する必要がある。

　なお、平成22年10月1日以後の解散の場合は、清算中の各事業年度に係る確定申告書については、残余財産の確定の日の属する事業年度を除いて、「確定申告書の提出期限の1ヵ月延長の特例」の適用が認められる（法法74条1項、75条の2第1項）。

　所得計算の方法および確定申告書の作成方法については、「第3編　税務編」で詳説する。

3　残余財産の分配、決算報告の作成、株主総会の承認

　清算株式会社は、清算事務が終了（残余財産の分配を含む）したときは、遅滞なく、決算報告を作成し、株主総会に提出し、その承認を受けなければならない（会社法507条1項、3項）。清算人会設置会社であるときは、株主総会の承認に先立って清算人会の承認を得る必要がある（同条2項）。

　決算報告は、次に掲げる事項をその内容としなければならない（会社法施行規則150条）。

決算報告の記載事項

①　債権の取立て、資産の処分その他の行為によって得た収入の額
②　債務の弁済、清算に係る費用の支払その他の行為による費用の額
③　残余財産の額（支払税額がある場合には、その税額および当該税額を控除した後の財産の額）
④　1株当たりの分配額（種類株式発行会社の場合は、各種類の株式1株当たりの分配額）

　①および②については、適切な項目に細分することができる（会社法施行規則150条）。また、④については、残余財産の分配を完了した日、および残余財産の全部または一部が金銭以外の財産である場合には、当該財産の種類および価額を注記しなければならない（同条2項）。

　決算報告は、清算中の事務を通じてどのような経過により清算事務の終了に至ったかを株主に報告する趣旨であり、この報告の株主総会による承認をもって、会社の清算は結了する。清算が結了することにより、会社の法人格は消滅する。

　決算報告に係る株主総会の承認があったときは、任務懈怠による清算人の損害賠償責任

は、免除されたものとみなされる。ただし、清算人の職務の執行に関し不正の行為があったときは、免除されない（会社法507条４項）。決算報告には、清算人の責任の有無を判断できる程度の記載が必要であると解される一方、会社法施行規則は収入の額と支出の額を中心とした簡素な内容でも差し支えないように規定されている。決算報告の記載事項は、会社法施行規則の規定によるため、簡略な記載でも結果として問題はないと考えられる。

　また、留保付での決算報告の承認や、会社が清算人と特約をし、責任を解除しない旨を定めて決算報告を承認したときは、責任が解除されていないと解するべきとの見解がある[23]。

　決算報告の記載方法については、「第２編　会計編」で詳説する。

　なお、決算報告承認に係る株主総会議事録の記載例は、次のとおりである。

23　「会社法コンメンタール12」商事法務、P297（川島いづみ）。

株主総会議事録の記載例

臨時株主総会議事録

　令和○年○月○日午前○時より、東京都千代田区○○町○丁目○番○号当会社本社会議室において臨時株主総会を開催した。

株主総数	○○名
発行済株式総数	○○○株
出席株主数	○○名（うち委任状○名）
出席株主の議決権の数	○○○個

　以上のとおり株主の出席があったので、本臨時株主総会は適法に成立した。定款の定めにより代表清算人甲野太郎は議長となり、開会を宣し、議事を進行した。

第1号議案　決算報告承認の件

　議長は、当会社の清算結了に至るまでの経過を詳細に説明し、別紙決算報告の内容を報告した。その賛否を諮ったところ、満場一致の賛成を得て提案のとおり可決された。

　議長は、以上をもって本日の議事を終了した旨を述べ、午前○○時○○分閉会を宣した。
　上記決議を明確にするために、この議事録を作り、議長および出席清算人において記名押印する。
　令和○年○月○日

○○株式会社株主総会

議長　代表清算人　甲野太郎　印

清算人　甲野一郎　印

清算人　甲野二郎　印

4　最後事業年度に係る確定申告書の作成・提出

　清算中の法人につき残余財産が確定した場合は、残余財産確定の日の属する事業年度終了の日の翌日から1ヵ月以内（1ヵ月以内に残余財産の最後の分配または引渡しが行われる場合には、その行われる日の前日まで）に確定申告書を提出しなければならない（法法74条1項、2項）。

　平成22年10月1日以後の解散の場合、改正後の税法が適用されるため、損益法を前提とした継続企業と同様の確定申告書を作成・提出するが、平成22年9月30日以前の解散の場

合、旧法が適用されるため、財産法を前提とした清算確定申告書を作成・提出する。

　確定申告書の作成方法の詳しい内容については、「第3編　税務編」で解説する。

5　清算結了登記

　清算が結了したときは、決算報告の承認の日から、本店所在地においては2週間以内、支店所在地においては3週間以内に、清算結了の登記をしなければならない（会社法929条、932条）。

　会社は清算結了の登記によって消滅するのではなく、清算の結了によって消滅する点に留意する必要がある。したがって、現務の結了、債権の取立てと債務の弁済、残余財産の分配という清算事務が終了していなかったり、株主総会による決算報告の承認がなされていなかったりすると、清算結了の登記がされても、会社の法人格は消滅しない[24]。この点判例によれば、清算結了の登記後に会社の債権が譲渡された事案について、清算結了の登記がされた場合であっても、実際に会社の財産に属する債権が残存していたのであれば、清算が結了した実態はなく、会社は消滅していないと判示している[25]。また、清算結了の登記がなされている場合であっても、清算手続において債権申出の催告を受けなかったため債権申出をする機会を与えられなかった債権者がいたときは、清算が実質的に結了しておらず、当該会社は依然として清算中の会社として存続するものとみなすものとされている[26]。

　この点、清算結了登記後において、税務調査により更正処分を受けた場合、未納税金を納付するまでは清算事務は実質的に終了していないものと解されるため、清算中の法人が存続しているものとして納税義務が残ることとなる[27]。

24　「会社法コンメンタール12」商事法務、P297（川島いづみ）。
25　大判・大正5年3月17日・民録22・P364。
26　東京地判・平成3年12月26日・金法1335号、P58。
27　東京地判・昭和46年4月5日。東京地裁・昭和43年（行ウ）75号。神戸地判・昭和61年（行ウ）第13号。

清算結了の登記をした法人の納税義務等（法基通1－1－7）

法人が清算結了の登記をした場合においても、その清算の結了は実質的に判定すべきものであるから、当該法人は、法人税を納める義務を履行するまではなお存続するものとする。

（注）　本文の法人が通算法人である場合において当該法人が清算結了の登記をしたときの当該法人の納税義務等について、当該法人は、その法人税については、本文に定めるところにより、当該法人税を納める義務を履行するまではなお存続するものとし、法人税法第152条第1項《連帯納付の責任》の規定により連帯納付の責任を有することとなった他の通算法人の同項に規定する法人税については、当該法人および他の通算法人が当該法人税を納める義務を履行するまではなお存続するものとする。

　登記申請人は、会社が申請する場合は代表清算人であるが、代理人が申請することもできる。

　登記すべき事項は、清算結了の旨および年月日である。登記簿には、「令和○年○月○日清算結了」という内容で記載される。同時に、登記簿は閉鎖される。ここで清算結了の日とは、決算報告を承認した株主総会の決議の日である。

　なお、登記申請書の添付書類は、本店所在地の登記においては、決算報告を承認した株主総会議事録（決算報告が株主総会議事録の一部として合綴されているもの）、支店所在地の登記においては、本店で登記したことを証する書面（登記事項証明書等）である（商業登記法48条、75条）。また、代理人が申請する場合は、委任状を添付しなければならない。

清算結了登記申請書の記載例

株式会社清算結了登記申請書

1．商号　　　　　　　　○○株式会社

1．本店　　　　　　　　東京都千代田区○○町○丁目○番○号

1．登記の事由　　　　　清算結了

1．登記すべき事項
　　令和○年○月○日清算結了

1．登録免許税　　　　　金2,000円[28]

28　1件につき2,000円である。

１．添付書類

        株主総会議事録（決算報告を含む）　　　　　　　　　　１通

        株主の氏名又は名称、住所及び議決権数等を証する書面（株主リスト）　　１通

        委任状　　　　　　　　　　　　　　　　　　　　　　　１通

  上記のとおり登記を申請する。

令和〇年〇月〇日

        東京都千代田区〇〇町〇丁目〇番〇号

        申請人（商号）〇〇株式会社

        神奈川県横浜市〇〇町〇丁目〇番〇号

        代表清算人（氏名）甲野太郎

        東京都大田区〇〇町〇丁目〇番〇号

        上記代理人（氏名）鈴木一郎　印[29]

        連絡先の電話番号

東京法務局　御中

委任状の記載例

委任状

東京都大田区〇〇町〇丁目〇番〇号

鈴木一郎

  私は、上記の者を代理人に定め、下記の権限を委任する。

１．当会社の清算結了の登記を申請する一切の件

２．原本還付の請求及び受領の件

令和〇年〇月〇日

                東京都千代田区〇〇町〇丁目〇番〇号

                〇〇株式会社

             代表清算人　甲野太郎　印

29　申請者は本来会社であるが、代理人が申請する場合、代理人の氏名および捺印が必要である。代理人の印鑑は実印である必要はない。また、会社が申請する場合は、代表清算人が押印する。代表清算人の印鑑については、「印鑑届書」によって登記所に提出した印鑑を押す必要がある。

6 清算結了届の税務署への提出

　会社の清算が結了した場合は、所轄税務署に対して、遅滞なく清算結了を届け出る必要がある。法人税に関しては所轄税務署長に対して届け出るが、地方税に関しては都道府県および市町村に対して届け出ることになる。

　所定の様式があるわけではないため、「異動届出書」の様式を用いればよい。「異動事項等」の欄に「清算結了」と記載し、「異動年月日（登記年月日）」の欄に清算結了および清算結了の登記の日付を記載する。

　「清算結了届」の記載例は、次のとおりである。

異動届出書
（□ 法人税　□ 消費税）

※通算グループ整理番号

※整理番号

その1（税務署提出用）

提出区分	
本店又は主たる事務所の所在地	〒○○○-○○○○　ビル名等 東京都千代田区○○町○-○-○ 電話（03）○○○○-○○○○
納税地	〒　同　　　上 電話（　　）
法人名（フリガナ）	カブシキガイシャ ○○　株式会社
法人番号	○○○○○○○○○○○○○
代表者氏名（フリガナ）	コウノ　タロウ 甲野　太郎
代表者住所	〒 神奈川県横浜市○○町○-○-○ 電話○○○-○○○-○○○○

令和　年　月　日

税務署長殿

次の事項について異動したので届け出ます。

通算親法人が提出する場合／通算親法人となる法人が提出する場合／通算子法人が提出する場合／通算子法人となる法人が提出する場合

送付先・連絡先　□本店所在地　□代表者住所　□その他
〒　　ビル名等　電話（　）　－

※届出については、それぞれの機関へ提出してください。

事業の種類	○○○業	事業年度	（自）　月　日（至）　月　日
資本金又は出資金の額	10,000,000 円	地方税の申告期限の延長の処分（承認）の有無	事業税　有・無　・・の事業年度から　月間 住民税　有・無　・・の事業年度から　月間
資本金等の額	10,000,000 円	従業者総数	○○人　市内従業者数　○○人

異動事項等	異動前	異動後	異動年月日（登記年月日）
清算結了			○・1・31 （○・2・2）

	税務署	税務署
所轄税務署		

（国税局・東京都・市町村統一様式用）

納税地等を変更した場合	給与支払事務所等の移転の有無　□有　□無（名称等変更有）　□無（名称等変更無） ※「有」及び「無（名称等変更有）」の場合には「給与支払事務所等の開設・移転・廃止届出書」の提出も必要です。 旧の本店等は、事務所・事業所として（□存続　□廃止）する
事業年度を変更した場合	変更後最初の事業年度：（自）令和　年　月　日～（至）令和　年　月　日

合併の場合	□適格合併　□非適格合併	分割の場合	□分割型分割：□適格□その他 □分社型分割：□適格□その他	公益法人等で　□収益事業を行う ある場合　□収益事業を行わない

届出内容に該当する□にチェックをしてください。
□ 当該区市町村の事務所等が本店で複数の区市町村に事務所等をもつ法人
□ 当該区市町村の事務所等が支店で複数の区市町村に事務所等をもつ法人
☑ 当該区市町村にのみ事務所等を有する法人

支店・出張所・工場等	名称	所在地	設置廃止年月日
		電話（　）　－	・・
		電話（　）　－	・・

添付書類等
1　定款等の写し　2　登記事項証明書（履歴事項全部証明書）、登記簿謄本又はオンライン登記情報提供制度利用
3　その他（　）
※税務署への提出は必要ありません。

オンライン登記情報提供制度利用の場合　照会番号　都市　発行年月日　年月日・年月日

（その他参考となるべき事項）

税理士署名		事務所所在地	〒　電話（　）

※税務署処理欄	部門	決算期	業種番号	番号	入力	名簿

異動届出書
（事業開始等申告書 その2）

※整理番号

条例規則記別記第三十二号様式（乙）

その2（都税事務所・支所提出用）

※届出については、それぞれの機関へ提出してください。

（国税局・東京都・市町村統一様式用）

受付印

令和　年　月　日

都税事務所長　殿
支庁長

次の事項について異動したので届け出ます。

提出区分	
通算親法人が提出する場合 / 通算子法人となる法人が提出する場合 / 通算親法人となる法人が提出する場合	

（フリガナ）
本店又は主たる事務所の所在地　〒○○○-○○○○　ビル名等
東京都千代田区○○町○-○-○
電話（03）○○○○-○○○○

納税地　同　上
電話

（フリガナ）カブシキガイシャ
法人名　○○　株式会社

法人番号　○|○|○|○|○|○|○|○|○|○|○|○|○

（フリガナ）コウノ　タロウ
代表者氏名　甲野　太郎

代表者連絡先（記載不要）
電話○○○　○○○○-○○○○

（フリガナ）
送付先・連絡先　□本店所在地　□代表者住所　□その他
〒　ビル名等
電話（　）　－

事業の種類	○○○業	事業年度	（自）　月　日　（至）　月　日
資本金又は出資金の額	10,000,000 円	地方税の申告期限の延長の処分（承認）の有無	事業税　有・無　・・　の事業年度から　月間
			住民税　有・無　・・　の事業年度から　月間
資本金等の額	10,000,000 円	従業者総数　○○ 人	市内従業者数　○○ 人

異動事項等	異動前	異動後	異動年月日（登記年月日）
清算結了			○・1・31（○・2・2）

所轄税務署	税務署	税務署	

納税地等を変更した場合　（記載不要）
旧の本店等は、事務所・事業所として（□存続　□廃止）する

事業年度を変更した場合　変更後最初の事業年度：（自）令和　年　月　日　～（至）令和　年　月　日

合併の場合　□適格合併　□非適格合併　　分割の場合　□分割型分割：□適格□その他　□分社型分割：□適格□その他　　公益法人等で収益事業を行う／ある場合は収益事業を行わない

届出内容に該当する□にチェックをしてください。
□ 当該区市町村の事務所等が本店で複数の区市町村に事務所等をもつ法人
□ 当該区市町村の事務所等が支店で複数の区市町村に事務所等をもつ法人
☑ 当該区市町村にのみ事務所等を有する法人

	名称	所在地	設置廃止 年月日
支店・出張所・工場等		電話（　）　・・	
		電話（　）　・・	
		電話（　）　・・	

添付書類等　1 定款等の写し　② 登記事項証明書（履歴事項全部証明書）、登記簿謄本又はオンライン登記情報提供制度利用　3 その他（　）

オンライン登記情報提供制度利用の場合　照会番号　発行年月日　都 年 月 日 市 年 月 日

（その他参考となるべき事項）

税理士署名	事務所所在地	〒　電話（　）　－

※処理欄　| 管理項 | 入力 | 照合 |

7 帳簿、営業に関する重要資料、清算に関する重要資料を保存

(1)　帳簿資料の保存

　清算人は、本店所在地における清算結了の登記の時から10年間、会社の帳簿、事業および清算に関する重要な資料（以下、「帳簿資料」）を保存しなければならない（会社法508条1項）。清算人会設置会社の場合は、代表清算人または業務執行清算人[30]が保存する。帳簿資料の保存は、清算に関して後日問題が生じたときに備えて、証拠資料として一定期間保存しておくことにその趣旨がある。

　清算結了の登記の時から10年間を経過する前に、会計帳簿等の本来の保存期間（会社法432条2項）[31]が満了することもあり得るが、その場合であっても、清算に関する事情を明らかにするために必要な帳簿資料を保存することに意味があることから、清算結了の登記の時から10年間保存する必要があると解するのが多数説の考え方である。

　保存すべき帳簿資料としては、（会社法上の帳簿に限らない）すべての帳簿および事業および清算に関する重要な資料である。

　「事業に関する重要な資料」としては、株主総会・取締役会議事録、確定申告書の控え、事業に関して授受された信書またはその控え、受領書等であり、「清算に関する重要な資料」としては、清算人会議事録、決算報告の承認に係る株主総会議事録、財産目録、貸借対照表、事務報告、決算報告、現務の結了のために授受された信書またはその控え、債権の取立てまたは債務の弁済に関する受取証書・支払調書、財産の換価のために作成された契約書またはその写し、退職金の支払証書および相手先からの受領書、残余財産分配についての各株主の受取証などが考えられる[32]。

　このように保存すべき帳簿資料が広範囲に及ぶのは、清算に関し後日に問題が発生したときの証拠資料としての位置付けであることからやむを得ないと考えられるが、重要性の判断は実務的には難しいことが想定され、結果としてある程度広範囲の帳簿資料を保存するケースが少なくない。

30　代表清算人以外の清算人であって、清算人会の決議によって清算人会設置会社の業務を執行する清算人として選定されたものをいう（会社法489条7項2号）。
31　株式会社は、会計帳簿の閉鎖の時から10年間、その会計帳簿およびその事業に関する重要な資料を保存しなければならない（会社法432条2項）。
32　上柳克郎・鴻常夫・竹内昭夫編集代表「新注釈会社法（13）」有斐閣、P367（山口賢）。

⑵　閲覧請求できる者の範囲

　判例によれば、閲覧請求できる者の範囲については、閲覧請求できる者の範囲・要件等を定めた規定がないこと、帳簿・重要資料には、会計帳簿等はもとより、営業および清算に関する重要資料全般が含まれ、これらの資料の中には、その株式会社または第三者の営業秘密等の清算結了後においても秘匿する必要がある情報が記載された資料が存在しうることを理由として、会社の利害関係人というだけでは閲覧請求は認められないと解しており[33]、裁判所の認可を得た者にのみ請求権を認める趣旨と解されている[34]。

⑶　利害関係者の申立てによる裁判所の選任

　利害関係人の申立てにより、裁判所は、帳簿資料を保存する者を選任することができる（会社法508条2項）。この場合も、本店所在地における清算結了の登記の時から10年間、保存しなければならない。

　申立てが認められるためには、①清算人において帳簿資料の保存を行うことに支障があり、かつ、②清算人に代わって帳簿資料を適切に保存することが期待できる者が存在する場合であることが必要であると解されている。①が認められる例は、次のとおりである。

・清算人自身が申し立てる場合

　→清算人による保存が困難な事情がある場合（海外転居、高齢、重病等）

・第三者が申し立てる場合

　→清算人による適切な保存を期待することができない事情がある場合（死亡、行方不明、親会社からの出向により清算業務を行っていた親会社社員の出向終了等）

　また、②の例としては、解散前の取締役、監査役等の登記事項証明書に記載されている元役員、例えば100%出資の親会社のように清算会社と密接な関係を有する法人、清算株式会社の顧問会計士、弁護士などが挙げられる。

　申立書には、清算結了の登記をした閉鎖事項全部証明書、保存者候補者の就任承諾書を添付する必要があり、また、申立てを弁護士に委任する場合は、訴訟委任状を添付しなければならない。

　東京地方裁判所のホームページでは、帳簿資料保存者選任申立についてQ&Aが掲載されているが、次の書面が申立てに必要であるとしている。

33　最判・平成16年10月4日・民集58巻7号、P1771。
34　江頭憲治郎「株式会社法（第7版）」有斐閣、P1009からP1010。

1．申立書

2．就任承諾書

3．登記事項証明書（清算会社の登記事項証明書・保存者の候補者が会社の場合の当該会社の登記事項証明書または代表事項証明書）

4．清算人が帳簿資料を保存できないことの疎明資料（死亡の事実が記載された戸籍謄本等）

5．3の清算会社の登記簿に記載されていない候補者を保存者にしたい場合には、その候補者と清算会社との関係を証する書面（100％株主であれば、清算人作成の株主名簿）

6．保存者の候補者の住民票等（候補者が法人であれば登記事項証明書）

帳簿資料保存者選任申立書（株式会社・保存者が個人の場合）

*清算人が高齢でかつ重病の例・清算人申立て

<table>
<tr><td>収入印紙
1,000円
貼　　付</td><td rowspan="2" style="text-align:center">帳簿資料保存者選任申立書

令和○年○○月○○日</td></tr>
</table>

（※割印不可）

東京地方裁判所民事第8部　御中

〒○○○－○○○○　東京都○○区○○町○丁目○番○号（自宅住所）

（送達場所）〒○○○－○○○○　東京都○○区○○町○丁目○番○号

申立人　○　○　○　○　㊞

TEL　０３－００００－００００

FAX　０３－００００－００００

（清算株式会社の表示）

東京都○○区○○町○丁目○番○号（会社の本店所在地）

株式会社○○○○

申立ての趣旨

清算人に代わって株式会社○○○○の帳簿並びにその事業及び清算に関する重要な資料を保存する者の選任を求める。

申立ての理由

申立人は上記清算株式会社の代表清算人であるが、同会社は令和○年○○月○○日解散、令和○年○○月○○日清算結了、令和○年○○月○○日その旨の登記を完了した。代表清算人は、○○年○月○日生まれで現在○○歳と高齢であり、また、○○（病名）により入院加

療中である。清算会社のその他の清算人は既に死亡しているため保存業務を行える状況には
なく、帳簿資料の保存の任に就くことができない。清算会社の帳簿資料の保存には、解散時
の代表取締役である下記の者が適任である。

　よって、会社法508条2項に基づき、清算人に代わって同会社の帳簿並びにその事業及び
清算に関する重要資料を保存する者の選任を求める。

記

　（住所）　東京都○○区○○町○丁目○番○号
　（氏名）　○　　○　　○　　○

疎明方法

　甲第1号証　　就任承諾書
　甲第2号証　　住民票（保存者候補のもの）
　甲第3号証　　除籍事項証明書（死亡した清算人らのもの）
　甲第4号証　　戸籍事項証明書（申立人のもの）
　甲第5号証　　診断書（申立人のもの）

添付資料

登記事項証明書　　　1通
甲号証写し　　　各1通

以　　上

帳簿資料保存者選任申立書（株式会社・保存者候補者が親会社）

＊清算人が親会社従業員である場合

帳簿資料保存者選任申立書

収入印紙 1,000円 貼　付

（※割印不可）

令和○年○○月○○日

　東京地方裁判所民事第8部　御中

　　　　　　〒○○○－○○○○　　東京都○○区○○町○丁目○番○号（自宅住所）
　　　　　（送達場所）〒○○○－○○○○　　東京都○○区○○町○丁目○番○号
　　　　　　　　　　　申立人　○　　○　　○　　○　　㊞
　　　　　　　　　　　TEL　03－0000－0000
　　　　　　　　　　　FAX　03－0000－0000

（清算株式会社の表示）
　　東京都○○区○○町○丁目○番○号（会社の本店所在地）

株式会社○○○○

申立ての趣旨

　清算人に代わって株式会社○○○○の帳簿並びにその事業及び清算に関する重要な資料の保存をする者の選任を求める。

申立ての理由

　申立人は上記清算株式会社の代表清算人であるが、同会社は令和○年○○月○○日解散、令和○年○○月○○日清算結了、令和○年○○月○○日その旨の登記を完了した。

　ところで、代表清算人は、清算株式会社に100パーセント出資の親会社である下記の会社（甲第2号証）の従業員であり、今般清算結了とともに親会社に戻り、その後は清算株式会社の清算業務とは全く無関係の職場に復帰している（甲第3号証）。したがって、清算株式会社の帳簿資料保存者としては不相当である。また、清算会社には他に清算人がいない。清算会社の帳簿資料の保存者には親会社である下記の会社が適任である。

　よって、会社法508条2項に基づき、清算人に代わって同会社の帳簿並びにその事業及び清算に関する重要資料を保存する者の選任を求める。

記

　（住所）　東京都○○区○○町○丁目○番○号
　（氏名）　○○株式会社

疎明方法

甲第1号証　　就任承諾書
甲第2号証　　株主名簿（清算会社のもの）
甲第3号証　　社員証明書

添付書類

登記事項証明書　　2通（清算会社及び保存者候補の会社のもの）
甲号証写し　　各1通

以　上

就任承諾書（株式会社・保存者候補者が個人の場合）

就　任　承　諾　書

令和○年○月○日

東京地方裁判所民事第8部　御中

東京都○○市○○町○丁目○番○号

○　　○　　○　　○　　㊞

清算会社の表示

東京都○○区○○町○丁目○番○号

○　○　○　○　株式会社

承諾の内容

私は、貴裁判所より○○○○株式会社の帳簿並びにその事業及び清算に関する重要資料につき、その保存者に選任された場合には、その就任を承諾いたします。

就任承諾書（株式会社・保存者候補者が会社の場合）

就　任　承　諾　書

令和○年○月○日

東京地方裁判所民事第8部　御中

東京都○○市○○町○丁目○番○号

△△株式会社

代表者代表取締役　○　○　○　○　㊞

清算会社の表示

東京都○○区○○町○丁目○番○号

○　○　株式会社

承諾の内容

△△株式会社は、貴裁判所より○○株式会社の帳簿並びにその事業及び清算に関する重要資料につき、その保存者に選任された場合には、その就任を承諾いたします。

（出典：東京地方裁判所「帳簿資料保存者選任申立事件についてのQ&A」）

8 スケジュール例

　会社の解散から清算結了に至るスケジュール例を示すこととする。解散決議をＸ１年９月30日とし、換価すべき財産が限定され、債務の整理にも時間を要しない、かつ、残余財産も残らないような最短のスケジュール例を示すものとする。

解散・清算のスケジュール例（最短の場合）

日　程	具体的手続
Ｘ１年９月30日	株主総会による解散決議、清算人の選任決議
10月１日	官報公告および催告
10月上旬	解散および清算人の登記申請
	所轄税務署および都道府県等に解散届の提出
11月中旬	解散時の財産目録および貸借対照表の株主総会による承認
	所轄税務署および都道府県等に確定申告書提出
12月１日	（債権申出期間の満了日）
12月上旬	所轄税務署および都道府県等に最後事業年度に係る確定申告書提出
	決算報告の作成および株主総会による承認
	清算結了の登記申請
12月中旬	所轄税務署および都道府県等に清算結了届の提出

（表の左側に「２ヵ月の間隔が必要」と記載、10月１日から12月１日までを示す）

（注１）　公告および催告は、債権者に対して一定の債権申出期間を確保し、債権の申出を促すが、債権申出期間は２ヵ月を下回ってはならないと規定されており（会社法499条１項）、この期間は短縮することができない。最低の２ヵ月を確保するケースが多く、その場合は官報公告に「本公告掲載の日の翌日から２ヵ月以内にお申し出ください。」と記載する。
（注２）　所轄税務署および都道府県等への清算結了届の提出であるが、清算結了登記が行われた後の登記事項証明書（閉鎖登記簿謄本）を添付しなければならない。登記申請から登記の完了まで１週間程度が必要である。

　スケジュール例のように、財産の換価や債務の整理に時間を要さない場合は、最短で２ヵ月強で清算結了に至らせることは可能である。一方、財産の換価や債務の整理に時間を要するケースで何年も時間を要する場合もあり、また、債務の整理がうまくいかないケースでは、相当の長期間経過しても清算の結了に至らない場合もある。

第2編
会計編

はじめに

　解散後において作成すべき財務書類は、次のとおりである。各段階の財務書類の内容、作成方法について、理解・整理することが必要である。

解散後に作成する財務書類

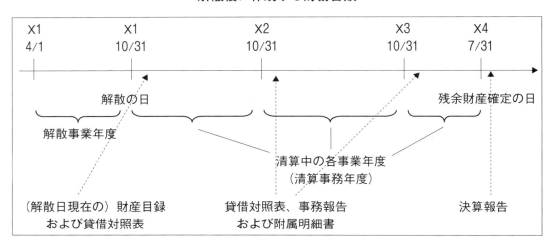

　以下、各段階の財務書類について解説する。

第1章 解散に伴い作成すべき財務書類

1 解散日現在の貸借対照表および財産目録

　会社が解散した場合、清算人（清算人会設置会社の場合は、代表清算人または業務執行清算人）は、その就任後遅滞なく、清算株式会社の財産の現況を調査のうえ、解散日現在の貸借対照表および財産目録を作成し、株主総会の承認を受けなければならない（会社法492条1項、3項）。清算人会設置会社の場合は、株主総会に先立って、清算人会の承認が必要である（同条3項）。

(1)　財産目録の作成

　財産目録は、資産、負債および正味財産の3つの部に区分して表示しなければならない（会社法施行規則144条3項）。正味財産の部は、正味財産という1つの項目を表示すれば足りる。清算株式会社においては、剰余金の配当は行われないため、資本金、準備金および剰余金の区分や剰余金の額を表示する必要がないと解されるからである[35]。資産および負債は、その内容を示す適当な名称を付した項目に細分することができる（同条3項後段）。細分することができると規定されているが、財産目録の性質上一定の細分化を行う必要があろう。

　財産目録とは、貸借対照表の資産および負債の内訳明細である。財産目録に記載する財産については、処分価格を付すことが困難な場合を除いて、処分価格（清算価格）を付さなければならない（同条2項）。後で説明する貸借対照表も、処分価格により表示したものを作成しなければならない。

　また、清算株式会社の会計帳簿については、財産目録に付された価格を取得価額とみなす（同条2項後段）。

　処分価格を付さなければならないとされているのは、継続企業を前提とした適正な期間損益計算に基づく計算書類とは異なり、清算開始時における清算株式会社の財産の状態を

---

[35]　東京高判・昭和14年1月31日・法律新聞4443号、P10。

　よりよく示すことが目的であり、継続企業を前提とした価格を付すのではなく、換価を前提とした価格を付すという考え方に基づいているからである[36]。

　処分価格とは、資産の売却（処分）見積額から、売却（処分）に係るコストの見積額を控除した差額である。言い換えれば、財産を換価処分したと仮定した場合の手取りの現金回収見込額である。換価処分を前提とした回収見込額を付すという意味である。

　各勘定科目の処分価格は、次のように算定することが考えられる[37]。処分価格を見積もることが困難な場合もあり、その場合は「処分価格を付すことが困難な場合」に該当するため、原則として、帳簿価額により計上することが認められる。ただし、減損を認識すべき場合には、減損を認識するなどした、適正な帳簿価額を付すべきものと解される[38]。

勘定科目ごとの処分価格の算定方法

勘定科目	処分価格の算定方法
現金	現金の保有高（＝帳簿価額）
預金	元本に解散日までの未収利息（経過利息）を加算した金額。
金銭債権	債権残高から取立不能見込額および取立費用見込額を控除した金額。したがって、財産目録には、貸倒引当金は表示されない。取立不能見込額および取立費用見込額については、個別に見積もる必要がある。なお、貸付金は、未収利息を加算する。
棚卸資産	市場価格がある場合は、市場価格から売却に要する費用の見積額を控除した金額。市場価格がない場合は、売却可能価額を見積もり、売却に要する費用の見積額を控除した金額。
有価証券	市場価格のある有価証券は、市場価格から処分費用見込額を控除した金額。市場価格のない有価証券は、売却可能価額を見積もり、処分費用見込額を控除した金額。
前払費用、仮払金	現金回収が見込まれる部分については、未収入金に計上し、それ以外の部分についてはゼロ評価。
土地	近隣の取引事例価額、または、公示価格、路線価格等をもとに売却可能価額を見積もり、処分費用見込額を控除した金額。建物を取り壊して更地として処分する必要があるものについては、取壊費用を見積もり控除した金額。
その他の有形固定資産	処分が可能なものは、処分可能価額から処分費用見込額を控除した金額。
無形固定資産	原則としてゼロ評価。ただし、処分が可能なものは、処分可能価額から処分費用見込額を控除した金額。

36　弥永真生「コンメンタール　会社法施行規則・電子公告規則」商事法務、P814。
37　日本公認会計士協会・会計制度委員会研究報告第11号「継続企業の前提が成立していない会社等における資産及び負債の評価について」参照。本研究報告の内容を一部加工している。
38　弥永真生「コンメンタール　会社法施行規則・電子公告規則」商事法務、P815からP816。

繰延資産	原則としてゼロ評価。ただし、税務上の繰延資産で契約解除により現金回収が見込まれる部分については、未収入金を計上する。
未払金	契約解除に伴い違約金を支払うものについては、それを未払金に計上する。
借入金	解散日までの経過利息を未払金に計上する。
未払退職給与	原則として、解散日現在の会社都合要支給額を計上する。
法人税、住民税および事業税	事業年度開始日から解散日までの期間に係る所得金額に対する確定税額を未払金に計上する。また、清算中の各事業年度に係る損益法に基づく所得金額に対する税額を可能な範囲で見積もる。
偶発債務	保証債務等で、債務の履行が確実に見込まれるものについては、履行見込額を未払金に計上する。なお、割引手形については、不渡りとなったときに遡求義務が発生するため、割引手形残高は受取手形（資産）と割引手形（負債）を両建てで表示することが考えられる。

　財産目録は、資産については財産的価値のあるものを計上し、負債については法律上の債務が計上されるものと考えられる。継続企業を前提とした、適正な期間損益計算の考え方は採用しないため、法的債務性のない引当金や繰延資産は計上しない。また、税効果会計による繰延税金資産および繰延税金負債も計上しないことになる。

　逆に、「一般に公正妥当と認められる企業会計の基準その他の企業会計の慣行」では認められない自己創設のれん、無形資産、取得時に費用処理したことによりオフバランスとなっている資産、リース資産・リース債務、保証債務などは、資産または負債に計上しなければならないと解されている[39]。

　以下、財産目録の記載例を示す。

39　弥永真生「コンメンタール　会社法施行規則・電子公告規則」商事法務、P 816からP 818。

財産目録の記載例
財 産 目 録
（令和〇年〇月〇日現在）

資産の部 （単位：千円）

科 目		金 額
現預金	手元現金	X X X
	普通預金 〇〇銀行〇〇支店	X X X
受取手形	A株式会社	X X X
	B株式会社	X X X
	C株式会社	X X X
売掛金	A株式会社	X X X
	D株式会社	X X X
商品	〇〇〇	X X X
原材料	〇〇〇ほか	X X X
その他の流動資産	〇〇〇	X X X
建物	東京都中央区〇〇町〇番〇号 〇〇〇㎡	X X X
土地	東京都中央区〇〇町〇番〇号 〇〇〇㎡	X X X
工具・器具備品	〇〇〇ほか	X X X
投資有価証券	E㈱株式〇〇株、F社債額面金額X X X	X X X
長期貸付金	G株式会社	X X X
その他の固定資産	〇〇カントリークラブゴルフ会員権、保険積立金	X X X
資産の部合計		X,X X X

負債の部

科 目		金 額
支払手形	H株式会社	X X X
	I株式会社	X X X
買掛金	J株式会社	X X X
	K株式会社	X X X
短期借入金	〇〇銀行〇〇支店	X X X
未払金	〇〇社会保険事務所	X X X
	従業員未払給与	X X X
未払税金	〇〇税務署	X X X
未払退職給与	従業員退職金	X X X
負債の部合計		X,X X X

正味財産の部

差引正味財産		X X X

⑵ 解散日現在の貸借対照表の作成

　解散日現在の貸借対照表は、財産目録に基づき作成しなければならない（会社法施行規則145条2項）。資産、負債および純資産の3つの部に区分して表示しなければならない

（同条3項）。資産および負債は、その内容を示す適当な名称を付した項目に細分することができる（同条3項後段）。

　財産目録と同様に、処分価格により表示する必要があるが、処分価格を付すことが困難な資産がある場合には、当該資産に係る財産評価の方針を注記しなければならない（同条4項）。

　資産については財産的価値のあるものを計上し、負債については法律上の債務が計上されるものと考えられる。継続企業を前提とした、適正な期間損益計算の考え方は採用しないため、法的債務性のない引当金や繰延資産は計上しない。また、税効果会計による繰延税金資産および繰延税金負債も計上しないことになる。

　純資産の部は、純資産という1つの項目を表示すれば足りる。清算株式会社においては、剰余金の配当は行われないため、資本金、準備金および剰余金の区分や剰余金の額を表示する必要がないと解されるからである[40]。

<h3 style="text-align:center">貸借対照表（令和○年○月○日現在）</h3>

資　産　の　部		負　債　の　部	
科　　目	金　　額	科　　目	金　　額
現預金	ＸＸＸ	支払手形	ＸＸＸ
受取手形	ＸＸＸ	買掛金	ＸＸＸ
売掛金	ＸＸＸ	短期借入金	ＸＸＸ
商品	ＸＸＸ	未払金	ＸＸＸ
原材料	ＸＸＸ	未払税金	ＸＸＸ
その他の流動資産	ＸＸＸ	未払退職給与	ＸＸＸ
建物	ＸＸＸ	負債合計	ＸＸＸＸ
工具・器具備品	ＸＸＸ	純資産の部	
土地	ＸＸＸ	純資産	ＸＸＸ
投資有価証券	ＸＸＸ		
長期貸付金	ＸＸＸ		
その他の固定資産	ＸＸＸ		
資産合計	ＸＸＸＸ	負債および純資産合計	ＸＸＸＸ

（注）　下記の資産は、処分価格を付すことが困難なため、次の金額を計上している。
　　　　市場価格のない有価証券……移動平均法に基づく原価法により評価した金額

　また、資産の部を流動資産、固定資産、負債の部を流動負債、固定負債のように区分する必要性はないと考えられる。清算株式会社は、財産を換価し、債務の弁済または免除等により、資産および負債の整理を図っていくことになるため、流動・固定区分には実益が

40　弥永真生「コンメンタール　会社法施行規則・電子公告規則」商事法務、P819からP820。

ないものと考えられるからである。資産および負債の部を、その内容を示す適当な名称を付した項目に細分するが、どの程度の細分を行うかは、会社の規模、業態を踏まえて、重要性および明瞭性の観点から、各社が適正に判断すべきものと考えられる。

2　監査役の監査

解散に伴い作成する解散日現在の財産目録および貸借対照表については、監査役の監査は求められていない。監査役設置会社であっても、監査役の監査は必要ない。

3　税務申告との関係

解散事業年度（事業年度開始の日から解散の日までの事業年度）について、確定申告書の作成・提出が必要となるが、確定申告書には、継続企業と同様の通常事業年度ベースの貸借対照表、損益計算書、株主資本等変動計算書、勘定科目内訳明細書および法人の事業等の概況に関する書類を添付しなければならない（法法74条3項、法規35条）。定時株主総会に提出が必要な貸借対照表は処分価格で作成したものであるため、確定申告書に添付する計算書類は税務申告のために別途作成することになる。

なお、平成22年度税制改正により、清算中の各事業年度の確定申告において、「残余財産がないと見込まれる場合」に限り、期限経過欠損金（以下「期限切れ欠損金」という）の使用が認められるものとされ（法法59条4項）、平成22年10月1日以後の解散から適用されている。

残余財産がないことを、何をもって説明するかというと、処分価格で作成した貸借対照表（実態貸借対照表という）で純資産がマイナス（債務超過）またはゼロであることを示す必要があると考えられる。税務においては、処分価格により貸借対照表を作成するという実務は従来から基本的になかったが、会社法において従来から行われてきた処分価格により表示する（清算）貸借対照表の作成実務が、税務上の観点からも必要となったことを意味する。ただし、税務上は、清算中に終了する各事業年度のうち期限切れ欠損金を損金算入しようとする事業年度において説明書類として作成が必要になるため、解散日現在のものを作成するのは、もっぱら会社法の要請のみである。

第2章
清算中の事業年度において作成すべき財務書類

　解散の日の翌日から1年ごとに清算中の事業年度（清算事務年度）が終了する。清算中の事業年度ごとに貸借対照表、事務報告、およびそれらの附属明細書を作成しなければならない（会社法494条1項）。

　貸借対照表については、定時株主総会における承認が必要であり、事務報告については、定時株主総会における報告が必要である（会社法497条2項、3項）。清算人会設置会社においては、清算人会の承認を受けたものを定時株主総会に提出しなければならないし、監査役設置会社においては、監査役の監査を受けたものを定時株主総会に提出しなければない（同条1項）。

　損益計算書は要求されていないが、継続企業を前提とした様式が清算株式会社に当てはまらないからである。清算株式会社は、もっぱら清算事務の遂行のみを行うのであり、営業活動は行わない。したがって、継続企業が作成するような、売上高、売上原価、販売費及び一般管理費のような区分で作成することは適当でない。清算株式会社は、事務報告の中で、清算事務の遂行に伴う財産処分に係る収益や清算費用を示す計算書を表示するため、それが損益計算書に代わるものとして位置付けられる。

　また、株主資本等変動計算書は要求されていない。それは、清算株式会社は、剰余金の配当を行うことができないし、株主資本の計数の変更もできないからである。

1　清算中の事業年度において作成すべき貸借対照表

　清算中の各事業年度において作成する貸借対照表は、各清算事務年度に係る会計帳簿に基づき作成しなければならない（会社法施行規則146条1項）。貸借対照表は、資産、負債および純資産の部に区分して表示しなければならない。資産および負債の部は、その内容を示す適当な名称を付した項目に細分することができる（会社法施行規則146条2項、145条3項）。

　貸借対照表を各清算事務年度に係る会計帳簿に基づき作成しなければならないとされているが、会計帳簿については、財産目録に付された（処分）価格を取得価額とみなすと規定されている（会社法施行規則144条2項後段）。解散日現在の処分価格を取得価額とみなしてスタートした会計帳簿に基づき作成するということは、清算中の各事業年度において作成する貸借対照表も処分価格を付したものということになる。

　資産については財産的価値のあるものを計上し、負債については法律上の債務が計上されるものと考えられる。継続企業を前提とした、適正な期間損益計算の考え方は採用しないため、法的債務性のない引当金や繰延資産は計上しない。また、税効果会計による繰延税金資産および繰延税金負債も計上しないことになる。

　純資産の部は、純資産という1つの項目を表示すれば足りると考えられる。清算株式会社においては、剰余金の配当は行われないため、資本金、準備金および剰余金の表示を行う必要がないと解されるからである[41]。

　資産の部を流動資産、固定資産、負債の部を流動負債、固定負債のように区分する必要性はないと考えられる。清算株式会社は、財産を換価し、債務の弁済または免除等により、資産および負債の整理を図っていくことになるため、流動・固定区分には実益がないものと考えられるからである。資産および負債の部を、その内容を示す適当な名称を付した項目に細分するが、どの程度の細分を行うかは、会社の規模、業態を踏まえて、重要性および明瞭性の観点から、各社が適正に判断すべきものと考えられる。

41　弥永真生「コンメンタール　会社法施行規則・電子公告規則」商事法務、P823。

2 清算中の事業年度において作成すべき事務報告

　清算中の各事業年度（各清算事務年度）に係る事務報告は、清算に関する事務の執行の状況に係る重要な事項をその内容としなければならない（会社法施行規則147条1項）。

　事務報告は、継続企業の事業報告に相当するものである。しかし、清算株式会社は、営業活動を行うわけではなく、財産の処分、債務の弁済等の清算事務を行う。したがって、清算に関する事務の執行の状況に係る重要な事項を記載すべきことが定められている。抽象的であり、具体的な規定になっていないのは、清算株式会社によって記載すべき内容が異なるし、清算中のいずれの段階にあるのかによっても記載すべき事項が異なるため、定型的な記載事項を定めなかったものと思われる。

　記載すべき内容としては、清算事務の進行状況、財産の処分、債権の取立て、債務の弁済の状況などを記載することが考えられる。清算事務の進行状況および今後の見通しなどについて文章で定性的に記述するだけでなく、財産の処分その他の収入とその原価、清算費用、当期純利益（または当期純損失）を、計算書の様式で示す必要がある。清算事務の進行状況を示すためには、損益計算書またはキャッシュ・フロー計算書に相当する内容を含める必要があると解されている[42]。したがって、損益ベースで作成するか収支ベースで作成するかはどちらでも差し支えないが、後で説明する決算報告は、債権の取立て、財産の処分、債務の弁済等により残余財産が最後にいくら残ったのか（あるいは残らなかったのか）を示す必要があることから、収支ベースで作成する必要があると解されている。

　会計帳簿に基づき貸借対照表を作成しなければならないとされており、清算株式会社についても継続的な会計帳簿への記帳が行われている前提が置かれているため、継続企業の損益計算書に相当する計算書の作成にそれほどの実務負担は生じないと考えられる。

事　務　報　告

（自令和○年○月○日　　至令和○年○月○日）

○○株式会社

1．清算事務の報告
　当会社は、去る令和○年○月○日開催の臨時株主総会において、株主各位のご賛同を得て

42　弥永真生「コンメンタール　会社法施行規則・電子公告規則」商事法務、P827。

解散いたしました。その後、清算事務に努めてまいりました結果、清算第1期にあたる当期において、下記のとおり順調にこれを進行することができました。

(1) 債権の取立て

○○株式会社からの受取手形○，○○○，○○○円につきましては、期日に無事決済し、回収することができました。また、○○株式会社に対する売掛金○，○○○，○○○円についても、無事回収することができました。

(2) 棚卸資産の処分

解散時の棚卸資産については、製品化できるものは生産を継続し、そのほかは適宜に売却処分を進めた結果、いずれも原価を上回る価格で売却でき、現在半分程度の処分を終えております。残りの棚卸資産についても、引き続き売却処分を進めていく予定です。

(3) 固定資産の処分

当期において、倉庫として使用していた神奈川県横浜市○○町○丁目○番○号所在の土地を売却いたしました。また、投資有価証券（○○株式会社の株式○万株）を売却いたしました。なお、本社の土地および建物の売却は、取引先を中心に交渉しております。

(4) 従業員の退職

従業員については、最大限再就職を斡旋し、退職を進めています。半分程度の従業員の退職が行われました。

2．株主総会に関する事項

令和○年○月○日に臨時株主総会を開催し、清算開始時の貸借対照表および財産目録について承認を得ています。

3．株主に関する事項

当期中の株主の異動はありません。

4．登記に関する事項

令和○年○月○日開催の臨時株主総会において、解散の決議と清算人選任の決議についてご承認を頂戴いたしましたので、その旨の登記を令和○年○月○日付で行いました。

5．当期中の収益および費用の計算書

計　算　書
（令和○年○月○日～令和○年○月○日）

（単位：千円）

財産処分原価		財産処分収入	
商品売上原価	×××	商品売上高	×××
土地売却原価	×××	土地売却収入	×××
投資有価証券売却原価	×××	投資有価証券売却収入	×××
財産処分益	×××		
	×××		×××
清算費用			
役員報酬	×××	財産処分益	×××
従業員給与	×××	受取配当金	×××
従業員賞与	×××	受取利息	×××
従業員退職金	×××	雑収入	×××
運搬費	×××	従業員退職給付引当金戻入	×××
水道光熱費	×××	当期純損失	×××
旅費交通費	×××		
租税公課	×××		
雑費	×××		
支払利息	×××		
法人税等	×××		
	×××		×××

3　清算中の事業年度において作成すべき附属明細書

⑴　貸借対照表の附属明細書

　各清算事務年度に係る貸借対照表の附属明細書は、貸借対照表の内容を補足する重要な事項を、その内容としなければならない（会社法施行規則146条3項）。各社の実情により記載すべき内容は一律ではないため、具体的な規定は置かれていない。

　清算株式会社として重要と考えられる事項を記載すべきであることから、例えば固定資産の状況、担保権の明細、借入金の内訳、保証債務の明細などを記載することが考えられる。

⑵　事務報告の附属明細書

　各清算事務年度に係る事務報告の附属明細書は、事務報告の内容を補足する重要な事項

を、その内容としなければならない（会社法施行規則147条２項）。各社の実情により記載すべき内容は一律ではないし、清算中のどの段階にあるのかによっても記載すべき内容は異なるため、抽象的な規定のみであり、具体的な規定は置かれていない。

　収益（または収入）および費用（または支出）項目のうち重要なもの、例えば固定資産の処分の内訳、借入金の増減、役員報酬等の内訳などを記載することも考えられる。

4　監査役の監査

　監査役設置会社の場合、清算事務年度の貸借対照表および事務報告ならびにこれらの附属明細書について監査役の監査を受けなければならない（会社法495条１項）。特定監査役[43]は、貸借対照表等の書類を受領した日から４週間を経過した日（特定清算人[44]と特定監査役との間の合意により定めた日があるときは、その日）までに監査報告を特定清算人に通知しなければならない（会社法施行規則148条６項）。

　監査役の監査報告の記載事項は、次のとおりである（同条２項）。監査役会設置会社の場合は、監査役の監査報告に下記の①から⑤を記載する。監査役会の監査報告には、監査役および監査役会の監査の方法およびその内容と、下記の②から⑥に掲げる事項を記載する必要がある（同条５項）。

監査報告の記載事項

①　監査役の監査の方法およびその内容
②　各清算事務年度に係る貸借対照表およびその附属明細書が当該清算株式会社の財産の状況をすべての重要な点において適正に表示しているかどうかについての意見
③　各清算事務年度に係る事務報告およびその附属明細書が法令または定款に従い当該清算株式会社の状況を正しく示しているかどうかについての意見
④　清算人の職務の遂行に関し、不正の行為または法令もしくは定款に違反する重大な事実があったときは、その事実
⑤　監査のため必要な調査ができなかったときは、その旨およびその理由
⑥　監査報告を作成した日

　なお、監査役の監査の範囲を会計監査に限定する旨の定款の定めをしている場合は、事

43　２名以上の監査役が存在する場合において、監査報告の内容の通知をすべき監査役を定めたときは、当該通知をすべき監査役として定められた監査役。２名以上の監査役が存在する場合において、監査報告の内容の通知をすべき監査役を定めていないときは、すべての監査役。監査役が１名の場合は、その監査役（会社法施行規則132条５項）。

44　通知を受ける者を定めた場合は、その定められた者。それ以外の場合は、貸借対照表および事務報告ならびにこれらの附属明細書の作成に関する職務を行った清算人（会社法施行規則148条６項）。

務報告およびその附属明細書を監査する権限を有さないし、また、清算人の職務の遂行に関し、不正の行為または法令もしくは定款に違反する重大な事実があるかどうかを監査する必要もない。したがって、③および④については、これらの記載事項に代えて、「各清算事務年度に係る事務報告およびその附属明細書が法令または定款に従い当該清算株式会社の状況を正しく示しているかどうか」、「清算人の職務の遂行に関し、不正の行為または法令もしくは定款に違反する重大な事実があるかどうか」について監査する権限がない旨を明らかにした監査報告を作成する必要がある。

　以下に、監査役の監査報告の記載例を示す。

監査報告の記載例（業務監査権限を有する場合）

監査報告

　私監査役は、○○株式会社の令和○年○月○日から令和○年○月○日までの第○期清算事務年度に係る貸借対照表およびその附属明細書ならびに事務報告およびその附属明細書の監査を行いましたので、その方法および結果につき以下のとおり報告いたします。

1．監査の方法およびその内容

　　私は、清算人会その他重要な会議に出席し、清算人等からその職務の執行状況について報告を受け、必要に応じて説明を求め、重要な決裁書類等を閲覧することによって、清算事務および財産の状況を調査いたしました。

　　以上の方法に基づき、貸借対照表および事務報告ならびにこれらの附属明細書について検討いたしました。

2．監査の結果

(1)　貸借対照表およびその附属明細書は、会社の財産の状況をすべての重要な点において適正に表示していると認めます。

(2)　事務報告およびその附属明細書は、法令または定款に従い会社の状況を正しく示しているものと認めます。

(3)　清算人の職務の遂行に関し、不正の行為または法令もしくは定款に違反する重大な事実は認められません。

　　　　　　　　　　　　　　　　　　　　　　令和○年○月○日
　　　　　　　　　　　　　　　　　　　　　　○○株式会社
　　　　　　　　　　　　　　　　　　監査役　乙田健一　㊞

監査報告の記載例（監査範囲を会計監査に限定している場合）

監査報告

　私監査役は、○○株式会社の令和○年○月○日から令和○年○月○日までの第○期清算事務年度に係る貸借対照表およびその附属明細書の監査を行いましたので、その方法および結果につき以下のとおり報告いたします。

　なお、私監査役の監査範囲は、定款の定めにより会計監査に限定されているため、次の事項について監査する権限を有しておりません。

⑴　事務報告およびその附属明細書が法令または定款に従い、会社の状況を正しく示しているかどうか

⑵　清算人の職務遂行に関する不正の行為または法令もしくは定款に違反する重大な事実があるかどうか

１．監査の方法およびその内容

　　私監査役は、清算人等から会計に関する職務の執行状況を聴取し、会計に関する重要な決裁書類等、会計帳簿およびこれに関する資料を調査し、貸借対照表およびその附属明細書について検討いたしました。

２．監査の結果

　　貸借対照表およびその附属明細書は、会社の財産の状況をすべての重要な点において適正に表示していると認めます。

　　　　　　　　　　　　　　　　　　　　　　　　　　　令和○年○月○日
　　　　　　　　　　　　　　　　　　　　　　　　　　　○○株式会社
　　　　　　　　　　　　　　　　　　　　　監査役　乙田健一　㊞

---

5 税務申告との関係

　解散の日が平成22年10月１日以後であるときは、平成22年度税制改正後の税法が適用され、清算中の事業年度ごとに、継続企業と同様の通常の確定申告書を作成・提出しなければならない。申告書には、継続企業を前提とした通常事業年度ベースの貸借対照表、損益計算書、株主資本等変動計算書、勘定科目内訳明細書および法人の事業等の概況に関する書類を添付しなければならない（法法74条３項、法規35条）。ただし、損益計算書といっ

ても、清算株式会社について継続企業を前提とした様式（売上高、売上原価、販売費及び一般管理費等）はなじまないため、先に事務報告の中に記載例を示した清算事務の遂行に伴い発生した収益および費用の明細を表した計算書の内容で差し支えないと考えられる。

6　清算中の事業年度に係る決算のポイントと留意点

清算中の事業年度に係る決算のポイントと留意点をまとめると、次のようになる。

清算中の事業年度に係る決算のポイントと留意事項

① 　貸借対照表は、資産、負債および純資産の部に区分し、資産、負債については適当な名称を付した項目（科目）に細分することができる。

② 　事務報告は、通常事業年度の事業報告および損益計算書に相当するものと考えられる。したがって、その事業年度における清算事務の状況（財産の処分、債権の取立て、債務の弁済の状況等）、その事業年度における収益・費用の報告（財産処分に係る収益その他の収益と清算費用）、清算事務の今後の見通しなどを記載する。このうちの収益・費用の報告が中心的な内容となる[45]。

③ 　附属明細書については、会社計算規則の直接の適用は受けないが、貸借対照表および事務報告の内容を補足する重要な事項を適宜判断して記載する。（継続企業ではなく、清算中の会社として）必要と考えられるものを作成することから、例えば、借入金の増減、固定資産の状況、担保権の明細、保証債務の明細、清算人、監査役に支払う報酬などを記載することが適当と考えられる。

④ 　清算中の事業年度の確定申告書には、貸借対照表、損益計算書および勘定科目内訳明細書の添付が必要である。なお、株主資本等変動計算書については、法令上作成が求められていないが、あえて作成のうえ添付することが考えられる。

45　事務報告には、清算事務の進行状況を示す必要性から、損益計算書またはキャッシュ・フロー計算書に相当する内容を含める必要があると解されている。したがって、収益ベースではなく収支ベースの計算書を含めても問題ないと考えられる。

第3章
清算結了時に作成する財務書類

　清算人は、解散時の有価証券、棚卸資産、固定資産の処分、債権の取立てと債務の弁済、債務の免除などの資産および負債の整理を進めていくが、資産をすべて換価し、債務の整理が終了すると、残余財産が確定する。残余財産の分配をもって清算事務は終了する。これを清算の結了という。

　先に説明したように、会社は清算結了の登記によって消滅するのではなく、実質的な清算の結了によって消滅する点に留意する必要がある。したがって、現務の結了、債権の取立てと債務の弁済、残余財産の分配という清算事務が終了していなかったり、株主総会による決算報告の承認がなされていなかったりすると、清算結了の登記がされても、会社の法人格は消滅しない[46]。

　会社の残余財産が確定した後に作成すべき財務書類について説明する。

46　「会社法コンメンタール12」商事法務、P 297（川島いづみ）。

1 決算報告の作成

　清算株式会社は、清算事務が終了したときは、遅滞なく、法務省令で定めるところにより、決算報告を作成しなければならない（会社法507条１項）。清算人は、決算報告を株主総会に提出し、その承認を受けなければならない（同条３項）。清算人会設置会社の場合、清算人会の承認を受けたものを株主総会に提出する必要がある（同条２項、３項括弧書き）。

　決算報告は、次に掲げる事項をその内容としなければならない（会社法施行規則150条）。

決算報告の記載事項

① 　債権の取立て、資産の処分その他の行為によって得た収入の額
② 　債務の弁済、清算に係る費用の支払その他の行為による費用の額
③ 　残余財産の額（支払税額がある場合には、その税額および当該税額を控除した後の財産の額）
④ 　１株当たりの分配額（種類株式発行会社の場合は、各種類の株式１株当たりの分配額）

　清算人の職務は、現務の結了、債権の取立ておよび債務の弁済、残余財産の分配である旨を定めた会社法481条の内容と整合性を持たせた記載事項が定められている。

　決算報告は、清算中の事務を通じてどのような経過により清算事務の終了に至ったかを株主に報告する趣旨であり、解散の日の翌日から清算事務の終了の日までを期間として作成されるものである。清算の事務の終了は、原則として、債務の弁済も終了し残余財産の分配も終了した状態、すなわち資産も負債もゼロになった状態をいうが、支払税額が残ることは清算終了の妨げになるものではない（会社法施行規則150条１項３号括弧書き）。清算事務の終了および株主総会における決算報告の承認により清算は結了し、法人格も消滅する。この株主総会の承認の日から２週間以内に、本店所在地において清算結了の登記をしなければならない（会社法929条１号）。この登記は、設立登記と異なり創設的効力を持つものではなく、すでに効力が生じた事項を公示するためのものに過ぎない[47]。

　清算開始時の現預金残高をスタート（起点）として、その時点から清算事務の終了の日までの収入の額を加算し、一方でその時点から清算事務の終了の日までの支出の額を減算すると、清算事務の終了の日における残余財産の額が算出される（残余財産がゼロとなる場合も含む）。清算開始時の現預金残高から残余財産の額までの動きを表すことになるた

47　江頭憲治郎「株式会社法（第７版）」有斐閣、P 1009。

め、収支ベースで作成することとなる点に留意する必要がある。この点、清算中の事業年度ごとに作成する事務報告に含まれる計算書は、損益ベースでも差し支えないが、決算報告はキャッシュ・フローベースで作成することになる。

(1)　**債権の取立て、資産の処分その他の行為によって得た収入の額**

　売掛債権や貸付金などの債権の取立て、有価証券、棚卸資産、固定資産などの資産の処分によって得た収入の額のほかに、清算中に生じた収入の額、預金や有価証券、貸付金などの金融資産から生じた収入の額、契約解除によって返戻された前払金、敷金・保証金の返還による収入の額などが含まれる。

　なお、収入の額は、適切な項目に細分することができると規定されているが（会社法施行規則150条）、清算人の責任の有無を判断できる程度に記載すべきものと考えられる。もっとも決算報告の内容として、会社法施行規則が金額の記載のみを最低限要求しているように規定されていることから、旧商法の取扱いよりも記載を簡略化することも可能ではないかとの指摘がみられる[48]。

(2)　**債務の弁済、清算に係る費用の支払その他の行為による費用の額**

　債務の（元本および利息の）弁済、金銭債務以外の債務の履行に要した費用、清算人の報酬等その他の清算費用などが含まれる。

　費用の額は、適切な項目に細分することができると規定されているが（会社法施行規則150条）、清算人の責任の有無を判断できる程度に記載すべきものと考えられる一方において、会社法施行規則が金額の記載のみを最低限要求しているように規定されていることから、旧商法の取扱いよりも記載を簡略化することも可能ではないかとの指摘がみられる[49]。

(3)　**残余財産の額（支払税額がある場合には、その税額および当該税額を控除した後の財産の額）**

　残余財産が金銭の場合には、その金銭の額を示すことになる。また、残余財産を金銭以外の財産で分配するケースもあり得るが、その場合は、株主の金銭分配請求権との関係から、また、金銭以外の財産をその時価相当額で株主に分配したととらえられることから、

48　群谷大輔監修「会社法関係法務省令逐条実務詳解」清文社、P308（辻拓一郎）。
49　群谷大輔監修「会社法関係法務省令逐条実務詳解」清文社、P308（辻拓一郎）。

その金銭以外の財産の時価を記載すべきものと考えられる。原則として、残余財産の分配日における時価を記載することになると考えられる。

⑷　**1株当たりの分配額（種類株式発行会社の場合は、各種類の株式1株当たりの分配額）**

算定された残余財産の額に対応して、1株当たりの分配額が決定される。それを明示する必要がある。

残余財産の分配を完了した日、および残余財産の全部または一部が金銭以外の財産である場合には、当該財産の種類および価額を注記しなければならない（会社法施行規則150条2項）。

⑸　**注記事項**

決算報告の注記事項として、残余財産の分配を完了した日および残余財産の全部または一部が金銭以外の財産である場合には、その財産の種類および価額を記載しなければならない（会社法施行規則150条2項）。

決算報告は、原則として、残余財産の分配も含めた清算事務が終了した後に作成するため、残余財産の分配の日が記載事項とされている。

残余財産が金銭以外の資産である場合のその財産の種類および価額であるが、残余財産の種類については、ある程度具体的に記載することが必要であると考えられる。例えば「○○株式会社の株式○○○株」、「○○所在の土地○○㎡」などその残余財産を特定することができる程度のレベルが求められよう。また、ここでいう「価額」は残余財産の分配の日における時価であると解される。

決算報告の記載例

決　算　報　告 自令和○年○月○日至令和○年○月○日			
買掛債務支払	×××	清算開始日現在現預金残高	×××
借入金返済	×××	売掛債権回収	×××
給料	×××	棚卸資産処分収入	×××
退職金	×××	有価証券売却収入	×××
租税公課	×××	貸付金回収	×××
賃借料	×××	土地売却収入	×××
雑費	×××	受取利息	×××
残余財産（税引前）	×××	雑収入	×××
	×××		×××

法人税等	ＸＸＸ	残余財産（税引前）	ＸＸＸ
残余財産（税引後）	ＸＸＸ		
	ＸＸＸ		ＸＸＸ

（注）

1株当たりの残余財産分配額

　　1．残余財産の価額　　　　　　ＸＸＸ

　　2．発行済株式総数　　　　　　ＸＸ株

　　3．1株当たり分配額　　　　　ＸＸ円

　　4．残余財産の分配を完了した日　令和○年○月○日

令和○年○月○日

○○株式会社

代表清算人　甲野太郎

2　税務申告との関係

　平成22年10月1日以後の解散については、直近の清算中の事業年度末日の翌日から残余財産確定の日までを対象期間とする継続企業と同様の通常事業年度ベースの確定申告書を提出する必要がある。添付書類としては、継続企業の通常の申告と規定上区別されていないため、貸借対照表、損益計算書、株主資本等変動計算書、勘定科目内訳明細書および法人の事業等の概況に関する書類が必要である（法法74条3項、法規35条）。ただし、株主資本等変動計算書については、清算株式会社は株主資本の計数の変更、剰余金の配当はできないため、当期純利益（または当期純損失）による繰越利益剰余金の変動のみが表示されると考えられる。

3 残余財産の分配に係る会計処理

残余財産の一部分配または最後分配を行ったときの会計処理が問題となる。税務上は、残余財産の分配を行った法人においては、資本金等の額の減少および残余財産の分配額から資本金等の額の減少額を減算した残額について利益積立金額の減少を認識する。利益積立金額の減少部分が、分配を受けた株主にとってみなし配当となる。税務処理についての詳しい解説については、「第3編　税務編」を参照されたい。

(1)　残余財産の一部分配および最後分配を行った場合の会計処理

残余財産の一部分配を行い、その後に残余財産の確定に至り最後分配を行った場合の会計処理は、次のとおりとなる。第1に、残余財産の一部分配は、残余財産の前払いとしての性格であるから、次のように、仮払金または前払金で資産計上する処理を行う。例えば、残余財産の一部分配を500行ったときの会計上の仕訳は次のとおりである。

残余財産分配仮払金	500	現金預金	500

その後残余財産が確定し、残余財産の最後分配を行ったときの会計処理は、次のようになる。例えば、残余財産確定の日における貸借対照表が次のとおりであるとする。未払金と未払税金は、残余財産確定後に支払を予定している清算費用および未払税金である。

貸借対照表

現金預金	2,300	未払金	300
残余財産分配仮払金	500	未払税金	800
		資本金	1,000
		利益剰余金	700
	2,800		2,800

残余財産の最後分配を行ったときの会計処理を示す。残余財産の最後分配時には、株主に対する出資持分の分配として、次の仕訳を行う。

資本金	1,000	現金預金	1,200
利益剰余金	700	残余財産分配仮払金	500

未払金と未払税金に対応する現金預金のみを残して、残りが株主に対する残余財産の最後分配の対象となる。未払金および未払税金を支払った段階で、現金預金を相手勘定として消し込む。

| 未払金 | 300 | 現金預金 | 1,100 |
| 未払税金 | 800 | | |

⑵　残余財産の最後分配のみを行った場合の会計処理

　財産の換価処分を進め、すべての資産の換価処分が完了したものとする。また、債務の弁済等も進めてきたが、残余財産確定後に支払う清算費用および税金を未払金および未払税金に計上した。残余財産確定時の貸借対照表は、次のとおりである。

貸借対照表

現金預金	1,800	未払金	200
		未払税金	400
		資本金	1,000
		利益剰余金	200
	1,800		1,800

　株主に対して、残余財産1,200を支払った。

| 資本金 | 1,000 | 現金預金 | 1,200 |
| 利益剰余金 | 200 | | |

　未払金および未払税金を支払った段階で、現金預金を相手勘定として消し込む。

| 未払金 | 200 | 現金預金 | 600 |
| 未払税金 | 400 | | |

　税務上は、上記の処理とは別に、資本金等の額および利益積立金額の減少を申告書別表5⑴において表すことになる。この点については、「第3編　税務編」の解説に譲ることとする。

　上記のように、残余財産の確定の日の時点では、貸借対照表上、現金預金や未払金などが残っていて、すべての科目の帳簿価額がゼロになっているものではない。所轄税務署に提出する最後事業年度（残余財産の確定の日に終了する事業年度）に係る確定申告書に添付する貸借対照表は、この現金預金および未払金などが残っている内容で問題ない。残余財産の分配を行い、残余財産確定後の費用の支払が終了することにより、貸借対照表のすべての科目の帳簿価額がゼロになる。

　なお、清算結了登記の申請に添付する決算報告に負債が残存している旨の記載がある場合は、その負債に係る債権放棄証書が添付されている場合には清算結了登記は受理されるが、添付されていない場合には受理されない[50]。債権放棄証書の添付ができない場合は、

50　「補編　各種相談事例」（P262）参照。

負債をすべて支払った上で、負債が残っていない内容の決算報告を作成したうえで、株主総会の承認を得て、その株主総会議事録および決算報告を添付書類として清算結了登記の申請を行うことが考えられる。

第3編
税務編

第1章

総　　論

1 解散会社に係る事業年度の取扱い

　会社解散後の税務申告については、各事業年度（①解散の日に終了する事業年度に係る申告、②解散の日の翌日から1年ごとに終了する事業年度に係る申告および③残余財産の確定の日の属する事業年度に係る申告）について、それぞれの内容を理解・整理する必要がある。

　会社が解散決議をした場合、解散の日に事業年度が終了し、その後は解散の日の翌日から1年ごとの期間が清算中の事業年度（清算事務年度という）となる。また、清算中の事業年度の途中で残余財産が確定した場合は、その事業年度開始の日から残余財産確定の日までが1つの事業年度となり、それが最後事業年度ということになる。その点は、税務上も同様に取り扱われる。

株式会社等が解散等をした場合における清算中の事業年度（法基通1－2－9）

　株式会社または一般社団法人もしくは一般財団法人（以下、「株式会社等」という）が解散等（会社法475条各号または一般法人法206条各号（清算の開始原因）に掲げる場合をいう）をした場合における清算中の事業年度は、当該株式会社等が定款で定めた事業年度にかかわらず、会社法494条1項または一般法人法227条第1項（貸借対照表等の作成及び保存）に規定する清算事務年度になるのであるから留意する。

貸借対照表等の作成及び保存（会社法494条）

1項

　清算株式会社は、法務省令で定めるところにより、各清算事務年度（会社法475条各号に掲げる場合に該当することとなった日の翌日またはその後毎年その日に応当する日（応当する日がない場合にあっては、その前日）から始まる各1年の期間をいう）に係る貸借対照表および事務報告ならびにこれらの附属明細書を作成しなければならない。

2項

　前項の貸借対照表および事務報告ならびにこれらの附属明細書は、電磁的記録をもって作成することができる。

3項
　清算株式会社は、1項の貸借対照表を作成した時からその本店の所在地における清算結了の登記の時までの間、当該貸借対照表およびその附属明細書を保存しなければならない。

　なお、破産の場合の取扱いは、通常の解散と異なる点に留意が必要である。すなわち、法人税基本通達1－2－9のいう「解散等」には、「破産手続開始」は含まれていないため、破産の場合には法人税基本通達1－2－9の適用を受けない。そのため、法人税法13条および14条の規定がそのまま適用されることとなる。したがって、破産開始決定後の事業年度の取扱いについては、「破産開始決定があった日の翌日から事業年度終了の日（定款に定めた事業年度終了の日）」までが1つの事業年度となり、その後も定款で定めた事業年度が生きるため、当該事業年度終了の日の翌日から1年ごとに事業年度が終了する。最後は、事業年度終了の日の翌日から残余財産確定の日までが最後事業年度になる。

　また、持分会社（合名会社、合資会社および合同会社）および協同組合等については、会社法494条1項または一般法人法227条1項の規定は適用されないため、事業年度の途中で解散した場合には、事業年度開始の日から解散の日までが1つの事業年度となり、解散の日の翌日から定款で定めた事業年度終了の日までの期間が1つの事業年度となる（法法14条1号）。また、その後についても、定款で定めた事業年度が清算中の事業年度となる。

　さらに、特例有限会社は株式会社と同様の取扱いが適用され、事業年度開始の日から解散の日までが1つの事業年度、解散の日の翌日から1年ごとの期間が清算中の事業年度（清算事務年度）となる。

　株式会社、一般社団法人または一般財団法人および特例有限会社の事業年度の取扱いと、持分会社および協同組合等の事業年度の取扱いが異なる点に留意する必要がある。

　なお、「解散の日」とは、株主総会その他これに準ずる総会等において解散の日を定めたときはその定めた日、解散の日を定めなかったときは解散の決議の日、解散事由の発生により解散した場合には当該事由発生の日をいう（法基通1－2－4）。通常は、株主総会で解散の日を定めて決議するケースは少ないため、株主総会の解散決議の日が解散の日となる。

2 平成22年度税制改正前後の事業年度と申告の関係

　平成22年度税制改正により、平成22年9月30日以前の解散については平成22年度改正前の税法（以下、「旧法」という）が適用され、平成22年10月1日以後の解散については平成22年度改正後の税法（以下、「新法」という）が適用されるため、それぞれの取扱いを押さえる必要がある。

　以下、平成22年度税制改正後の各事業年度に係る申告の取扱いと平成22年度税制改正前の各事業年度に係る申告の取扱いを、それぞれ図表で示すものとする。

(1) 平成22年10月1日以後の解散の場合（新法適用）

　平成22年10月1日以後の解散の場合、新法が適用される。各事業年度と申告との関係は、次のとおりである。

事業年度の取扱いおよび各申告書の提出期限（平成22年10月1日以後解散）

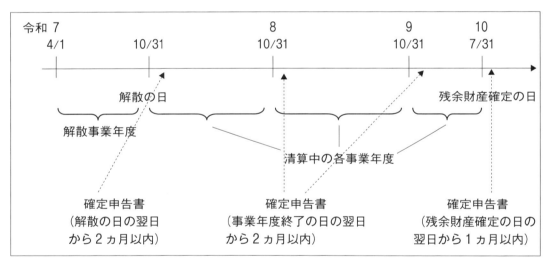

　平成22年10月1日以後の解散については、新法が適用され、解散の日の翌日以降も所得計算は継続企業と同様の損益法となるため、「清算事業年度予納申告書」や「清算確定申告書」という特別の様式は用いず、継続企業と同じ通常の確定申告書および別表を用いる。益金の額から損金の額を控除して所得を計算する、通常の継続企業と同様の計算体系となる。ただし、継続企業の所得計算および税額計算と異なる点もあるため、その相違点については正確に理解・整理しておく必要がある。

⑵ 平成22年９月30日以前の解散の場合（旧法適用）

　平成22年９月30日以前の解散の場合、旧法が適用される。各事業年度と申告との関係は、次のとおりである。

事業年度の取扱いおよび各申告書の提出期限（平成22年９月30日以前解散）

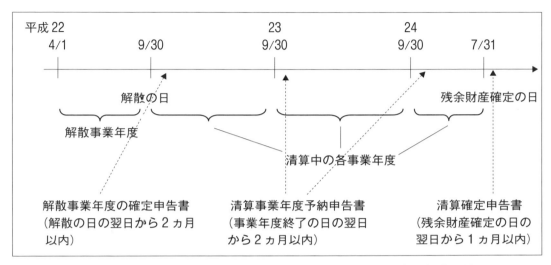

　平成22年９月30日以前の解散については、平成22年度税制改正前の税法が適用される。解散の日に終了する解散事業年度は営業活動を行っている事業年度であり、継続企業と同様の確定申告書を用いる。ところが、解散の日の翌日から１年ごとに終了する清算中の事業年度については、「清算事業年度予納申告書」（別表20⑴）という特別の様式を用いることになる。

　また、残余財産確定の日に終了する事業年度に係る申告は、「清算確定申告書」（残余財産分配等予納及び清算確定申告分）（別表20⑵）という様式を用い、解散の日の翌日から残余財産確定の日までの通算期間について、財産法により清算所得を算定し、税額計算を行う。清算事業年度予納申告書で法人税を納めている場合は、清算確定申告書において税額控除を行い、二重課税が生じないようにする。それは、清算確定申告書が、解散の日の翌日から残余財産確定の日までの通算期間について、清算所得を算定する仕組みになっているからである。

⑶　新法と旧法の所得計算の仕組みの相違

　　新法は、清算中の各事業年度（残余財産確定の日に終了する最後事業年度も含む）が、損益法によりそれぞれが切断される。したがって、残余財産確定の日に終了する最後事業年度に係る確定申告書は、直近の清算事業年度（図表では、清算事業年度第2期）末日の翌日から残余財産確定の日までの通常は1年に満たない事業年度に係る確定申告書となる。清算中の各事業年度において納めた法人税が最後事業年度に係る確定申告書において税額控除されるわけではない。要は、清算中の各事業年度に係る確定申告書で納める法人税は、予納（前払）という性格ではないということになる。

平成22年10月1日以後の解散（新法適用）

解散の日	清算事業年度第1期	清算事業年度第2期	残余財産確定の日
当該事業年度の所得に基づいて、法人税を計算	当該事業年度の所得に基づいて、法人税を計算	当該事業年度の所得に基づいて、法人税を計算	
（A）（確定税額）	（B）（確定税額）	（C）（確定税額）	

　　一方、旧法は、次の図表に示すように、残余財産確定の日の後に作成・提出する清算確定申告書が解散の日の翌日から残余財産確定の日までの通算期間に係る清算所得を計算するという仕組みになっているため、それまでに到来する清算中の各事業年度の清算事業年度予納申告書により納めた法人税は、清算確定申告書において税額控除され、結果としてきれいに精算される。

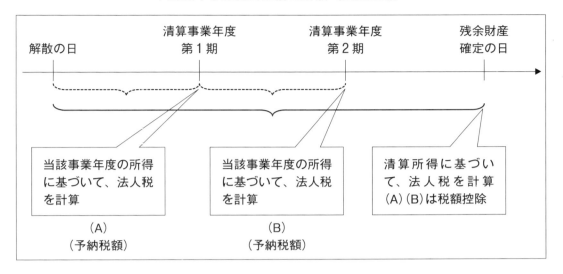

平成22年9月30日以前の解散（旧法適用）

3 残余財産確定の日とは

　現物で分配する場合を除いて、あらゆる財産を換価し、債務を確定することにより、残余財産は確定する。従来から、残余財産確定の日は、個々の事案ごとに適宜判断するものとされていた。実務上は、①残余財産すべての換価が終了した日、②租税債務以外の債務の弁済を終了した日、③債務の弁済を終了した日、④清算事務終了に伴い決算報告を行った日など、様々な解釈がみられたが、いずれを確定した日とするかについて、税務上は限定するようなことはせず、個別判断するものとして取り扱われてきた。

　私見では、財産の換価が終了し（現物分配をするケースでは、現物分配財産以外の換価が終了し）、（一部の確定した未払債務を残して他の）弁済すべき債務の弁済が終了した日を確定の日とすることで問題ないと思われる。残余財産確定の日において、未払の債務（残余財産確定の日後の事務所賃借料、清算人報酬、株主総会開催費用、清算結了登記費用等）は残っていることがあり得るため、（すべての）債務の弁済を終了した日とする解釈は疑問である。

　平成22年度税制改正後においても、残余財産確定の日について特に新しい取扱いが示されることはなく、従来と同様に、上記のような考え方に基づいて個別に判断するとされている。実務上は、すべての財産の換価が終了し、一部の確定した未払金および未払税金を残して他の弁済すべき債務の弁済が終了した日を残余財産の確定した日として問題ないと

考えられる。残余財産の確定の日の時点では、貸借対照表上、現金預金や未払金などが残っていて、すべての科目の帳簿価額がゼロになっているものではない。所轄税務署に提出する最後事業年度に係る確定申告書に添付する貸借対照表は、この現金預金および未払金などが残っている内容で問題ない。残余財産の分配を行い、残余財産確定後の費用の支払が終了することにより、貸借対照表のすべての科目の帳簿価額がゼロになる。残余財産の確定の日と後で説明する清算結了の日とは概念が異なると考えられる。

　最後事業年度に係る確定申告書の申告期限は残余財産確定の日を基準として定められているため、一定の注意は必要となるが、「残余財産確定の日」は、基本的には清算人が判断することになる。残余財産確定の日に終了する事業年度に係る確定申告の期限は、残余財産確定の日の翌日から1ヵ月以内（残余財産分配の日がその期間中であるときは、分配の日の前日）とされているため、清算人は「残余財産確定の日」を適切に判断し、その日を基準として確定申告書を提出することになる。

4　清算結了の日とは

⑴　清算結了の意義

　「第1編　法務編」で解説したように、会社は清算結了の登記によって消滅するのではなく、実質的な清算の結了によって消滅するため、現務の結了、債権の取立てと債務の弁済、残余財産の分配という清算事務が終了していなかったり、株主総会による決算報告の承認がなされていなかったりすると、清算結了の登記がされても、会社の法人格は消滅しないものと解されている[51]。清算結了の登記がなされている場合であっても、清算手続において債権申出の催告を受けなかったため債権申出をする機会を与えられなかった債権者が残存していたときは、清算が実質的に結了しておらず、当該会社は依然として清算中の会社として存続するものとみなすものと解されている[52]。

　清算人が、残余財産が確定したものと判断し、清算結了登記まで行った後に、債権申出の催告を受けていなかった「知れている債権者」が債権の弁済を求めてきたようなケースでは、清算事務が終了していないと法的に評価されることになる。結果として、残余財産も確定していなかったことになり、それにより残余財産の分配が過大であった場合には、

51　「会社法コンメンタール12」商事法務、P297（川島いづみ）。
52　東京地判・平成3年12月26日・金法1335号、P58。

清算人および株主の支払責任の問題も生じ得る。また、税務申告上の所得金額、税額に誤差が生じ得ることになり、税務上の観点からも修正の必要性が生じ得る。

　清算会社に対し滞納処分を執行してもなおその徴収すべき額に不足すると認められる場合に限り、清算人および残余財産の分配を受けた者（株主）に、第二次納税義務が生じることを国税徴収法が定めている点に留意する必要がある。清算人は株主に分配した財産の価額を限度として納税義務を負う。また、株主は分配を受けた財産の価額を限度として納税義務を負う。国税徴収法34条1項によれば、残余財産の分配がない場合は、第二次納税義務を負うことはないと考えられる。

清算人等の第二次納税義務（国税徴収法34条1項）

　法人が解散した場合において、その法人に課されるべき、またはその法人が納付すべき国税を納付しないで残余財産の分配または引渡しをしたときは、その法人に対し滞納処分を執行してもなおその徴収すべき額に不足すると認められる場合に限り、清算人および残余財産の分配または引渡しを受けた者は、その滞納に係る国税につき第二次納税義務を負う。ただし、清算人は分配または引渡しをした財産の価額の限度において、残余財産の分配または引渡しを受けた者はその受けた財産の価額の限度において、それぞれその責めに任ずる。

　なお、第二次納税義務の詳しい内容については、「第11章　会社清算と第二次納税義務との関係」で解説する。

⑵　清算結了登記との関係

　清算結了登記の申請に添付する決算報告に負債が残存している旨の記載がある場合は、その負債に係る債権放棄証書が添付されている場合には清算結了登記は受理されるが、添付されていない場合には受理されない[53]。債権放棄証書の添付ができない場合は、負債をすべて支払うかまたは債務免除を受けたうえで、負債が残っていない内容の決算報告を作成したうえで、株主総会の承認を得て、その株主総会議事録および決算報告を添付書類として清算結了登記の申請を行うことが考えられる。

53　「補編　各種相談事例」（P262）参照。

第2章 解散事業年度に係る税務申告

　解散事業年度に係る申告については、継続企業の申告と基本的な仕組みは同じである。営業活動継続中の事業年度に係る申告であり、継続企業と同様の仕組みで所得計算および税額計算を行うからである。

　ただし、継続企業と異なる取扱いがいくつか置かれており、その点に十分留意して対応する必要がある。

1 所得金額の計算の取扱い

　解散の日に終了する解散事業年度は、1年に満たない変則事業年度になるケースがほとんどである。したがって、1年に満たない事業年度である場合の月割調整が必要になる。所得金額の計算において必要であるだけでなく、後で説明する税額計算においても月割調整は必要である。

　所得金額の計算に関して、事業年度が1年に満たない場合の月割調整が必要となるものとして、減価償却限度額、繰延資産の償却限度額、交際費の損金算入限度額計算における定額控除、寄附金の損金算入限度額の調整がある。

⑴　1年に満たない事業年度であるときの調整項目

①　減価償却限度額

　事業年度の途中で解散した場合で、解散事業年度が1年に満たないときは、次の減価償却率を用いることになる（耐令4条2項、5条2項、4項、耐通5-1-1）。

① 旧定額法

$$法定耐用年数の旧定額法償却率 \times \frac{その事業年度の月数^{(注)}}{12} = 改定償却率$$

（小数点３位未満切上げ）

（注）　１ヵ月未満の月数を切上げ（以下同じ）。

② 旧定率法

$$法定耐用年数 \times \frac{12}{その事業年度の月数} = 改定耐用年数（１年未満切捨て）$$

この改定耐用年数に応じた償却率を用いる。

③ 定額法

$$法定耐用年数の定額法償却率 \times \frac{その事業年度の月数}{12} = 改定償却率$$

（小数点３位未満切上げ）

④ 定率法

（ⅰ）　帳簿価額×償却率（事業年度が１年の場合の償却率）

（ⅱ）　取得価額×保証率（事業年度が１年の場合の保証率）

（ⅰ）≧（ⅱ）の場合

$$法定耐用年数の定率法償却率 \times \frac{その事業年度の月数}{12} = 改定償却率$$

（小数点３位未満切上げ）

（ⅰ）＜（ⅱ）の場合

改定取得価額×改定償却率

$$法定耐用年数の改定償却率 \times \frac{その事業年度の月数}{12} = 改定償却率$$

（小数点３位未満切上げ）

② 繰延資産の償却限度額

繰延資産の償却限度額の計算式は、次のとおりとなる。

$$繰延資産の償却限度額 = 支出額 \times \frac{その事業年度の月数^{(注)}}{支出の効果の及ぶ期間の月数}$$

（注）　１ヵ月未満の月数を切上げ

③ 交際費の損金算入限度額計算における定額控除（中小法人の場合）

$$定額控除限度額 = 800万円 \times \frac{その事業年度の月数^{(注)}}{12}$$

（注）　１ヵ月未満の月数を切上げ

④　一般寄附金の損金算入限度額

$$
\text{寄附金の損金算入限度額} = \\
\left[\begin{array}{c}\text{資本金の額・}\\\text{資本準備金の額}\end{array}\times\dfrac{\text{その事業年度の月数}}{12}\times\dfrac{2.5}{1,000} + \dfrac{\text{所得の}}{\text{金額}}\times\dfrac{2.5}{100}\right]\times\dfrac{1}{4}^{(注)}
$$

（注）　平成24年4月1日前に開始する事業年度については、1／2が適用される。

⑵　**特別償却**

　租税特別措置法で認められている次の特別償却制度については、解散事業年度に関しては適用できない。後で説明するが、清算中の事業年度についても、同様に、適用できないものとされている。

特別償却で適用できないもの

①　中小企業者等が機械等を取得した場合の特別償却（措法42条の6） ②　国際戦略特別区域において機械等を取得した場合の特別償却（措法42条の10） ③　国際戦略総合特別区域において機械等を取得した場合の特別償却（措法42条の11） ④　地域経済牽引事業の促進区域内において特定事業用機械等を取得した場合の特別償却（措法42条の11の2） ⑤　地方活力向上地域等において特定建物等を取得した場合の特別償却（措法42条の11の3） ⑥　中小企業者等が特定経営力向上設備等を取得した場合の特別償却（措法42条の12の4） ⑦　認定特定高度情報通信技術活用設備を取得した場合の特別償却（措法42条の12の6） ⑧　事業適応設備を取得した場合等の特別償却（措法42条の12の7）

　これらの特別償却制度は、営業活動を継続する法人に対して投資促進等の政策的な観点から優遇を与える趣旨の税制であるため、営業活動を以後において行わない解散した法人については適用を認めないものとされている。

　なお、「特定船舶の特別償却」（措法43条）、「被災代替資産等の特別償却」（措法43条の3）、「関西文化学術研究都市の文化学術研究地区における文化学術研究施設の特別償却」（措法44条）、「特定事業継続力強化設備等の特別償却」（措法44条の2）、「共同利用施設の特別償却」（措法44条の3）、「環境負荷低減事業活動用資産等の特別償却」（措法44条の4）、「特定地域における工業用機械等の特別償却」（措法45条）、「医療用機器等の特別償却」（措法45条の2）などの特別償却制度は、解散事業年度および清算中の事業年度を除外していないが、解散事業年度以後において、財産の換価を進めていく前提である法人においてこれらの特例を適用するケースは相当限定的であると考えられる。

(3) 租税特別措置法上の準備金

　租税特別措置法上の諸準備金（海外投資等損失準備金、中小企業事業再編投資損失準備金、原子力発電施設解体準備金、保険会社等の異常危険準備金、特定船舶に係る特別修繕準備金、農業経営基盤強化準備金など）については、すべてについて新たな設定はできない。また、前期から繰り越された準備金残高は全額を取り崩さなければならない。

　解散事業年度および清算中の事業年度について、事業の継続を前提とした政策的な優遇税制であるこれらの制度を適用させないという趣旨であると考えられる。

　なお、特別償却準備金は、特別償却を適用するときに、剰余金の処分として準備金を積み立てる会計処理上の準備金である。租税特別措置法上の準備金とは異なり、全額を取り崩す必要はなく、法令の規定に従い取崩を行えばよい（措法52条の3第5項）。特別償却準備金に係る対象資産を有しないこととなった場合は、その有しなくなった日におけるその対象資産に係る特別償却準備金の金額は、取り崩して益金算入しなければならないため（措法52条の3第6項）、清算中に資産を換価処分する過程の中で、取崩が行われることが考えられる。

(4) 引当金

　貸倒引当金[54]については、継続企業と同様に、適用することができる。

(5) 圧縮記帳

　圧縮記帳については、法人税法上の圧縮記帳および租税特別措置法上の圧縮記帳ともに適用できる。しかし、次の圧縮特別勘定は計上できない。

圧縮特別勘定の適用ができないもの

①　国庫補助金等で取得した資産に係る圧縮記帳の特別勘定（法法43条）
②　工事負担金で取得した資産に係る圧縮記帳の特別勘定（法法45条）
③　保険金等で取得した資産に係る圧縮記帳の特別勘定（法法48条）
④　交換により取得した資産に係る圧縮記帳の特別勘定（法法50条）
⑤　収用等に伴い取得した資産に係る圧縮記帳の特別勘定（措法64条の2）
⑥　特定の資産の買換え等により取得した資産に係る圧縮記帳の特別勘定（措法65条の8）

54　現行の法人税法では、貸倒引当金については、①中小法人等、②銀行、保険その他これらに類する法人および③売買があったものとされるリース資産の対価の額に係る金銭債権を有する法人等に限り認められるものとされている。

　圧縮特別勘定とは、圧縮記帳に係る代替資産または買換資産の取得が資産を譲渡した事業年度の翌期以降にずれる場合に用いる勘定である。すなわち、圧縮記帳の対象となる代替資産または買換資産の取得ができないなど対象資産の取得が遅れる場合に、譲渡した事業年度中に代替資産等を取得できないケースも生じうるが、その場合に「特別勘定」の計上によって、譲渡益等を繰り延べることが認められる。特別勘定の経理は、積立金として積み立てる方法のほか、仮受金等として経理する方法によることもできる（法基通10－1－1）。

　解散事業年度において固定資産の譲渡等をした場合に、その事業年度中に代替資産等を取得できれば、その取得した代替資産等について圧縮記帳を適用することができるため、特に問題はない。代替資産等の取得が、解散事業年度の末日までにできず、解散事業年度の翌期以降となるときは、解散事業年度において特別勘定の計上ができないため、譲渡益等を繰り延べることができない点に留意が必要である。

　また、解散事業年度より前の事業年度において計上していた特別勘定は、解散事業年度において全額を取り崩さなければならない。解散事業年度において代替資産等を取得し、圧縮記帳ができれば、圧縮記帳損（損金）と特別勘定取崩額（益金）が相殺関係になり、課税関係は生じない。逆に、解散事業年度中に代替資産等の取得ができない場合には、特別勘定取崩額の課税が発生する。

　会社を解散するときは、代替資産等の取得時期も含めた圧縮記帳の適用関係に注意する必要がある。

　なお、圧縮記帳積立金は、圧縮記帳の会計処理方法として、直接減額方式によらず、剰余金の処分による積立方式を採用したときの積立金であり、全額を一時に取り崩す必要はなく、法令の規定に従って取り崩すことで足りる。

⑹　所得の特別控除

　収用換地等に伴い代替資産を取得した場合、圧縮記帳と所得の特別控除の選択適用が認められる。解散事業年度において、圧縮記帳の適用に代えて、収用換地等の場合の所得の特別控除（措法65条の2）を適用することはできる。

2 税額の計算

(1)　1年に満たない事業年度であるときの調整項目

　事業年度の途中で解散した場合で、解散事業年度が1年に満たないときは、税額計算において、中小法人の軽減税率適用対象所得金額、特定同族会社に係る留保金課税における留保所得から控除される定額基準、法人住民税均等割について月割調整が必要である。

① 中小法人の軽減税率適用対象所得金額

$$軽減税率が適用される所得の上限＝800万円×\frac{その事業年度の月数（1ヵ月未満切上げ）}{12}$$

② 留保金課税における留保所得から控除される定額基準額

$$2,000万円×\frac{その事業年度の月数（1ヵ月未満切上げ）}{12}$$

③ 法人住民税均等割

$$均等割額×\frac{その事業年度の月数（1ヵ月未満切捨て）}{12}$$

(2)　税率

　解散事業年度の税率は、継続企業と同様であり、普通法人の場合は23.2％である。中小法人の場合は年所得800万円以下の部分は、平成24年4月1日から令和7年3月31日までの間に開始する事業年変について15％の軽減税率が適用される。

(3)　税額控除

① 適用される税額控除

　次の税額控除は、適用することができる。

税額控除で適用できるもの

（ⅰ） 所得税額の控除（法法68条）
（ⅱ） 外国税額の控除（法法69条）
（ⅲ） 仮装経理に基づく過大申告の場合の更正に伴う法人税額の控除（法法70条）

② 適用されない税額控除

　次の税額控除は、適用されない。特別償却の箇所で説明したように、これらの税額控除は、営業活動を継続する法人について認められるものであり、解散した法人については認められない。清算中に終了する事業年度についても、認められない。

税額控除で適用されないもの

① 試験研究を行った場合の法人税額の特別控除（措法42条の４）
② 中小企業者等が機械等を取得した場合等の特別控除（措法42条の６）
③ 沖縄の特定地域において工業用機械等を取得した場合の法人税額の特別控除（措法42条の９）
④ 国際戦略特別区域において機械等を取得した場合の法人税額の特別控除（措法42条の10）
⑤ 国際戦略総合特別区域において機械等を取得した場合の法人税額の特別控除（措法42条の11）
⑥ 地域経済牽引事業の促進区域内において特定事業用機械等を取得した場合の特別控除（措法42条の11の２）
⑦ 地方活力向上地域等において特定建物等を取得した場合の特別控除（措法42条の11の３）
⑧ 地方活力向上地域等において雇用者の数が増加した場合の法人税額の特別控除（措法42条の12）
⑨ 認定地方公共団体の寄附活用事業に関連する寄附をした場合の法人税額の特別控除（措法42条の12の２）
⑩ 中小企業者等が特定経営力向上設備等を取得した場合の特別控除（措法42条の12の４）
⑪ 給与等の支給額が増加した場合の法人税額の特別控除（措法42条の12の５）
⑫ 認定特定高度情報通信技術活用設備を取得した場合の法人税額の特別控除（措法42条の12の６）
⑬ 事業適応設備を取得した場合等の法人税額の特別控除（措法42条の12の７）

⑷ 特定同族会社の留保金課税

　特定同族会社の留保金課税の特別税率については、継続企業と同様に、適用される（法法67条）。解散事業年度については適用されるが、後で説明する清算中の事業年度には適用されない。

⑸ 欠損金の繰越控除および繰戻し還付

　欠損金の繰越控除は適用できる。また、欠損金の繰戻し還付については、解散事業年度において資本金の大小に関係なく、特例として適用できるものとされている。

① 欠損金の繰戻し還付に係る解散事業年度の特例

　　法人につき解散（合併による解散を除く）、事業の全部の譲渡、更生手続の開始その他これらに準ずる事実で政令で定めるものが生じた場合において、その事実が生じた日（解散の場合は、解散の日）前1年以内に終了した事業年度または同日（解散の日）の属する事業年度のいずれかの事業年度に欠損金があるときは、繰戻し還付が認められる（法法80条4項）。

　　欠損金の繰戻し還付が認められるパターンは、次の2つのいずれかのケースである。

欠損金の繰戻し還付が適用できるパターン

ⅰ　前々期が黒字で、前期が赤字（当期が黒字か赤字かを問わない）
ⅱ　前期が黒字で、当期が赤字
（注）　解散事業年度を当期と表現している。

　　中小法人について欠損金の繰戻し還付制度の適用が認められるものとされているが、この解散の場合の特例は資本金の大小に関係ないし、また、上記のように解散事業年度が赤字でその直前期が黒字の場合だけでなく、解散事業年度の前期が赤字でその直前期が黒字の場合にも適用することができる点で内容を異にしている。

② 還付金額の計算方法

還付請求できる金額	＝	還付所得事業年度の法人税額	×	欠損事業年度の欠損金額 / 還付所得事業年度の所得の金額

（注）　欠損事業年度の欠損金額が還付所得事業年度の所得の金額を超えるときは、分子の欠損金額は分母の所得金額でとどめる。また、還付所得事業年度の法人税額は、法人税額から控除された所得税額、外国法人税額および仮装経理に基づく過大申告の場合の更正に伴う法人税額があるときは、それらの控除前の額である。

③ 留意点

　　還付請求を行うにあたっての留意点は、次のとおりである。

ⅰ　還付所得事業年度から欠損事業年度までの各事業年度について連続して青色申告書を提出している必要がある。
ⅱ　「欠損金の繰戻しによる還付請求書」は、中小法人に認められている取扱いでは欠損事業年度の確定申告書の提出期限までにその確定申告書の提出と同時に行う必要があるとされているが、解散の場合は、「欠損金の繰戻しによる還付請求書」の提出期限は、解散の日以後1年以内である（特例）。
ⅲ　青色申告を提出する事業年度に欠損金が生じていることが必要である。

　解散事業年度において、取締役・監査役に対してそれまでの職務執行期間に対応する役員退職慰労金を支給するケースは少なくない。その場合、解散事業年度において多額の損金が発生し、所得がマイナスとなることが多いと想定される。前期（解散事業年度の直前期の事業年度）の所得がプラスで確定税額が生じている場合には、欠損金の繰戻し還付の請求により、税金の還付を受けることが可能である。

　なお、事業税、道府県民税、市町村民税には、欠損金の繰戻し還付制度はない。

設 例　欠損金の繰戻し還付

前提条件

　A社は3月決算会社である。業績が厳しい状況であるため、X3年9月30日に解散決議を行った。解散事業年度およびその前期、前々期の課税所得金額は、次のとおりである。なお、前期において、欠損金の繰戻し還付は行っていないものとする。

1．課税所得金額

事業年度	課税所得金額
前々期（X1年4月1日からX2年3月31日）	25,000,000
前期（X2年4月1日からX3年3月31日）	△12,000,000
当期（X3年4月1日からX3年9月30日）	△20,000,000

2．前々期（X1年4月1日からX2年3月31日）の税額

　　所得に対する法人税額　　　　　　7,500,000円

　　所得税額控除　　　　　　　　　△80,000円

　　差引法人税額（納付税額）　　　7,420,000円

解 答

1．欠損事業年度の欠損金額および還付所得事業年度の所得金額

(1)　欠損事業年度の欠損金額

　　欠損事業年度は前期（X2年4月1日からX3年3月31日）であり、その期の欠損金額は12,000,000円である。

(2)　還付所得事業年度の所得金額

　　還付所得事業年度は前々期（X1年4月1日からX2年3月31日）であり、その期の所得金額は25,000,000円である。

2．還付請求額の計算

$$
\begin{array}{ccc}
\substack{\text{還付請求}\\\text{できる金額}} & = & \substack{\text{還付所得事業年度}\\\text{の法人税額}} & \times & \dfrac{\text{欠損事業年度の欠損金額}}{\text{還付所得事業年度の所得の金額}}
\end{array}
$$

$= 7{,}500{,}000$円（差引法人税額7,420,000円＋控除税額80,000円）

$$\times \dfrac{12{,}000{,}000\text{円}}{25{,}000{,}000\text{円}}$$

$= 3{,}600{,}000$円

3．還付請求書の作成

欠損金の繰戻しによる還付請求書

※整理番号		
※通算グループ整理番号		

<table>
<tr><td rowspan="7">税務署受付印

令和 ○ 年 ○ 月 ○ 日

麹町　税務署長殿</td><td>納　税　地</td><td>〒○○○-○○○○
東京都千代田区○○町○-○-○
電話（ 03 ）○○○○-○○○○</td></tr>
<tr><td>（フリガナ）</td><td>エー　　　　カブシキガイシャ</td></tr>
<tr><td>法　人　名　等</td><td>A　　株式会社</td></tr>
<tr><td>法　人　番　号</td><td></td></tr>
<tr><td>（フリガナ）</td><td>コウノ　タロウ</td></tr>
<tr><td>代 表 者 氏 名</td><td>甲野 太郎</td></tr>
<tr><td>代 表 者 住 所</td><td>〒○○○-○○○○
神奈川県横浜市○○町○-○-○</td></tr>
<tr><td></td><td>事 業 種 目</td><td>○○○ 業</td></tr>
</table>

法人税法第80条の規定に基づき下記のとおり欠損金の繰戻しによる法人税額の還付を請求します。

記

欠損事業年度	自 令和X2年 4 月 1 日 至 令和X3年 3 月 31 日		還付所得事業年度	自 令和X1年 4 月 1 日 至 令和X2年 3 月 31 日
区　　　　　　分			請　求　金　額	※ 　金　額
欠損事業年度の欠損金額	欠　損　金　額	(1)	12,000,000 円	円
	同上のうち還付所得事業年度に繰り戻す欠損金額	(2)	12,000,000	
還付所得事業年度の所得金額	所　得　金　額	(3)	25,000,000	
	既に欠損金の繰戻しを行った金額	(4)	0	
	差引所得金額（(3)-(4)）	(5)	25,000,000	
還付所得事業年度の法人税額	納付の確定した法人税額	(6)	7,420,000	
	仮装経理に基づく過大申告の更正に伴う控除法人税額	(7)	0	
	控　　除　　税　　額	(8)	80,000	
	使途秘匿金額に対する税額	(9)	0 0	
	課税土地譲渡利益金額に対する税額	(10)	0	
	税額控除超過額相当額等の加算額	(11)	0	
	法人税額（(6)+(7)+(8)-(9)-(10)-(11)）	(12)	7,500,000	
	既に欠損金の繰戻しにより還付を受けた法人税額	(13)	0	
	差引法人税額（(12)-(13)）	(14)	7,500,000	
還付金額（(14)×(2)／(5)）		(15)	3,600,000	
請求期限	令和X4年 9 月 30 日		確定申告書提出年月日	令和　年　月　日

還付を受けようとする金融機関等	1 銀行等の預金口座に振込みを希望する場合 　銀行　　　　　　　　　　　本店・支店 ○○ 金庫・組合 ○○ 出張所 　　　漁協・農協　　　　　　本所・支所 普通 預金 口座番号 ○○○○○○○	2 ゆうちょ銀行の貯金口座に振込みを希望する場合 　貯金口座の記号番号 ＿＿＿＿-＿＿＿ 3 郵便局等の窓口での受け取りを希望する場合 　郵便局名等 ＿＿＿＿＿＿＿

この請求が次の場合に該当するときは、次のものを添付してください。
1 期限後提出の場合、確定申告書をその提出期限までに提出することができなかった事情の詳細を記載した書類
2 法人税法第80条第4項の規定に基づくものである場合には、解散、事業の全部の譲渡等の事実発生年月日及びその事実の詳細を記載した書類
3 特定設備廃棄等欠損金額に係る請求である場合には、農業競争力強化支援法施行規則第20条第1項の証明に係る同条第2項の申請書の写し及び当該証明に係る証明書の写し

税　理　士　署　名	

※税務署処理欄	部門	決算期	業種番号	番号	整理簿	備考	通信日付印	年 月 日	確認

（規格 A 4 ）

（令和4年4月1日以後開始事業年度分）

第3章 清算中の事業年度に係る税務申告

　解散の日の翌日から1年を期間とする事業年度が発生する。「清算中の事業年度」という。清算中の事業年度についての確定申告書の作成・提出が必要となる。

　平成22年度税制改正の前後において、適用される税法規定が異なる。解散の日が平成22年9月30日以前の場合は、残余財産確定の日が平成22年10月1日以後であっても（いかに清算手続が長期間に及んだとしても）、旧法適用となる点に留意する必要がある。すなわち、新法が適用されるか旧法が適用されるかは、解散の日で判断される。以下の内容は、新法が適用される場合を前提としている。

　清算中の各事業年度について、継続企業と同じ確定申告書の作成・提出が必要である（法法74条1項）。各事業年度終了の日の翌日から2ヵ月以内の提出が必要である。期限延長特例の適用がある（法法75条の2第1項）。残余財産確定の日に終了する事業年度（最後事業年度）についてのみ、期限延長特例の適用は受けられないものとされている点に留意する必要がある[55]。

　また、清算中に終了する事業年度の確定申告書の所得金額の計算において、残余財産がないことが見込まれることを要件として、繰越期限内[56]の青色欠損金だけでなく、期限経過欠損金（以下「期限切れ欠損金」という）の損金算入が認められるものとされている（法法59条4項）。

　損益法による所得計算のもとでは、清算中に発生する資産の譲渡益や債務免除益などが益金の額に算入され、結果として課税所得が発生する可能性が生じうるため、期限切れ欠損金の使用が重要なポイントになる。この点については、後で詳述する。

55　確定申告書の提出期限の延長の特例を定める法人税法75条の2第1項のなかに、括弧書きで「残余財産の確定の日の属する事業年度を除く」と規定されている。

56　平成20年3月31日以前に終了した事業年度において生じた欠損金の繰越期間は7年、平成20年4月1日以後に終了した事業年度において生じた欠損金の繰越期間は9年であり、平成30年4月1日以後に開始する事業年度において生じた欠損金の繰越期間は10年である。

1 所得金額の計算

　損益法の所得計算であるため、原則として、（解散していない）継続企業の場合の所得金額の計算方法と同じである。残余財産の確定の日の属する事業年度（最後事業年度）までの各事業年度について損益法に基づき所得計算を行っていくことになる。

　以下、継続企業の取扱いと同じ点、異なる点をそれぞれ説明する。

(1)　継続企業の取扱いと同じ点

　減価償却費の計上は、継続企業と同様に認められる。ただし、解散後は、減価償却資産が事業の用に供されなくなることも考えられる。事業の用に供されていない場合には、その減価償却資産に係る減価償却費は損金不算入となる点に留意する必要がある（法令13条本文括弧書き）。また、貸倒引当金[57]の計上を行うこともできる。

　青色欠損金の繰越控除も適用を受けることができる。中小法人等以外の法人については、清算中の法人であっても、青色欠損金の控除に係る控除制限（50％制限）の適用を受ける点に留意する必要がある。青色欠損金の控除制限の適用を受け、控除しきれない金額が生じた場合、期限切れ欠損金を使用することにより課税所得が生じないのであれば課税は生じないが、期限切れ欠損金が使用できない、あるいは、使用できても控除額が不足するときは、課税が生じることになる。その場合であっても、資本金の減少を行うことにより、中小法人等に該当するようにして、課税が生じないようにする対策は考えられる。ただし、清算中は資本金の減少はできないため（会社法509条1項2号）、解散の日までに行うことを検討する必要がある。

　なお、交際費の損金不算入を定めた租税特別措置法61条の4が「清算中の事業年度」を除外していない。したがって、交際費については継続企業と同様の取扱いとなる。中小法人等については年800万円の定額控除または接待飲食費の50％相当額の損金算入の選択ができ、中小法人等以外の法人については接待飲食費の50％相当額の損金算入が認められる。営業活動を行わない清算中の法人について、事業の遂行上交際費がどこまで発生するのか、実際には限定的であると考えられる。

57　貸倒引当金は、①中小法人等、②銀行、保険その他これらに類する法人および③売買があったものとされるリース資産の対価の額に係る金銭債権を有する法人等に限り認められる。

(2)　継続企業の取扱いと異なる点

次の取扱いは適用されない。

適用がないもの

i　特別償却（解散事業年度で不適用とされたものと同様）
ii　租税特別措置法上の準備金の設定
iii　法人税法および租税特別措置法上の圧縮記帳
iv　収用換地等の場合の所得の特別控除（措法65条の2）
v　特定同族会社の留保金課税に係る特別税率（法法67条）

また、一定の要件のもとで、期限切れ欠損金の使用ができる点が、継続企業と比較した大きな相違点である。これについては、次項「Ⅱ　期限切れ欠損金の使用」で詳述する。さらに、清算中の事業年度については、資本金の大小に関係なく、欠損金の繰戻し還付が認められている（措法66条の12）。

①　特別償却

租税特別措置法で認められている次の特別償却制度については、解散事業年度で認められなかった同様のものについて、清算中の事業年度についても認められない。

特別償却で適用できないもの

①　中小企業者等が機械等を取得した場合の特別償却（措法42条の6）
②　国際戦略特別区域において機械等を取得した場合の特別償却（措法42条の10）
③　国際戦略総合特別区域において機械等を取得した場合の特別償却（措法42条の11）
④　地域経済牽引事業の促進区域内において特定事業用機械等を取得した場合の特別償却（措法42条の11の2）
⑤　地方活力向上地域等において特定建物等を取得した場合の特別償却（措法42条の11の3）
⑥　中小企業者等が特定経営力向上設備等を取得した場合の特別償却（措法42条の12の4）
⑦　認定特定高度情報通信技術活用設備を取得した場合の特別償却（措法42条の12の6）
⑧　事業適応設備を取得した場合等の特別償却（措法42条の12の7）

これらの特別償却制度は、営業活動を継続する法人に対して投資促進等の政策的な観点から優遇を与える趣旨の税制であるため、営業活動を以後において行わない解散した法人については適用を認めないものとされている。

なお、「特定船舶の特別償却」（措法43条）、「被災代替資産等の特別償却」（措法43条の2）、「関西文化学術研究都市の文化学術研究地区における文化学術研究施設の特別償却」（措法44条）、「特定事業継続力強化設備等の特別償却」（措法44条の2）、「共同利用

施設の特別償却」（措法44条の３）、「環境負荷低減事業活動用資産等の特別償却」（措法44条の４）、「特定地域における工業用機械等の特別償却」（措法45条）、「医療用機器等の特別償却」（措法45条の２）などの特別償却制度は、解散事業年度および清算中の事業年度を除外していないが、解散事業年度後において、財産の換価を進めていく前提である法人においてこれらの特例を適用するケースは相当限定的であると考えられる。

② 租税特別措置法上の準備金の設定

　租税特別措置法上の諸準備金（海外投資等損失準備金、中小企業事業再編投資損失準備金、原子力発電施設解体準備金、保険会社等の異常危険準備金、特定船舶に係る特別修繕準備金、農業経営基盤強化準備金など）については、すべてについて新たな設定はできない。

　解散事業年度および清算中の事業年度について、事業の継続を前提とした政策的な優遇税制であるこれらの制度を適用させないという趣旨であると考えられる。

　なお、特別償却準備金は、特別償却を適用するときに、剰余金の処分として準備金を積み立てる会計処理上の準備金である。租税特別措置法上の準備金とは異なり、全額を取り崩す必要はなく、法令の規定に従い取崩を行えばよい（措法52条の３第５項）。特別償却準備金に係る対象資産を有しないこととなった場合は、その有しなくなった日におけるその対象資産に係る特別償却準備金の金額は、取り崩して益金算入しなければならないため（措法52条の３第６項）、清算中に資産を換価処分する過程の中で、取崩が行われることが考えられる。

③ 法人税法および租税特別措置法上の圧縮記帳

　圧縮記帳制度は、法人税法上および租税特別措置法上ともに適用できない。圧縮記帳は、解散事業年度までしか適用できない点に留意する必要がある。

④ 収用換地等の場合の所得の特別控除（措法65条の２）

　解散事業年度については適用を受けることができた「収用換地等の場合の所得の特別控除」については、清算中の事業年度から適用不可となる。

⑤ 特定同族会社の留保金課税に係る特別税率（法法67条）

　特定同族会社の留保金課税に係る特別税率を定めた法人税法67条において、「清算中

のものを除く」と規定されている。したがって、特定同族会社の留保金課税の適用はない。特定同族会社の留保金課税の適用がないのは、清算中の会社は法律上剰余金の配当を行うことができないからである。

2　期限切れ欠損金の使用

⑴　「損益法」のもとでの期限切れ欠損金の使用

　清算手続において、資産の処分を行い、また、債務の整理を進めていくなかで債務免除を受けるケースも出てくる。そのとき資産の譲渡益が発生したり、債務免除益が発生したりすると、それらは益金の額に算入され、課税所得を生じさせる要因になりうる。

　損益法により、清算中の各事業年度を切っていくため、清算中の事業年度の確定申告書により納付した税金は、残余財産確定後に作成・提出される確定申告書において税額控除されることはないため、清算中の事業年度でいったん納付した法人税が、残余財産確定後に戻ってくることはない[58]。したがって、清算中の事業年度の確定申告書において、欠損金の控除により、課税所得が発生しないように対応できるのかどうかが重要な問題となる。青色欠損金でカバーできないときに、一定の要件のもとで期限切れ欠損金の使用が認められる点が最大のポイントである。

⑵　期限切れ欠損金の使用

　内国法人が解散した場合において、残余財産がないと見込まれるときは、その清算中に終了する事業年度（以下、「適用年度」という）前の各事業年度において生じた欠損金額を基礎として政令で定めるところにより計算した金額に相当する金額は、当該適用年度の所得の金額の計算上、損金の額に算入する（法人税法59条4項）。

　「残余財産がないと見込まれる」ことを要件として、青色欠損金のほかに、期限切れ欠損金の損金算入を認めるという意味である。青色欠損金の控除後の所得金額を限度として、期限切れ欠損金を損金の額に算入することができる。正確には、青色欠損金または災害損失金控除後、かつ、最後事業年度（残余財産確定の日の属する事業年度）については最後事業年度の事業税の損金算入前の所得金額が期限切れ欠損金の損金算入限度額である（法法59条4項、法令117条の5）。

58　欠損金の繰戻し還付制度により、いったん納付した法人税が還付されることは例外的にあり得る（措法66条の12）。

　法的整理等の企業再生税制では、債務免除益、私財提供益、資産の評価益に限定して期限切れ損金の使用が認められているが、通常清算については、使途に制限はなく、資産の譲渡益、債務免除益はもとよりそれ以外の要因で益金が発生した場合であっても、残余財産がないと見込まれるときは、所得金額の算定上、損金算入が認められる。

(3)　期限切れ欠損金の使用が認められるための要件

　期限切れ欠損金の損金算入が認められる要件は、法令上、「残余財産がないと見込まれる」ことである。「残余財産がないと見込まれる」ことを説明するためには、実態貸借対照表を作成して、純資産がマイナスになることを合理的に示す必要がある。なお、最後事業年度において、弁済しきれない債務について免除を受けるなどして、純資産がちょうどゼロになる場合も「残余財産がないと見込まれる」に該当するため、期限切れ欠損金を使用することができる。

　実態貸借対照表とは、会社の清算を前提として、資産を処分価格で評価して作成したものである。また、継続企業を前提とした繰延資産や引当金の計上は行わず、負債についても法的債務性のあるものを計上するのが原則である。会社の清算を前提とした評価であるため、契約解除に伴う違約金の発生が見込まれるのであれば、未払金に計上する。

　会社法上、解散日現在および清算中の各事業年度終了時の貸借対照表を作成して株主総会の決議を必要とするが、そのとき作成されるものは、資産を処分価格で評価して作成する貸借対照表（会社法上、清算貸借対照表という）である。それと実質的には同様のものとなる。

　ただし、清算中に終了する各事業年度において、期限切れ欠損金の損金算入が認められるためには、「残余財産がないと見込まれる」かどうかの判定が、法人の清算中に終了する各事業年度終了の時の現況によるため（法基通12－3－7）、期限切れ欠損金の損金算入を行おうとする事業年度末の時点で実態貸借対照表を作成し、純資産の額がゼロ以下（ゼロまたはマイナス）であることを示す必要があると考えられる。

　例えば、財産の状態が次の貸借対照表の内容であったとする。

貸借対照表　　　　　　　　　（単位：円）

現金及び預金	3,000,000	借入金	10,000,000
		純資産	△7,000,000
	3,000,000		3,000,000

　この時点では債務超過であるが、借入金10,000,000円に対して返済をまったく行わない

で、債務免除を受けたとすると、「現金及び預金」が3,000,000円残ることになり、債務免除を受けた後に到来する決算日において、「残余財産がないと見込まれる」要件を満たさないことが考えられる。その場合は、青色欠損金でカバーできないと、課税がされる結果になってしまう。このようなケースにおいては、「現金及び預金」について、清算費用に係る未払金の分のみ残して、残額を借入金の一部返済に充て、残った借入金について債務免除を受けるなどしないと、期限切れ欠損金の使用ができなくなる点に留意が必要である。要するに、「残余財産がないと見込まれる」かどうかの判定は、法人の清算中に終了する各事業年度終了の時の現況によるため（法基通12−3−7）、債務免除した結果、純資産の額がプラスになる場合は、その債務免除の日以後に終了する事業年度において、期限切れ欠損金は使用できないということになる。

　また、債務の返済に充当可能な資産が残っているにもかかわらず、債務免除を受けた場合には、その行為の経済的合理性に疑念を持たれるケースに関しては、別途、寄附金課税（または贈与税課税）の問題が生じうるものと考えられる。

　期限切れ欠損金の損金算入を行う場合は、確定申告書に期限切れ欠損金の損金算入に関する明細の記載があり[59]、かつ、残余財産がないと見込まれることを説明する書類の添付がある場合に限り、適用される点に留意する必要がある（法法59条4項、法規26条の6第3号）。「残余財産がないと見込まれることを説明する書類」は、通常実態貸借対照表になるが、次項で詳しく解説する。

⑷　処分価格による（実態）貸借対照表の作成

　処分価格による（実態）貸借対照表の作成方法については、残余財産が残るかどうか（残る場合はどの程度残るか）を判断するために、会社法において作成および株主総会による承認が求められる清算貸借対照表と趣旨は同じであることから、「第2編　会計編」の「第1章　解散に伴い作成すべき財務書類」で説明した貸借対照表の作成方法と実質同様であると考えられる。期限切れ欠損金の損金算入を行う事業年度の確定申告書には、残余財産がないと見込まれることを説明する書類を添付しなければならない（法規26条の6第3号）。

　この点法人税基本通達は、「残余財産がないと見込まれることを説明する書類」には、例えば法人の清算中に終了する各事業年度終了の時の実態貸借対照表（当該法人の有する

59　期限切れ欠損金の損金算入に関する明細とは、具体的には別表7⑷「民事再生等評価換えが行われる場合以外の再生等欠損金の損金算入及び解散の場合の欠損金の損金算入に関する明細書」である。

資産および負債の価額により作成される貸借対照表）が該当するとしており（法基通12−3−9）、法人が実態貸借対照表を作成する場合における資産の価額は、処分価格によるのであるが、当該法人の解散が事業譲渡等を前提としたもので当該法人の資産が継続して他の法人の事業の用に供される見込みであるときには、当該資産が使用収益されるものとして当該事業年度終了の時において譲渡される場合に通常付される価額によるものとしている（同通達の注）。したがって、原則として資産を処分価格により評価するが、例外的に事業譲渡等により資産が継続して他の法人の事業の用に供される見込みであるときに限り、使用収益されるものとして当該事業年度終了の時において譲渡される場合に通常付される価額による[60]。

　解散決議を行った会社の資産および負債は、通常の事業活動の中で回収または返済されるものではなく、清算手続という特殊な状況下における回収または返済が予定されるものである。このとき、清算手続において財産を換価処分する過程にあるため、解散会社の資産に付すべき評価額は、原則として事業の清算を前提とした処分価格を付すことになる。また、負債についても、債権調査により確定された評価額（基本的には法的債務性のある負債）を計上することになると考えられる[61]。

　処分価格とは、資産の売却（処分）見積額から、売却（処分）に係るコストの見積額を控除した差額である。要するに、資産を売却処分したと仮定したときの手取りの現金回収見込額ということになる。

　各勘定科目の処分価格は、次のように算定することが考えられる。実務上は、日本公認会計士協会・会計制度委員会研究報告第11号「継続企業の前提が成立していない会社等における資産及び負債の評価について」を参考にすることが考えられる。残余財産がないと見込まれるかどうかを判断するために作成するものであり、税務上の課税所得計算のルールは適用されないことはいうまでもない。

　また、処分価格を見積もることが困難な場合もあり、その場合は「処分価格を付すことが困難な場合」に該当するため、原則として、帳簿価額により計上することが認められる。ただし、減損を認識すべき場合には、減損を認識するなどした、適正な帳簿価額を付すべきものと解される[62]。

---

[60]　事業譲渡等により資産が継続して他の法人の事業の用に供される見込みであるときとは、第二会社方式のように、一部の事業を新設法人等に移転し、残った移転元法人を清算するようなケースが想定される。例外ケースであり、通常は財産の換価処分を行うため、処分価格により評価することになる。

[61]　日本公認会計士協会・会計制度委員会研究報告第11号「継続企業の前提が成立していない会社等における資産及び負債の評価について」。

[62]　弥永真生「コンメンタール　会社法施行規則・電子公告規則」商事法務、P815からP816。

勘定科目ごとの処分価格の算定方法

勘定科目	処分価格の算定方法
現金	現金の保有高（＝帳簿価額）
預金	元本に作成日までの未収利息（経過利息）を加算した金額。
金銭債権	債権残高から取立不能見込額および取立費用見込額を控除した金額。したがって、貸倒引当金は表示されない。取立不能見込額および取立費用見込額については、個別に見積もる必要がある。なお、貸付金は、未収利息を加算する。
棚卸資産	市場価格がある場合は、市場価格から売却に要する費用の見積額を控除した金額。市場価格がない場合は、売却可能価額を見積もり、売却に要する費用の見積額を控除した金額。
有価証券	市場価格のある有価証券は、市場価格から処分費用見込額を控除した金額。市場価格のない有価証券は、売却可能価額を見積もり、処分費用見込額を控除した金額。
前払費用、仮払金	現金回収が見込まれる部分については、未収入金に計上し、それ以外の部分についてはゼロ評価。
土地	近隣の取引事例価額、または、公示価格、路線価格等をもとに売却可能価額を見積もり、処分費用見込額を控除した金額。建物を取り壊して更地として処分する必要があるものについては、取壊費用を見積もり控除した金額。
その他の有形固定資産	処分が可能なものは、処分可能価額から処分費用見込額を控除した金額。
無形固定資産	原則としてゼロ評価。ただし、処分が可能なものは、処分可能価額から処分費用見込額を控除した金額。
繰延資産	原則としてゼロ評価。ただし、税務上の繰延資産で契約解除により現金回収が見込まれる部分については、未収入金を計上する。
未払金	契約解除に伴い違約金を支払うものについては、それを未払金に計上する。
借入金	作成日までの経過利息を未払金に計上する。
未払退職給与	原則として、作成日現在の、会社都合要支給額を計上する。
法人税、住民税および事業税	清算中の各事業年度に係る損益法に基づく所得金額に対する税額を可能な範囲で見積もることになる。
偶発債務	保証債務等で、債務の履行が確実に見込まれるものについては、履行見込額を未払金に計上する。なお、割引手形については、不渡りとなったときに遡求義務が発生するため、割引手形残高は受取手形（資産）と割引手形（負債）を両建てで表示することが考えられる。

資産については売却処分したときの実質的な回収見込額であり、財産的価値のあるもの
を計上する。一方、負債については法律上の債務が計上されるものと考えられる。継続企
業を前提とした、適正な期間損益計算の考え方は採用しないため、法的債務性のない引当
金や繰延資産は計上しない。

また、税効果会計による繰延税金資産および繰延税金負債も計上しない。逆に、「一般
に公正妥当と認められる企業会計の基準その他の企業会計の慣行」では認められない自己
創設のれん、無形資産、取得時に費用処理したことによりオフバランスとなっている資
産、リース資産・リース債務、保証債務などは、資産または負債に計上しなければならな
いと解されている点に留意する必要がある[63]。

⑸　清算中に終了する各事業年度の末日の現況により判断

　期限切れ欠損金の使用が認められるためには、「残余財産がないと見込まれるとき」に
該当する必要があるが（法法59条４項）、「残余財産がないと見込まれる」かどうかの判定
は、法人の清算中に終了する各事業年度終了の時の現況によるため（法基通12－３－７）、
期限切れ欠損金を損金算入できるかどうかの判定は、清算中に終了する各事業年度のうち
の期限切れ欠損金を使用しようとする事業年度の末日において行うことになり、実態貸借
対照表は期限切れ欠損金を使用しようとする事業年度の末日の日付で作成することにな
る。実態貸借対照表を作成しなければならないのは、清算中に終了する各事業年度のうち
の期限切れ欠損金を使用しようとする事業年度についてのみである。

　なお、期限切れ欠損金を損金算入する事業年度の末日の現況において残余財産がないと
見込まれた（実態貸借対照表が債務超過であった）ところ、その後に処分価格の上昇によ
り資産超過に転じたとしても、期限切れ欠損金の損金算入を遡って修正する必要はない。
仮に、その後に状況が変わって当初の見込みとは異なる結果となったとしても、過去にお
いて行った期限切れ欠損金額の損金算入に影響を与えるものではない[64]。

63　弥永真生「コンメンタール　会社法施行規則・電子公告規則」商事法務、P 816からP 818。
64　国税庁「平成22年度税制改正に係る法人税質疑応答事例（グループ法人税制その他の資本に関係する取引等に係る税制
　　関係）」（平成22年10月6日）問９参照。

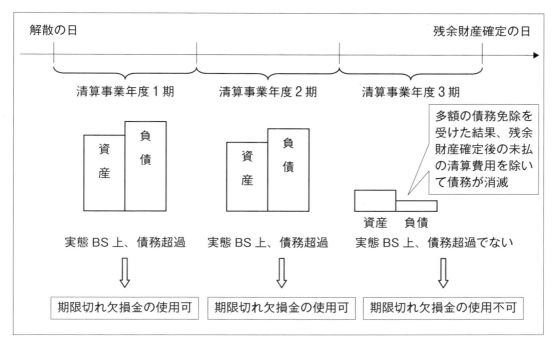

　上記の図表において、清算事業年度1期および清算事業年度2期については、実態貸借対照表上債務超過であることから、期限切れ欠損金の使用が認められる[65]。ところが、最後事業年度である清算事業年度3期（残余財産確定の日の属する事業年度）では、多額の債務免除を受けた結果、残余財産確定後の未払の債務を除いて、残りの債務が消滅したため、実態貸借対照表が資産超過となった。結果として、清算事業年度3期については、期限切れ欠損金の使用ができないため、発生した債務免除益により多額の課税負担が生じる可能性がある。このケースにおいては、一定の資産を手元に留保したままで多額の債務免除を受けたことが、実態貸借対照表が債務超過でなくなった原因とみることができる。残余財産確定後の未払の債務に充てる現預金のみを手元に残して、残りの現預金を債務の一部弁済に充当し、手元に財産を残さないようにすべきであった。

　このように、「損益法」を前提とした税制とされている以上、資産の譲渡や債務免除の時期について、会社の財産の状態を考慮したうえで、タックス・プランニングを組み立てていく対応が求められるものと思われる。

　なお、上記のケースにおいて、債務免除益が益金算入されることから、最後事業年度の末日の実態貸借対照表において、未払法人税等を見積計上したうえで、債務超過であると説明することは考えられるが、その場合の留意点については次項で解説する。

65　もちろん期限切れ欠損金を使用するかどうかはケースバイケースである。青色欠損金の控除のみで課税所得がゼロになる場合や青色欠損金控除前の所得がマイナスである場合は、使用することはない。

⑹　未払法人税等を実態貸借対照表に計上して判定することの可否

次の質疑応答事例が、国税庁から公表されている。

解散法人の残余財産がないと見込まれる場合の損金算入制度（法法59④）における「残余財産がないと見込まれるとき」の判定について

【照会要旨】

①　A社は、X年9月30日に解散したが、その時点における貸借対照表の純資産額は△100,000千円である。

②　A社は、X年10月31日に土地の譲渡を行い、その売却益150,000千円を計上したことにより、純資産の部が50,000千円となり、債務超過の状態を解消することとなった。

③　A社は、X年11月30日に残余財産が確定したことから、X年10月1日からX年11月30日までの事業年度（以下「X年11期」という。）における法人の所得計算をしたところ、法人税等の額（相手科目：未払法人税等）が60,000千円発生するため、純資産の部が△10,000千円となる。

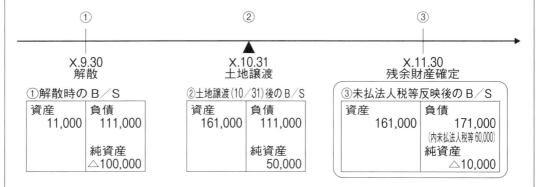

上記のような事実関係がある場合、解散法人の残余財産がないと見込まれる場合の損金算入制度（法法59④）の適用に際し、X年11期（適用年度）が残余財産がないと見込まれるとき（債務超過の状態にあるとき）に該当するかどうかは、上記③の状態で未払法人税等を負債に含めたところで判定して差し支えありませんか。

【回答要旨】

貴見のとおり、取り扱われることとなります。

（理由）

⑴　法人が解散した場合の設立当初からの欠損金額の損金算入制度（法法59④）

　イ　法人が解散した場合において、残余財産がないと見込まれるときは、その清算中に終了する事業年度（適用年度）前の各事業年度において生じた欠損金額を基礎として計算した金額に相当する金額は、青色欠損金等の控除後の所得の金額を限度として、その事業年度の所得の金額の計算上、損金の額に算入することとされています。

　ロ　この場合の「残余財産がないと見込まれるとき」について、法人税基本通達12-3-8《残余財産がないと見込まれることの意義》では、解散した法人が当該事業年度終了の

時において債務超過の状態にあるときは、これに該当することが明らかにされています。

ハ　また、この債務超過の状態であるかどうかは、一般的には実態貸借対照表（法人の有する資産・負債の価額（時価ベース）で作成された貸借対照表）により確認できることが法人税基本通達12－3－9（残余財産がないと見込まれることを説明する書類）において明らかにされています。

(2)　本件へのあてはめ

上記(1)のとおり、その法人が事業年度終了の時において債務超過の状態にあるときは、「残余財産がないと見込まれるとき」に該当することとなり、その状態は、法人の清算中に終了する各事業年度終了の時の実態貸借対照表によって判断することになります。

御質問は、「残余財産がないと見込まれるとき（債務超過の状態にあるとき）」の判定に際し、法人税の所得金額の計算上、損金の額に算入されない法人税等の額に係る債務（未払法人税等）は含めずに判定するのではないかとの疑問によるものと思われます。

この点、一般的に、実態貸借対照表を作成するに当たっては、事業年度終了の時において有する資産に係る含み損益、退職が見込まれる従業員に将来支給する退職金など、その時において税務上損益の実現を認められないものであっても、法人の清算に当たって実現が見込まれる損益まで考慮して、その作成がされているところです。

このようなことからすれば、本件照会における未払法人税等についても清算中の事業年度（適用年度）において税務上損益の実現は認められないものではありますが、実態貸借対照表の作成時（X年11月末）の状況で将来発生が見込まれるものであることから、その実態貸借対照表に計上しているものと考えられます。

したがって、本件の場合、X年11期（適用年度）の未払法人税等60,000千円を負債に含めた実態貸借対照表に基づき「残余財産がないと見込まれるとき」の判定を行うこととなります。

最後事業年度において資産の譲渡による譲渡益が発生しているが、それにより最後事業年度において所得が生じる見込みである。そこで、未払法人税等60,000千円を実態貸借対照表に計上したうえで、実態貸借対照表が10,000千円の債務超過であると判定し、結果として期限切れ欠損金を使用することができる旨が記述されている。期限切れ欠損金を使用した結果、法人税の納税は発生しないで、残余財産が株主に対して分配されることもあるという意味になる。

この質疑応答事例は、資産の譲渡益の例であるが、債務免除益が生じるケースを同様に取り扱ってよいかまでは直接記述されていない。この点について、資産の譲渡益と債務免除益を区別して取り扱う法令上の取扱いはないため、同様に取り扱われるべきものと考えられる。

ただし、第1に、法律上、株主に対する残余財産の分配よりも債権者に対する弁済が優

先されるため、株主と債権者が同一の者でない限り、債務免除を受けた結果として残った残余財産を株主に分配することは、法律上問題があると考えられる点を考慮する必要がある。株主の有する残余財産分配請求権は、あくまでもすべての債務の弁済をした後に残った残余財産に対しての分配請求権でしかないからである。

　未払法人税等を実態貸借対照表に計上した結果として実態貸借対照表が債務超過であると判断し期限切れ欠損金を使用した場合、実際の法人税額がゼロとなることが考えられる。その結果、残余財産が残ることが考えられ、この株主と債権者との間の支払の優先順位に反するという問題が生じる。このようなケースにおいては、弁済可能な範囲で債務の一部弁済を行い、弁済できなかった債務の免除を受けることにより、資産もゼロ、負債もゼロの状態で残余財産の確定に至り（残余財産なしが確定）、期限切れ欠損金を使用するという対応が本来適切であると考えられる。

　第２に、株主と債権者が同一の者でない場合、債務の弁済に充当可能な資産が残っているにもかかわらず、債務免除を受ける場合[66]には、債権者から株主に対する利益移転（財産移転）という経済実態が生じる。その行為の経済的合理性に疑念を持たれるケースに関しては、別途、寄附金または贈与税課税の問題が生じうる点にも留意する必要があると考えられる。

(7)　期限切れ欠損金の算出方法

　「内国法人が解散した場合において、残余財産がないと見込まれるときは、その清算中に終了する事業年度（以下「適用年度」という）前の各事業年度において生じた欠損金額を基礎として政令で定めるところにより計算した金額に相当する金額は、当該適用年度の所得の金額の計算上、損金の額に算入する。」（法法59条４項）と規定されている。「欠損金額を基礎として政令で定めるところにより計算した金額に相当する金額」とは、適用年度において損金算入される期限切れ欠損金の額を表しているが、具体的にどのように算出するのかが問題である。

　「欠損金額を基礎として政令で定めるところにより計算した金額に相当する金額」は、次のｉからⅱを控除した金額である（法令117条の５）。

> ｉ　法人税法59条４項に規定する適用年度（以下この条において「適用年度」という）終了の時における前事業年度以前の事業年度から繰り越された欠損金額の合計額（当該適用年

66　未払法人税等を計上すると純資産の額がマイナスに、未払法人税等を除くと純資産の額がプラスになる場合は、期限切れ欠損金の使用により納税が発生しないときは、残余財産が残ることになる。

度終了の時における資本金等の額がゼロ以下である場合には、当該欠損金額の合計額から当該資本金等の額を減算した金額）

ⅱ　法人税法57条１項（青色申告書を提出した事業年度の欠損金の繰越し）の規定により適用年度の所得の金額の計算上損金の額に算入される欠損金額

ⅰは、決算書上の金額ではなく税務上の金額であることから、適用年度の確定申告書に添付する別表５⑴「利益積立金額の計算に関する明細書」の「期首現在利益積立金額」の「差引合計額」であり、当該金額が負（マイナス）である場合のその金額（絶対値）である。ただし、当該金額が、当該確定申告書に添付する法人税申告書別表７⑴の「欠損金の損金算入等に関する明細書」に控除未済欠損金額として記載されるべき金額に満たない場合には、当該控除未済欠損金額として記載されるべき金額による（法基通12－3－2）。

ⅱは、適用年度における青色欠損金の当期控除額であり、適用年度の別表７⑴の「４の計」の数値である[67]。

本規定では、ⅰの中に「当該適用年度終了の時における資本金等の額がゼロ以下である場合には、当該欠損金額の合計額から当該資本金等の額を減算した金額」というかっこ書きが付されている。資本金等の額がマイナスであるときは、その絶対値がⅰの欠損金額の合計額に加算されることになる[68]。「マイナスを減算する」という意味は、そのマイナスの絶対値を加算すると言い換えることができる。この点について、後で説明する別表７⑷の明細書も、マイナスの額をマイナスする（＝絶対値をプラスする）という内容で示されている。もっとも資本金等の額がマイナスである場合は、相当レアケースである。

期限切れ欠損金は、青色欠損金の控除後、かつ、最後事業年度（残余財産確定の日の属する事業年度）については最後事業年度の事業税の損金算入前の所得金額を限度として損金の額に算入することができる（法59条４項、法令117条の５）。なお、最後事業年度の事業税の取扱いについては、「第４章　残余財産確定の日に終了する事業年度に係る申告」の「Ⅰ　所得金額の計算」「⑶最後事業年度の事業税の取扱い」を参照されたい。

⑻　期限切れ欠損金の損金算入に関する明細書の記載

清算中の事業年度において、残余財産がないと見込まれることを要件として、期限切れ欠損金を使用する場合に、①「残余財産がないと見込まれる」ことを説明する書類（原則

67　令和２年度税制改正により、「青色申告書を提出しなかった事業年度の災害による損失金の繰越し」に係る規定が法人税法57条１項に統合されたため、これも含まれる。

68　資本金等の額がマイナスである債務超過会社の場合、清算中の事業年度において、資本金等の額のマイナスの絶対値が損金算入できることになり、債務免除等により生じた債務免除益による課税が生じないことになる。

として実態貸借対照表）の申告書への添付、②期限切れ欠損金の損金算入に関する明細書の記載および添付が要件となる点は、すでに説明したとおりである。期限切れ欠損金の損金算入に関する明細書としては、別表7⑷「民事再生等評価換えが行われる場合以外の再生等欠損金の損金算入及び解散の場合の欠損金の損金算入に関する明細書」を用いることになる。

① 青色欠損金の控除制限を受けない場合

1欄から4欄までは、法人税法59条3項が適用される場合に記載する欄である。法人税法59条4項の規定の適用を受ける通常清算の場合は、法的整理等の企業再生税制のように期限切れ欠損金の損金算入額として債務免除益、私財提供益、資産評価益という限定を受けないため、記載する必要がない。

5欄には、「適用年度終了の時における前期以前の事業年度から繰り越された欠損金額の合計額」を記載するが、適用年度の別表5⑴「利益積立金額の計算に関する明細書」の「期首現在利益積立金額」の「差引合計額」であり、当該金額が負（マイナス）である場合のその金額（絶対値）を記載する。この場合、別表5⑴の「利益積立金額の計算に関する明細書」の「期首現在利益積立金額」はマイナス残高になっているわけであるが、「欠損金額の合計額」を記載する以上、その絶対値を記載することになる。

6欄には、先に説明したように、資本金等の額がマイナスであるときにその数値を記載する。別表5⑴の「資本金等の額の計算に関する明細書」の「差引翌期首現在資本金等の額」の「差引合計額」（36の④）の数値を記載する。「△」が最初から印刷されているため、当該欄にはマイナスの絶対値を記載すればよい。

7欄には、欠損金の当期控除額を記載するため、適用年度の別表7⑴の「当期控除額」（4の計）の数値を記載すればよい。

8欄には、「⑸－⑹－⑺」を記載するが、それが期限切れ欠損金の額ということになる。6欄に数値が記載されているときは、それはマイナスの数値であるため、マイナスを減算（＝その絶対値を加算）することになる。

9欄には、別表4の「差引計」（43欄）の①欄の数値から別表7⑴の「4の計」を控除した額を記載するが、それは期限切れ欠損金の損金算入限度額という意味である。すなわち、期限切れ欠損金の損金算入限度額は、青色欠損金控除後、かつ、（最後事業年度に係る）事業税の損金算入前の所得の金額である。

10欄の数値には、8欄と9欄の数値のうち少ない金額を記載することになるが、それ

は期限切れ欠損金の損金算入額である。

　法人税法59条4項の規定の適用を受ける通常清算の場合は、法的整理等の企業再生税制のように債務免除益、私財提供益、資産評価益という限定を受けないため、「(4)、(8)と(9)のうち少ない金額」の「(4)、」を消し込むことになる。したがって、(8)と(9)のうち少ない金額を記載することになる点に留意が必要である。

② 青色欠損金の控除制限を受ける場合

　平成24年4月1日以後に開始する事業年度においては、中小法人等を除いて、繰越欠損金の繰越控除限度額が、繰越控除前の所得の金額の100％ではなく一定の割合に制限されるものとされた。11欄「調整前の欠損金の翌期繰越額」、12欄「欠損金額からないものとする金額」および13欄から15欄「欠損金の翌期繰越額の調整」は、その繰越欠損金の損金算入限度額の制限に関連して設けられている欄である。

　11欄には、「13の計」の数値を記載するが、それは別表7(1)の3欄「控除未済欠損金額」から4欄「当期控除額」を差し引いた数値である。本来であれば、それが繰越欠損金の翌期繰越額になるわけであるが、繰越欠損金の控除制限の適用を受けた場合には、一定の調整が必要になる。

　繰越欠損金の控除限度額が一定の割合に制限されることにより、青色欠損金を使い残した状態で期限切れ欠損金を使う場面が生じ得るが、その場合は青色欠損金を使い残した状態で使った期限切れ欠損金の金額だけ翌期以降に繰り越す青色欠損金を減額することになる（法法57条5項、法令112条12項）。10欄（期限切れ欠損金の当期控除額）と11欄（調整前の欠損金の翌期繰越額）のうちの少ない金額を「欠損金額からないものとする金額」として12欄に記載し、青色欠損金の翌期繰越額を減算調整することになる。

民事再生等評価換えが行われる場合以外の再生等欠損金の損金算入及び解散の場合の欠損金の損金算入に関する明細書			事 業年 度	・・ ・・	法人名			別表七(四) 令六・四・一以後終了事業年度分

			円				円
債務免除等による利益の内訳	債務の免除を受けた金額	1		所 得 金 額 差 引 計 (別表四「43の①」)－(別表七(一)「4の計」)	9		
	私財提供を受けた金銭の額	2					
	私財提供を受けた金銭以外の資産の価額	3		当 期 控 除 額 ((4)、(8)と(9)のうち少ない金額)	10		
	計 (1)＋(2)＋(3)	4					
欠損金額等の計算	適用年度終了の時における前期以前の事業年度から繰り越された欠損金額	5		調整前の欠損金の翌期繰越額 (13の計)	11		
	適用年度終了の時における資 本 金 等 の 額 (別表五(一)「36の④」) (プラスの場合は0)	6	△				
	欠 損 金 の 当 期 控 除 額 (別表七(一)「4の計」)又は((別表七(二)「3」の当期分以外の計)＋(別表七(二)「6」の当期分以外の計))	7		欠損金額からないものとする金額 ((10)と(11)のうち少ない金額)	12		
	差 引 欠 損 金 額 (5)－(6)－(7)	8					

欠 損 金 の 翌 期 繰 越 額 の 調 整		

発生事業年度	調整前の欠損金の翌期繰越額 (別表七(一)「3」-「4」)又は(別表七(二)「1」-「3」-「6」)	欠損金額からないものとする金額 (当該発生事業年度の(13)と((12)－当該発生事業年度前の(14)の合計額)のうち少ない金額)又は(別表七(四)付表「6」)	差引欠損金の翌期繰越額 (13)－(14)
	13	14	15
・・ ・・	円	円 内	内 円
・・ ・・		内	内
・・ ・・		内	内
・・ ・・		内	内
・・ ・・		内	内
・・ ・・		内	内
・・ ・・		内	内
・・ ・・		内	内
・・ ・・		内	内
・・ ・・		内	内
計			

3 税額の計算

(1)　税率

　所得金額に乗じる税率は、継続企業と同様の税率を用いる。普通法人の場合は、平成30年4月1日以後に開始する事業年度について23.2％である[69]。中小法人等の年所得800万円以下の部分は、平成24年4月1日から令和7年3月31日までの間に開始する事業年度について15％（平成24年3月31日以前開始事業年度は18％）の軽減税率が適用される。

(2)　税額控除

①　適用されるもの

　次の税額控除について適用を受けることができる。

> i　所得税額の控除
> ii　外国税額控除
> iii　「仮装経理に基づく過大申告の場合の更正に伴う法人税額の控除」

　一貫して継続企業と同様の損益法で計算していくため、清算中の各事業年度の所得に対する税額から「仮装経理に基づく過大申告の場合の更正に伴う法人税額の控除」を継続して行う。更正の日以後に終了する事業年度において、5年間にわたり税額控除を行っていき、控除未済額が残ったときは還付される。また、5年間にわたる税額控除を行っている途中で、残余財産の確定があったときは、残余財産確定の日の属する事業年度に係る確定申告書の提出期限が到来した場合[70]に、その時点における控除未済額が一括還付される（法法135条3項1号）。

②　適用されないもの

　解散事業年度において適用不可とされた次の特別控除は、清算中の事業年度においても適用できない。

69　平成24年4月1日前に開始した事業年度は30％、平成24年4月1日から平成27年3月31日までの間に開始した事業年度は25.5％、平成27年4月1日から平成28年3月31日までの間に開始した事業年度は23.9％である。

70　残余財産確定の日に終了する最後事業年度に係る確定申告書の提出期限であるから、残余財産の確定の日の翌日から1ヵ月を経過する日（残余財産の分配の日がその期間内であるときは、分配の日の前日）である。

税額控除で適用されないもの

① 試験研究を行った場合の法人税額の特別控除（措法42条の4）

② 中小企業者等が機械等を取得した場合等の特別控除（措法42条の6）

③ 沖縄の特定地域において工業用機械等を取得した場合の法人税額の特別控除（措法42条の9）

④ 国際戦略特別区域において機械等を取得した場合の法人税額の特別控除（措法42条の10）

⑤ 国際戦略総合特別区域において機械等を取得した場合の法人税額の特別控除（措法42条の11）

⑥ 地域経済牽引事業の促進区域内において特定事業用機械等を取得した場合の特別控除（措法42条の11の2）

⑦ 地方活力向上地域等において特定建物等を取得した場合の特別控除（措法42条の11の3）

⑧ 地方活力向上地域等において雇用者の数が増加した場合の法人税額の特別控除（措法42条の12）

⑨ 認定地方公共団体の寄附活用事業に関連する寄附をした場合の法人税額の特別控除（措法42条の12の2）

⑩ 中小企業者等が特定経営力向上設備等を取得した場合の特別控除（措法42条の12の4）

⑪ 雇用者給与等支給額が増加した場合の法人税額の特別控除（措法42条の12の5）

⑫ 認定特定高度情報通信技術活用設備を取得した場合の法人税額の特別控除（措法42条の12の6）

⑬ 事業適応設備を取得した場合等の法人税額の特別控除（措法42条の12の7）

　これらの特別控除は、営業活動を継続する法人について、一定の投資等に対して優遇を与える趣旨で認められるものであり、解散事業年度以後の各事業年度については適用できない。

　なお、清算中の事業年度については、資本金の大小に関係なく、欠損金の繰戻し還付が認められる（措法66条の12）。

第4章
残余財産確定の日に終了する事業年度に係る申告

　清算中の事業年度は、解散の日の翌日から1年ごとに到来するが、残余財産確定の日に最後の清算事業年度が終了する。最後の確定申告書の作成・提出が必要である。

　清算中の各事業年度については、継続企業と同様の損益法の考え方に基づいており、益金の額から損金の額を控除して所得の金額を算出する仕組みが採用されている。清算中の各事業年度について損益法による所得計算が行われる。したがって、残余財産確定の日の属する事業年度（残余財産確定の日に終了する最後事業年度）は、通算の清算期間に係るものではなく、直近の事業年度終了の日の翌日から残余財産確定の日までの期間（通常は1年に満たない期間）に係る確定申告書ということになる。

　すなわち、直近の事業年度終了の日の翌日から残余財産確定の日までの事業年度（最後事業年度）について、清算中の事業年度と同様の通常の所得計算（＝益金の額から損金の額を控除して所得計算）を行う。

　申告期限は、残余財産確定の日の翌日から1ヵ月以内である。ただし、その期間内に残余財産の最後の分配が行われる場合は、その分配の日の前日までに提出しなければならない（法法74条2項）。

　最後事業年度に係る確定申告書について、清算中の各事業年度に係る確定申告書と特に異なる特別な計算を行うわけではないが、期限切れ欠損金の取扱い、事業税の取扱い、引当金の取扱いなどで相違点や留意点もあるため注意が必要である。

1　所得金額の計算

⑴　損益法による計算

　最後事業年度も清算中に終了する事業年度にほかならず、「損益法」、すなわち益金の額から損金の額を控除して所得金額を算出する。確定申告書の別表についても、継続企業と同じ通常の別表を用いる。

$$所得金額 \ = \ 益金の額 \ - \ 損金の額$$

　したがって、清算期間中に、資産を譲渡して譲渡益が発生したり、債務免除を受けたりすることにより債務免除益が発生すると、益金の額がその分増加するので、課税の問題が生じるおそれがある。青色欠損金の控除により課税所得が生じなければ特に問題ないが、青色欠損金の控除でカバーできないときに課税所得がプラスになるおそれが生じる。

　そのような場合は、一定の繰越期間[71]を経過した期限切れ欠損金の使用が可能であるかどうかが重要なポイントになる。

(2)　適用されるものと適用されないもの

①　継続企業の取扱いと同じ点

　減価償却費の計上は、認められる。ただし、最後事業年度においては、減価償却資産が残っていない場合もあるし、残っていたとしても事業の用に供されていないことが考えられるため、実質的には償却費の損金算入を行うケースは限定されるものと思われる。一方、貸倒引当金の計上を行うことはできない。最後事業年度は翌事業年度がなく戻入れの機会がないため、繰入れが認められない。

　また、欠損金の繰越控除は適用を受けることができる。期限切れ欠損金の控除ができるかどうかについては、後で説明するように、残余財産がないと見込まれることが要件になる。

　なお、交際費の損金不算入を定めた租税特別措置法61条の４が「清算中の事業年度」を除外していない。したがって、継続企業と同様の取扱いとなる。中小法人等については年800万円の定額控除または接待飲食費の50％相当額の損金算入の選択ができ、中小法人等以外の法人については接待飲食費の50％相当額の損金算入が認められる。営業活動を行わない清算中の会社について、事業の遂行上交際費が発生するのは限定的であると考えられる。

②　継続企業の取扱いと異なる点

　次の取扱いは、最後事業年度も清算中に終了する事業年度であることに変わりはないため、最後事業年度以外の清算中の各事業年度と同様に、適用されない。

71　平成20年４月１日以後に終了した事業年度から平成30年４月１日前に開始する事業年度において生じた欠損金の繰越期間は９年、平成30年４月１日以後に開始する各事業年度において生じた欠損金の繰越期間は10年である。

適用がないもの

ⅰ	特別償却（解散事業年度で不適用とされたものと同様）
ⅱ	租税特別措置法上の準備金の設定
ⅲ	法人税法および租税特別措置法上の圧縮記帳
ⅳ	収用換地等の場合の所得の特別控除（措法65条の２）
ⅴ	特定同族会社の留保金課税に係る特別税率（法法67条）

ⅰ　特別償却

　　租税特別措置法で認められている次の特別償却制度については、解散事業年度においても認められないが、清算中の事業年度についても認められない。最後事業年度も当然に認められない。解散事業年度以降について適用できないという意味である。残余財産確定までの最後事業年度で適用されることはない。

特別償却で適用できないもの

①	中小企業者等が機械等を取得した場合の特別償却（措法42条の６）
②	国際戦略特別区域において機械等を取得した場合の特別償却（措法42条の10）
③	国際戦略総合特別区域において機械等を取得した場合の特別償却（措法42条の11）
④	地域経済牽引事業の促進区域内において特定事業用機械等を取得した場合の特別償却（措法42条の11の２）
⑤	地方活力向上地域等において特定建物等を取得した場合の特別償却（措法42条の11の３）
⑥	中小企業者等が特定経営力向上設備等を取得した場合の特別償却（措法42条の12の４）
⑦	認定特定高度情報通信技術活用設備を取得した場合の特別償却（措法42条の12の６）
⑧	事業適応設備を取得した場合等の特別償却（措法42条の12の７）

ⅱ　租税特別措置法上の準備金の設定

　　租税特別措置法上の諸準備金（海外投資等損失準備金、中小企業事業再編投資損失準備金、原子力発電施設解体準備金、保険会社等の異常危険準備金、特定船舶に係る特別修繕準備金、農業経営基盤強化準備金など）については、すべてについて新たな設定はできない。

　　解散事業年度および清算中の事業年度について、事業の継続を前提とした政策的な優遇税制であるこれらの制度を適用させないという趣旨であると考えられる。

　　なお、特別償却準備金は、特別償却を適用するときに、剰余金の処分として準備金を積み立てる会計処理上の準備金である。租税特別措置法上の準備金とは異なり、全

額を取り崩す必要はなく、法令の規定に従い取崩を行えばよい（措法52条の３第５項）。特別償却準備金に係る対象資産を有しないこととなった場合は、その有しなくなった日におけるその対象資産に係る特別償却準備金の金額は、取り崩して益金算入しなければならないため（措法52条の３第６項）、清算中に資産を換価処分する過程の中で、取崩が行われることが考えられる。

iii　法人税法および租税特別措置法上の圧縮記帳

圧縮記帳制度は、法人税法上および租税特別措置法上ともに適用できない。圧縮記帳は、解散事業年度までしか適用できない。残余財産確定の日に終了する最後事業年度も清算中に終了する事業年度であり、適用されることはない。

iv　収用換地等の場合の所得の特別控除（措法65条の２）

解散事業年度については適用を受けることができる「収用換地等の場合の所得の特別控除」については、清算中の事業年度から適用不可とされている。最後事業年度もその例外ではない。

v　特定同族会社の留保金課税に係る特別税率（法法67条）

特定同族会社の留保金課税に係る特別税率を定めた法人税法67条において、「清算中のものを除く」と規定されている。したがって、特定同族会社の留保金課税の適用はない。清算中の法人に適用しないという点は、清算中の法人は剰余金の配当ができないからであり、最後事業年度についても、適用はない。

(3)　最後事業年度の事業税の取扱い

法人の残余財産確定の日の属する事業年度（最後事業年度）に係る地方税法の規定による事業税および特別法人事業税の額は、その法人のその事業年度の所得の金額の計算上、損金の額に算入する（法法62条の５第５項）。事業税および特別法人事業税は、債務確定する翌事業年度に損金算入されるのが本来の取扱いであるが、最後事業年度には翌事業年度がないため、最後事業年度の損金に算入しないと永久に損金算入できないことになる。そこで、最後事業年度の損金の額に算入する旨が規定されているものである。債務確定していないため、未払金に計上するのではなく、別表４の51欄「残余財産の確定の日の属する事業年度に係る事業税及び特別法人事業税の損金算入額」で減算する。

なお、最後事業年度に係る事業税の課税標準の額は、最後事業年度に係る事業年度の事業税損金算入前の所得の金額とされており、循環計算の問題が生じないように考慮されている。

　また、次の制度において計算の基礎とする所得の金額については、最後事業年度に係る事業税および特別法人事業税の損金算入前の金額とされている。

---
　①　寄附金の損金算入限度額の計算上の寄附金損金算入前所得金額（法令73条2項9号）
　②　欠損金の控除限度額（法法57条1項、59条1項から4項）

　これらの取扱いも、最後事業年度の事業税と同様に、循環計算が生じないように考慮されている。

(4)　最後事業年度の引当金の取扱い

　残余財産確定の日の属する事業年度（最後事業年度）において、引当金については、その残余財産が適格現物分配に該当する場合の貸倒引当金を除き、非適格合併による解散の場合と同様に、戻入れの機会がないため、引当金の繰入れは認められない（法法52条1項、2項、53条1項）。

　適格現物分配により金銭債権を移転する場合、その金銭債権に係る貸倒引当金は被現物分配法人に引き継がれる（法法52条8項1号）。引き継いだ被現物分配法人において、その後の戻入れの機会があるため、繰り入れることが認められる。非適格現物分配の場合は、引継ぎがないため、貸倒引当金を繰り入れることは認められない。

(5)　現物分配による資産の譲渡

　適格現物分配を除く残余財産の全部の分配または引渡しによりその有する資産の移転をするときは、その残余財産の確定時の価額（時価）により譲渡したものとされ、最後事業年度において譲渡損益を益金または損金の額に算入する（法法62条の5第1項、2項）。

　適格現物分配は簿価譲渡の処理となり（同条3項）、非適格現物分配は時価譲渡の処理になる。

(6)　一括償却資産、繰延消費税額等

　残余財産が確定した場合、その残余財産の分配が適格現物分配に該当する場合を除き、残余財産確定の日の属する事業年度終了の時における一括償却資産の金額および繰延消費税額等は、損金の額に算入する（法令133条の2第4項、139条の4第9項）。

⑺　期限切れ欠損金の使用

　残余財産確定の日の属する事業年度（最後事業年度）についても、残余財産がないと見込まれるときは、期限切れ欠損金を損金の額に算入することができる。規定上、清算中に終了する最後事業年度以外の事業年度の取扱いと区別されているわけではない。

①　「損益法」のもとでの期限切れ欠損金の使用の意義

　清算手続において、資産の処分や債務免除により、資産譲渡益や債務免除益が発生する場合に、損益法のもとではそれらが益金の額に算入され、所得の構成要素となる。清算中の事業年度において多額の益金が発生する場面が十分に想定されるため、欠損金の使用が重要な実務ポイントになる。また、青色欠損金でカバーできないときに、一定の要件のもとで期限切れ欠損金の使用が認められる点が最大のポイントである。

　残余財産の確定が近い段階にまで清算手続が進行すると、弁済しきれない債務に係る債務免除の必要性が生じる場合が少なくない。そのようなケースにおいて、最後事業年度において残余財産が残るときは、期限切れ欠損金の使用ができなくなる点に留意する必要がある。したがって、解散を行う段階から、タックス・プランニングを慎重に行うことが必要であり、資産の処分時期、債務免除の時期などについて、会社の財産の状態と関連づけながら検討していく対応が必要かと思われる。

②　一定の要件のもとでの期限切れ欠損金の使用の許容

　内国法人が解散した場合において、残余財産がないと見込まれるときは、その清算中に終了する事業年度（以下、「適用年度」という）前の各事業年度において生じた欠損金額を基礎として政令で定めるところにより計算した金額に相当する金額（期限切れ欠損金の額）は、当該適用年度の所得の金額の計算上、損金の額に算入する（法法59条4項）。清算中に終了する事業年度（適用年度）は、最後事業年度もその例外ではなく、一定の要件のもとで期限切れ欠損金の使用ができる。

　「残余財産がないと見込まれる」ことを要件として、青色欠損金のほかに、期限切れ欠損金の損金算入が認められる。青色欠損金の控除から先に適用し、期限切れ欠損金は青色欠損金控除後の所得金額に対して適用する順位とされている。

　この場合の期限切れ欠損金の使用は、法的整理等の企業再生税制のように、債務免除益、私財提供益、資産の評価益に相当する金額に限定されるわけではなく、使途に制限はない。資産の譲渡益、債務免除益はもとよりそれ以外の要因で益金が発生した場合で

あっても、残余財産がないと見込まれるときは、適用年度の所得金額の算定上、損金算入が認められる。

③　期限切れ欠損金の使用が認められるための要件

　　期限切れ欠損金の損金算入が認められる要件は、「残余財産がないと見込まれる」ことである。「残余財産がないと見込まれる」ことを説明するためには、実態貸借対照表を作成して、純資産の額がゼロまたはマイナスになることを合理的に示す必要がある。なお、最後事業年度において弁済できない債務について債務免除を受けるなどして、純資産の額がちょうどゼロになる場合も「残余財産がないと見込まれる」に該当するため、期限切れ欠損金を使用することができる。

　　実態貸借対照表とは、会社の清算を前提として、資産を処分価格で評価して作成したものである。また、継続企業を前提とした繰延資産や引当金の計上は行わず、負債についても法的債務性のあるものを計上するのが原則である。会社の清算を前提とした評価であるため、契約解除に伴う違約金の発生が見込まれるのであれば、未払金に計上する。

　　会社法上、解散日現在および清算中の各事業年度終了の時の貸借対照表を作成して株主総会の決議を必要とするが、そのとき作成されるものは、資産を処分価格で評価して作成する清算貸借対照表である。それと実質的に同様のものとなる。実態貸借対照表の資産は、原則として、処分価格により評価するが、事業譲渡等により資産が継続して他の法人の事業の用に供される見込みであるときに限り、例外的に使用収益されるものとして当該事業年度終了の時において譲渡される場合に通常付される価額による（法基通12-3-9の注）。

　　ただし、清算中に終了する各事業年度において期限切れ欠損金の損金算入が認められるためには、当該損金算入を行おうとしている清算中の各事業年度終了の時の現況により、「残余財産がないと見込まれる」ことを示す必要がある点に留意する必要がある（法基通12-3-7）。

④　清算中の事業年度ごとに判断

　　期限切れ欠損金の使用が認められるためには、「残余財産がないと見込まれる」ことに該当する必要があるため、期限切れ欠損金の損金算入を行う清算中の事業年度ごとにそれを示す必要がある。

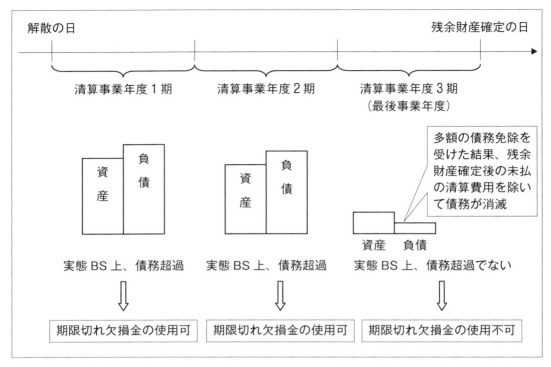

上記の図表において、清算事業年度1期および清算事業年度2期については、実態貸借対照表上債務超過であることから、期限切れ欠損金の使用が認められる[72]。ところが、最後事業年度である清算事業年度3期（残余財産の確定の日の属する事業年度）では、多額の債務免除を受けた結果、残余財産確定後の未払の債務を除いて、残りの債務が消滅したため、実態貸借対照表が資産超過となった。

結果として、最後事業年度である清算事業年度3期については、期限切れ欠損金の使用ができないため、発生した債務免除益により課税負担が生じる可能性がある。このケースにおいては、一定の資産を手元に留保したままで多額の債務免除を受けたことが、実態貸借対照表が債務超過でなくなった原因とみることができる。残余財産確定後の未払の債務に充てる現預金のみを手元に残して、残りの現預金を債務の一部弁済に充当し、手元に財産を残さないようにすべきであった。

また、債務の返済に充当可能な資産が残っているにもかかわらず、債務免除を受けた場合には、その行為の経済的合理性に疑念を持たれるケースに関しては、別途、寄附金課税（または贈与税課税）の問題が生じうる点にも留意する必要がある。

このように、「損益法」を前提とした税制に改められた以上、資産の譲渡や債務免除

---

72 もちろん期限切れ欠損金を使用するかどうかはケースバイケースである。青色欠損金の控除のみで課税所得がゼロになる場合や青色欠損金控除前の所得がマイナスである場合は、使用することはない。

の時期について、会社の財産の状態を考慮したうえで、タックス・プランニングを組み立てていく対応が従来以上に求められるものと思われる。

　なお、上記のケースにおいて、債務免除益が益金算入されることから、最後事業年度の末日の実態貸借対照表において、未払法人税等を見積計上したうえで、債務超過であると説明することは考えられるが、その場合の留意点については次項で解説する。

⑤　未払法人税等を実態貸借対照表に計上して判定することの可否

　次の質疑応答事例が、国税庁から公表されている。

解散法人の残余財産がないと見込まれる場合の損金算入制度（法法59④）における「残余財産がないと見込まれるとき」の判定について

【照会要旨】

① 　A社は、X年9月30日に解散したが、その時点における貸借対照表の純資産額は△100,000千円である。

② 　A社は、X年10月31日に土地の譲渡を行い、その売却益150,000千円を計上したことにより、純資産の部が50,000千円となり、債務超過の状態を解消することとなった。

③ 　A社は、X年11月30日に残余財産が確定したことから、X年10月1日からX年11月30日までの事業年度（以下「X年11期」という。）における法人の所得計算をしたところ、法人税等の額（相手科目：未払法人税等）が60,000千円発生するため、純資産の部が△10,000千円となる。

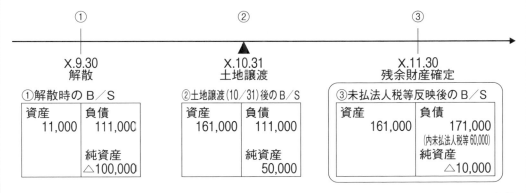

　上記のような事実関係がある場合、解散法人の残余財産がないと見込まれる場合の損金算入制度（法法59④）の適用に際し、X年11期（適用年度）が残余財産がないと見込まれるとき（債務超過の状態にあるとき）に該当するかどうかは、上記③の状態で未払法人税等を負債に含めたところで判定して差し支えありませんか。

【回答要旨】

　貴見のとおり、取り扱われることとなります。

（理由）

(1)　法人が解散した場合の設立当初からの欠損金額の損金算入制度（法法59④）

イ　法人が解散した場合において、残余財産がないと見込まれるときは、その清算中に終了する事業年度（適用年度）前の各事業年度において生じた欠損金額を基礎として計算した金額に相当する金額は、青色欠損金等の控除後の所得の金額を限度として、その事業年度の所得の金額の計算上、損金の額に算入することとされています。

ロ　この場合の「残余財産がないと見込まれるとき」について、法人税基本通達12－3－8《残余財産がないと見込まれることの意義》では、解散した法人が当該事業年度終了の時において債務超過の状態にあるときは、これに該当することが明らかにされています。

ハ　また、この債務超過の状態であるかどうかは、一般的には実態貸借対照表（法人の有する資産・負債の価額（時価ベース）で作成された貸借対照表）により確認できることが法人税基本通達12－3－9《残余財産がないと見込まれることを説明する書類》において明らかにされています。

(2)　本件へのあてはめ

上記(1)のとおり、その法人が事業年度終了の時において債務超過の状態にあるときは、「残余財産がないと見込まれるとき」に該当することとなり、その状態は、法人の清算中に終了する各事業年度終了の時の実態貸借対照表によって判断することになります。

御質問は、「残余財産がないと見込まれるとき（債務超過の状態にあるとき）」の判定に際し、法人税の所得金額の計算上、損金の額に算入されない法人税等の額に係る債務（未払法人税等）は含めずに判定するのではないかとの疑問によるものと思われます。

この点、一般的に、実態貸借対照表を作成するに当たっては、事業年度終了の時において有する資産に係る含み損益、退職が見込まれる従業員に将来支給する退職金など、その時において税務上損益の実現を認められないものであっても、法人の清算に当たって実現が見込まれる損益まで考慮して、その作成がされているところです。

このようなことからすれば、本件照会における未払法人税等についても清算中の事業年度（適用年度）において税務上損益の実現は認められないものではありますが、実態貸借対照表の作成時（X年11月末）の状況で将来発生が見込まれるものであることから、その実態貸借対照表に計上しているものと考えられます。

したがって、本件の場合、X年11期（適用年度）の未払法人税等60,000千円を負債に含めた実態貸借対照表に基づき「残余財産がないと見込まれるとき」の判定を行うこととなります。

最後事業年度において資産の譲渡による譲渡益が発生しているが、それにより最後事業年度において所得が生じる見込みである。そこで、未払法人税等60,000千円を実態貸借対照表に計上したうえで、実態貸借対照表が10,000千円の債務超過であると判定し、結果として期限切れ欠損金を使用することができる旨が記述されている。期限切れ欠損金を使用した結果、法人税の納税は発生しないで、残余財産が株主に対して分配される

こともあるという意味になる。

　この質疑応答事例は、資産の譲渡益の例であるが、債務免除益が生じるケースを同様に取り扱ってよいかまでは直接記述されていない。この点について、資産の譲渡益と債務免除益を区別して取り扱う法令上の取扱いはないため、同様に取り扱われるべきものと考えられる。

　ただし、第1に、法律上、株主に対する残余財産の分配よりも債権者に対する弁済が優先されるため、株主と債権者が同一の者でない限り、債務免除を受けた結果として残った残余財産を株主に分配することは、法律上問題があると考えられる点を考慮する必要がある。株主の有する残余財産分配請求権は、あくまでもすべての債務の弁済をした後に残った残余財産に対しての分配請求権でしかないからである。

　未払法人税等を実態貸借対照表に計上した結果として実態貸借対照表が債務超過であると判断し期限切れ欠損金を使用した場合、実際の法人税額がゼロとなることが考えられる。その結果、残余財産が残ることが考えられ、この株主と債権者との間の支払の優先順位に反するという問題が生じる。このようなケースにおいては、弁済可能な範囲で債務の一部弁済を行い、弁済できなかった債務の免除を受けることにより、資産もゼロ、負債もゼロの状態で残余財産の確定に至り（残余財産なしが確定）、期限切れ欠損金を使用するという対応が本来適切であると考えられる。

　第2に、株主と債権者が同一の者でない場合、債務の弁済に充当可能な資産が残っているにもかかわらず、債務免除を受ける場合[73]には、債権者から株主に対する利益移転（財産移転）という経済実態が生じる。その行為の経済的合理性に疑念を持たれるケースに関しては、別途、寄附金または贈与税課税の問題が生じうる点にも留意する必要があると考えられる。

⑥　期限切れ欠損金の算出方法

　「内国法人が解散した場合において、残余財産がないと見込まれるときは、その清算中に終了する事業年度（以下、「適用年度」という）前の各事業年度において生じた欠損金額を基礎として政令で定めるところにより計算した金額に相当する金額は、当該適用年度の所得の金額の計算上、損金の額に算入する。」（法法59条4項）と規定されている。「欠損金額を基礎として政令で定めるところにより計算した金額に相当する金額」

73　未払法人税等を計上すると純資産の額がマイナスに、未払法人税等を除くと純資産の額がプラスになる場合は、期限切れ欠損金の使用により納税が発生しないときは、残余財産が残ることになる。

が、期限切れ欠損金であるが、具体的にどのように算出するのかが問題である。

　最後事業年度において損金算入が認められる期限切れ欠損金は、次のように算出する。

　「欠損金額を基礎として政令で定めるところにより計算した金額に相当する金額」は、次のⅰからⅱを控除した金額である（法令117条の５）。

ⅰ　法人税法59条４項に規定する適用年度（以下この条において「適用年度」という）終了の時における前事業年度以前の事業年度から繰り越された欠損金額の合計額（当該適用年度終了の時における資本金等の額がゼロ以下である場合には、当該欠損金額の合計額から当該資本金等の額を減算した金額）

ⅱ　法人税法57条１項（青色申告書を提出した事業年度の欠損金の繰越し）の規定により適用年度の所得の金額の計算上損金の額に算入される欠損金額

　ⅰは、決算書上の金額ではなく税務上の金額であることから、適用年度の確定申告書に添付する別表５⑴「利益積立金額の計算に関する明細書」の「期首現在利益積立金額」の「差引合計額」であり、当該金額が負（マイナス）である場合のその金額（絶対値）である（法基通12－３－２）。ただし、当該金額が、当該確定申告書に添付する法人税申告書別表７⑴の「欠損金の損金算入等に関する明細書」に控除未済欠損金額として記載されるべき金額に満たない場合には、当該控除未済欠損金額として記載されるべき金額による（法基通12－３－２）。

　ⅱは、適用年度における青色欠損金の当期控除額であり、適用年度の別表７⑴の「４の計」の数値である（法基通12－３－２）[74]。

　本規定では、ⅰの中に「当該適用年度終了の時における資本金等の額がゼロ以下である場合には、当該欠損金額の合計額から当該資本金等の額を減算した金額」という括弧書きが付されている。資本金等の額がマイナスであるときは、その絶対値がⅰの欠損金額の合計額に加算されることになる[75]。「マイナスを減算する」という意味は、そのマイナスの絶対値を加算すると言い換えることができる。

　後で説明する別表７⑷の明細書上も、マイナスの額をマイナスする（＝絶対値をプラスする）という内容で示されている。

　期限切れ欠損金は、青色欠損金の控除後、かつ、最後事業年度（残余財産確定の日の

74　令和２年度税制改正により、「青色申告書を提出しなかった事業年度の災害による損失金の繰越し」に係る規定が法人税法57条１項に統合されたため、これも含まれる。

75　資本金等の額がマイナスである債務超過会社の場合、清算中の事業年度において、資本金等の額のマイナスの絶対値が損金算入できることになり、債務免除等により生じた債務免除益による課税が生じないことになる。

属する事業年度）については最後事業年度の事業税の損金算入前の所得金額を限度とし
て損金の額に算入することができる（法59条4項、法令117条の5）。最後事業年度に係
る地方税法の規定による事業税および特別法人事業税の額は、当該最後事業年度の所得
の金額の計算上、損金の額に算入するため（法法62条の5第5項）、期限切れ欠損金の
損金算入額が、事業税の損金算入前の所得金額を超える場合には、その超える部分の金
額は控除する（法法59条4項括弧書き）。具体的な実務としては、別表7⑷の9欄に期
限切れ欠損金の損金算入限度額を記載するが、その箇所に記載されているように、別表
4の「差引計」（43欄）の①欄の数値から別表7⑴の「4の計」を控除した額を記載す
ればよい。

　最後事業年度の事業税については、債務確定していないため、未払金に計上するので
はなく、別表4の51欄「残余財産の確定の日の属する事業年度に係る事業税及び特別法
人事業税の損金算入額」で減算する。

⑦　期限切れ欠損金の損金算入に関する明細書の記載

　清算中の事業年度において、残余財産がないと見込まれることを条件として、期限切
れ欠損金を使用する場合に、①「残余財産がないと見込まれる」ことを説明する書類の
申告書への添付、②期限切れ欠損金の損金算入に関する明細書の記載および添付が要件
となる点は、すでに説明したとおりである。期限切れ欠損金の損金算入に関する明細書
としては、別表7⑷「民事再生等評価換えが行われる場合以外の再生等欠損金の損金算
入及び解散の場合の欠損金の損金算入に関する明細書」を用いることになる。

(i)　青色欠損金の控除制限を受けない場合

　　1欄から4欄までは、法人税法59条3項が適用される場合に記載する欄である。法
人税法59条4項の規定の適用を受ける通常清算の場合は、法的整理等の企業再生税制
のように期限切れ欠損金の損金算入額として債務免除益、私財提供益、資産評価益と
いう限定を受けないため、記載する必要がない。

　　5欄には、「適用年度終了の時における前期以前の事業年度から繰り越された欠損
金額の合計額」を記載するが、適用年度の別表5⑴「利益積立金額の計算に関する明
細書」の「期首現在利益積立金額」の「差引合計額」であり、当該金額が負（マイナ
ス）である場合のその金額（絶対値）を記載する。この場合、別表5⑴の「利益積立
金額の計算に関する明細書」の「期首現在利益積立金額」はマイナス残高になってい
るわけであるが、「欠損金額の合計額」を記載する以上、その絶対値を記載すること

になる。

　6欄には、先に説明したように、資本金等の額がマイナスであるときにその数値を記載する。別表5(1)の「資本金等の額の計算に関する明細書」の「差引翌期首現在資本金等の額」の「差引合計額」(36の④)の数値を記載する。「△」が最初から印刷されているため、当該欄にはマイナスの絶対値を記載すればよい。もっとも資本金等の額がマイナスである場合は、相当レアケースである。

　7欄には、欠損金の当期控除額を記載するため、適用年度の別表7(1)の「当期控除額」(4の計)の数値を記載すればよい。

　8欄には、「(5)-(6)-(7)」を記載するが、それが期限切れ欠損金の額ということになる。6欄に数値が記載されているときは、それはマイナスの数値であるため、マイナスを減算（＝その絶対値を加算）することになる。

　9欄には、別表4の「差引計」(43欄)の①欄の数値から別表7(1)の「4の計」を控除した額を記載するが、それは期限切れ欠損金の損金算入限度額という意味である。すなわち、期限切れ欠損金の損金算入限度額は、青色欠損金控除後、かつ、（最後事業年度に係る）事業税の損金算入前の所得の金額である。

　10欄の数値には、8欄と9欄の数値のうち少ない金額を記載することになるが、それは期限切れ欠損金の損金算入額である。

　法人税法59条4項の規定の適用を受ける通常清算の場合は、法的整理等の企業再生税制のように債務免除益、私財提供益、資産評価益という限定を受けないため、「(4)、(8)と(9)のうち少ない金額」の「(4)、」を消し込むことになる。したがって、(8)と(9)のうち少ない金額を記載することになる点に留意が必要である。

(ii)　青色欠損金の控除制限を受ける場合

　平成24年4月1日以後に開始する事業年度においては、中小法人等を除いて、繰越欠損金の繰越控除限度額が、繰越控除前の所得の金額の100％ではなく一定の割合に制限されるものとされた。11欄「調整前の欠損金の翌期繰越額」、12欄「欠損金額からないものとする金額」および13欄から15欄「欠損金の翌期繰越額の調整」は、その繰越欠損金の損金算入限度額の制限に関連して設けられている欄である。

　11欄には、「13の計」の数値を記載するが、それは別表7(1)の3欄「控除未済欠損金額」から4欄「当期控除額」を差し引いた数値である。本来であれば、それが繰越欠損金の翌期繰越額になるわけであるが、繰越欠損金の控除制限の適用を受けた場合には、一定の調整が必要になる。

　繰越欠損金の控除限度額が一定の割合に制限されることにより、青色欠損金を使い残した状態で期限切れ欠損金を使う場面が生じ得るが、その場合は青色欠損金を使い残した状態で使った期限切れ欠損金の金額だけ翌期以降に繰り越す青色欠損金を減額することになる（法法57条 5 項、法令112条12項）。わかりやすく言い換えれば、①前期から繰り越された青色欠損金の残高から青色欠損金の当期控除額を差し引いた金額、②期限切れ欠損金の当期控除額、以上の①と②の少ない方の金額について、翌期に繰り越す青色欠損金から切り捨てることになる。明細書上は、10欄（期限切れ欠損金の当期控除額）と11欄（調整前の欠損金の翌期繰越額）のうちの少ない金額を「欠損金額からないものとする金額」として12欄に記載し、青色欠損金の翌期繰越額を減算調整することになる。

民事再生等評価換えが行われる場合以外の再生等欠損金の損金算入及び解散の場合の欠損金の損金算入に関する明細書			事 業 年 度	・　・ ・　・	法人名		別表七㈣　令六・四・一以後終了事業年度分

債務免除等による利益の内訳	債 務 の 免 除 を 受 け た 金 額	1	円		所 得 金 額 差 引 計 (別表四「43の①」)－(別表七(一)「4の計」)	9	円
	私財提供を受けた金銭の額	2					
	私 財 提 供 を 受 け た 金 銭 以 外 の 資 産 の 価 額	3			当 期 控 除 額 ((4)、(8)と(9)のうち少ない金額)	10	
	計 (1)＋(2)＋(3)	4					
欠損金額等の計算	適 用 年 度 終 了 の 時 に お け る 前 期 以 前 の 事 業 年 度 か ら 繰 り 越 さ れ た 欠 損 金 額	5			調整前の欠損金の翌期繰越額 (13の計)	11	
	適 用 年 度 終 了 の 時 に お け る 資 本 金 等 の 額 (別表五(一)「36の④」) (プラスの場合は0)	6	△				
	欠 損 金 の 当 期 控 除 額 (別表七(一)「4の計」)又は((別表七(二)「3」の当期分以外の計)＋(別表七(二)「6」の当期分以外の計))	7			欠損金額からないものとする金額 ((10)と(11)のうち少ない金額)	12	
	差 引 欠 損 金 額 (5)－(6)－(7)	8					

欠 損 金 の 翌 期 繰 越 額 の 調 整			
発生事業年度	調 整 前 の 欠 損 金 の 翌 期 繰 越 額 (別表七(一)「3」-「4」又は(別表七(二)「1」-「3」-「6」)	欠損金額からないものとする金額 (当該発生事業年度の(13)と((12)－当該発生事業年度前の(14)の合計額)のうち少ない金額)又は(別表七(四)付表「6」)	差引欠損金の翌期繰越額 (13)－(14)
	13	14	15
・　・ ・　・	円	円	内 円
・　・ ・　・			内
・　・ ・　・			内
・　・ ・　・			内
・　・ ・　・			内
・　・ ・　・			内
・　・ ・　・			内
・　・ ・　・			内
・　・ ・　・			内
・　・ ・　・			内
計			

2 税額の計算

(1)　税率

　所得金額に乗じる税率は、継続企業と同様の税率を用いる。普通法人の場合は、平成30年 4 月 1 日以後に開始する事業年度について23.2％である[76]。中小法人等の年所得800万円以下の部分は、平成24年 4 月 1 日から令和 7 年 3 月31日までの間に開始する事業年度について15％（平成24年 3 月31日以前開始事業年度は18％）の軽減税率が適用される。

(2)　税額控除

① 　適用されるもの

　次の税額控除について適用を受けることができる。

ⅰ　所得税額の控除
ⅱ　外国税額控除
ⅲ　「仮装経理に基づく過大申告の場合の更正に伴う法人税額の控除」

　外国税額控除については、清算中の各事業年度に係る確定申告書と同様に、税額控除の対象となる（法法69条 1 項）。

　また、「仮装経理に基づく過大申告の場合の更正に伴う法人税額の控除」の適用がある場合についても、一貫して継続企業と同様の損益法で計算していくため、清算中の各事業年度の所得に対する税額から「仮装経理に基づく過大申告の場合の更正に伴う法人税額の控除」を継続して行う。更正の日以後に終了する事業年度において、 5 年間にわたり税額控除を行っていき、控除未済額が残ったときは還付される。また、 5 年間にわたる税額控除を行っている途中で、残余財産の確定があったときは、残余財産確定の日の属する事業年度に係る確定申告書の提出期限が到来した場合[77]に、その時点における控除未済額が一括還付される（法法135条 3 項 1 号）。この点「残余財産が確定したこと」が還付事由として規定されている。

---

[76]　平成24年 4 月 1 日前に開始した事業年度は30％、平成24年 4 月 1 日から平成27年 3 月31日までの間に開始した事業年度は25.5％、平成27年 4 月 1 日から平成28年 3 月31日までの間に開始した事業年度は23.9％である。

[77]　残余財産確定の日に終了する最後事業年度に係る確定申告書の提出期限であるから、残余財産の確定の日の翌日から 1 ヵ月を経過する日（残余財産の分配の日がその期間内であるときは、分配の日の前日）である。

② **適用されないもの**

解散事業年度以降において、次の特別控除は適用できない。最後事業年度についても、当然に適用することができない。

税額控除で適用されないもの

① 試験研究を行った場合の法人税額の特別控除（措法42条の４）
② 中小企業者等が機械等を取得した場合等の特別控除（措法42条の６）
③ 沖縄の特定地域において工業用機械等を取得した場合の法人税額の特別控除（措法42条の９）
④ 国際戦略特別区域において機械等を取得した場合の法人税額の特別控除（措法 42条の10）
⑤ 国際戦略総合特別区域において機械等を取得した場合の法人税額の特別控除（措法42条の11）
⑥ 地域経済牽引事業の促進区域内において特定事業用機械等を取得した場合の特別控除（措法42条の11の２）
⑦ 地方活力向上地域等において特定建物等を取得した場合の特別控除（措法 42条の11の３）
⑧ 地方活力向上地域等において雇用者の数が増加した場合の法人税額の特別控除（措法42条の12）
⑨ 認定地方公共団体の寄附活用事業に関連する寄附をした場合の法人税額の特別控除（措法42条の12の２）
⑩ 中小企業者等が特定経営力向上設備等を取得した場合の特別控除（措法42条の12の４）
⑪ 給与等の支給額が増加した場合の法人税額の特別控除（措法 42条の12の５）
⑫ 認定特定高度情報通信技術活用設備を取得した場合の法人税額の特別控除（措法42条の12の６）
⑬ 事業適応設備を取得した場合等の法人税額の特別控除（措法42条の12の７）

3 具体的な設例

以下具体的な設例を示すものとする。

設 例 **会社解散・清算に伴う申告（期限切れ欠損金を使用しない　その１）**
前提条件

甲社は、Ｘ１年11月20日に株主総会で解散決議を行い、解散した。財産の換価を進め、

債務の整理を行った結果、Ｘ2年7月20日に残余財産が確定した。次のような前提条件の
もとで、税務申告を作成しなさい。なお、ここ2事業年度の業績が大きく悪化したため、
青色欠損金が10,200,000円残っているものとする。

貸借対照表（Ｘ1年11月20日）　　　　　　　（単位：円）

現金及び預金	1,200,000	買掛金	1,000,000
棚卸資産	700,000	未払金	59,200
売掛金	2,000,000	未払法人税等	40,800
土地	10,700,000	借入金	12,000,000
		資本金	10,000,000
		利益剰余金	△8,500,000
資産合計	14,600,000	負債および純資産合計	14,600,000

棚卸資産および土地の処分、売掛金の取立てを進めた。その状況は次のとおりである。

（単位：円）

	処分原価	処分収入	処分損益
棚卸資産	700,000	800,000	100,000（益）
土地	10,700,000	15,000,000	4,300,000（益）

　売掛金については、1,500,000円は回収できたが、残額の500,000円については業績不良
先の債権であり、回収が困難と判断し、債権放棄を行った。しかし、税務上貸倒れの要件
を満たしていないものと判断され、寄附金として処理することにした。

　買掛金および未払金の支払も終了した。

　また、借入金は株主からのものであり、債務免除を受けた。

貸借対照表（Ｘ2年7月20日）　　　　　　　（単位：円）

現金及び預金	8,931,600	未払金	550,000
		未払法人税等	46,600
		純資産	8,335,000
資産合計	8,931,600	負債および純資産合計	8,931,600

　未払金550,000円は、残余財産確定後に支払予定の費用（清算人の報酬、株主総会開催
費用、清算結了登記費月など）である。

　また、未払法人税等は、後に掲げる別表5⑴の期末納税充当金に対応している。

損益計算書（X1年11月21日～X2年7月20日） （単位：円）

棚卸資産処分原価	700,000	棚卸資産処分収入	800,000
土地処分原価	10,700,000	土地処分収入	15,000,000
給与	7,920,000	債務免除益	12,000,000
旅費交通費	200,000	受取利息	15,000
寄附金	500,000		
交際費	80,000		
その他経費	700,000		
支払利息	133,400		
法人税等	46,600		
当期純利益	6,835,000		
合計	27,815,000		27,815,000

なお、源泉所得税2,297円（復興特別所得税含む）が発生している。

FB0613

署受付印	令和X2年 8月 9日　税務署長殿

青色申告　一連番号

別表一　各事業年度の所得に係る申告書・内国法人の分……令六・四・一以後終了事業年度等分

納税地	東京都千代田区○○町○－○－○　電話（ 03 ）○○○○－○○○○
（フリガナ）	コウ カブシキガイシャ
法人名	甲 株式会社
法人番号	０００００００○０００００
（フリガナ）	コウノ タロウ
代表者	甲野 太郎
代表者住所	神奈川県横浜市○○町○－○－○

所管　業種番号　概況書　要否　別表等

通算グループ整理番号
通算親法人整理番号
法人区分
事業種目　○○○業
期末現在の資本金の額又は出資金の額　10,000,000 円　非中小法人
同非区分　特定同族会社　同族会社　非同族会社
旧納税地及び旧法人名等
添付書類

整理番号
事業年度（至）
売上金額
申告年月日
通信日付印　確認　庁指定　局指定　指導等　区分
年 月 日

申告区分

税理士法第30条の書面提出有　有
税理士法第33条の2の書面提出有　有

令和 X1年 11月 21日	事業年度分の法人税	確定	申告書
令和 X2年 07月 20日	課税事業年度分の地方法人税	確定	申告書

中間申告の場合の計算期間　令和　年　月　日　令和　年　月　日

適用額明細書提出の有無　有　無

			金額
所得金額又は欠損金額（別表四「52の①」）	1		0
法人税額（48）＋（49）＋（50）	2		0
法人税額の特別控除額（別表六（六）「5」）	3		
税額控除超過額相当額等の加算額	4		
課税土地譲渡利益金額（62）＋（63）＋（64）	5		000
同上に対する税額	6		
課税留保金額（別表三（一）「4」）	7		000
同上に対する税額（別表三（一）「8」）	8		00
法人税額計（2）－（3）＋（4）＋（6）＋（8）	9		0
分配時調整外国税相当額及び外国関係会社等に係る控除対象所得税額等相当額の控除額（別表六（五の二）「7」）＋（別表十七（三の六）「3」）	10		
仮装経理に基づく過大申告の更正に伴う控除法人税額	11		
控除税額（（9）－（10）－（11）と（18）のうち少ない金額）	12		
差引所得に対する法人税額（9）－（10）－（11）－（12）	13		00
中間申告分の法人税額	14		00
差引確定／中間申告の場合はその法人税額／税額とし、マイナスの場合は（22）へ記入 （13）－（14）	15		00

			金額
所得税の額（別表六（一）「6の③」）	16		2297
外国税額（別表六（二）「23」）	17		
計（16）＋（17）	18		2297
控除した金額（12）	19		
控除しきれなかった金額（18）－（19）	20		2297
所得税額等の還付金額（20）	21		2297
中間納付額（14）－（13）	22		
欠損金の繰戻しによる還付請求税額	23		
計（21）＋（22）＋（23）	24		2297

この申告が修正申告である場合のこの申告により納付すべき法人税額又は減少する還付請求税額（57）	25		00
欠損金等の当期控除額（別表七（一）「4の計」）＋（別表七（二）「9」若しくは「21」又は別表七（四）「10」）	26		7333596
翌期へ繰り越す欠損金額（別表七（一）「5の合計」）	27		

課税標準法人税額の計算	基準法人税額（所得の金額に対する法人税額）（9）＋（4）の一部＋（9の内書）－（10）－（11の一部）	28		
	課税留保金額に対する法人税額（8）	29		
	課税標準法人税額（28）＋（29）	30		000
地方法人税額（53）	31		
税額控除超過額相当額の加算額（別表六（二）付表六「14の計」）	32		
課税留保金額に係る地方法人税額（54）	33		
所得地方法人税額（31）＋（32）＋（33）	34		
分配時調整外国税相当額及び外国関係会社等に係る控除対象所得税額等相当額の控除額	35		
仮装経理に基づく過大申告の更正に伴う控除地方法人税額	36		
外国税額の控除額（（34）－（35）－（65）のうち少ない金額）	37		0
差引地方法人税額（34）－（35）－（36）－（37）	38		00
中間申告分の地方法人税額	39		00
差引確定／中間申告の場合はその地方法人税額／税額とし、マイナスの場合は（42）へ記入 （38）－（39）	40		00

外国税額の還付金額（67）	41		
中間納付額（39）－（38）	42		
計（41）＋（42）	43		

この申告が修正申告である場合のこの申告により納付すべき地方法人税額（61）	44		00

剰余金・利益の配当（剰余金の分配）の金額

残余財産の最後の分配又は引渡しの日　令和 X2年 08月 10日　決算確定の日　令和　年　月　日

還付を受けようとする金融機関等
○○銀行　金庫・組合　農協・漁協　本店・支店　出張所　本所・支所　普通　預金
口座番号 ○○○○○○○
郵便局名等
ゆうちょ銀行の貯金記号番号
※税務署処理欄

税理士署名

同族会社等の判定に関する明細書

事業年度	X1・11・21 X2・7・20	法人名	甲 株式会社

別表二　令六・四・一以後終了事業年度分

同族会社の判定	期末現在の発行済株式の総数又は出資の総額	1	内　200	特定同族会社の判定	(21)の上位1順位の株式数又は出資の金額	11	
	(19)と(21)の上位3順位の株式数又は出資の金額	2	200		株式数等による判定　(11)／(1)	12	％
	株式数等による判定　(2)／(1)	3	100.0　％		(22)の上位1順位の議決権の数	13	
	期末現在の議決権の総数	4	内　200		議決権の数による判定　(13)／(4)	14	％
	(20)と(22)の上位3順位の議決権の数	5	200		(21)の社員の1人及びその同族関係者の合計人数のうち最も多い数	15	
	議決権の数による判定　(5)／(4)	6	100.0　％		社員の数による判定　(15)／(7)	16	％
	期末現在の社員の総数	7			特定同族会社の判定割合　((12)、(14)又は(16)のうち最も高い割合)	17	
	社員の3人以下及びこれらの同族関係者の合計人数のうち最も多い数	8		判定結果		18	特定同族会社 同族会社 非同族会社
	社員の数による判定　(8)／(7)	9	％				
	同族会社の判定割合　((3)、(6)又は(9)のうち最も高い割合)	10	100.0				

判定基準となる株主等の株式数等の明細

順位（株式数等）	順位（議決権数）	判定基準となる株主（社員）及び同族関係者　住所又は所在地	氏名又は法人名	判定基準となる株主等との続柄	株式数又は出資の金額等　被支配会社でない法人株主等　株式数又は出資の金額 19	議決権の数 20	その他の株主等　株式数又は出資の金額 21	議決権の数 22
1	1	神奈川県横浜市○○町○−○−○	甲野 太郎	本　人			200	200

所得の金額の計算に関する明細書（簡易様式）

事業年度	X1・11・21 ～ X2・7・20	法人名	甲 株式会社

別表四（簡易様式）令六・四・一以後終了事業年度分

区　分		総　額 ①	処分 留保 ②	社外流出 ③
当期利益又は当期欠損の額	1	6,835,000 円	6,835,000 円	配当　　　　円
				その他
加算				
損金経理をした法人税及び地方法人税（附帯税を除く。）	2			
損金経理をした道府県民税及び市町村民税	3			
損金経理をした納税充当金	4	48,897	48,897	
損金経理をした附帯税（利子税を除く。）、加算金、延滞金（延納分を除く。）及び過怠税	5			その他
減価償却の償却超過額	6			
役員給与の損金不算入額	7			その他
交際費等の損金不算入額	8			その他
通算法人に係る加算額（別表四付表「5」）	9			外※
	10			
小　計	11	48,897	48,897	外※
減算				
減価償却超過額の当期認容額	12			
納税充当金から支出した事業税等の金額	13	2,297	2,297	
受取配当等の益金不算入額（別表八（一）「5」）	14			※
外国子会社から受ける剰余金の配当等の益金不算入額（別表八（二）「26」）	15			※
受贈益の益金不算入額	16			※
適格現物分配に係る益金不算入額	17			※
法人税等の中間納付額及び過誤納に係る還付金額	18			
所得税額等及び欠損金の繰戻しによる還付金額等	19			※
通算法人に係る減算額（別表四付表「10」）	20			※
	21			
小　計	22	2,297	2,297	外※
仮計 (1)＋(11)−(22)	23	6,881,600	6,881,600	外※
対象純支払利子等の損金不算入額（別表十七（二の二）「29」又は「34」）	24			その他
超過利子額の損金算入額（別表十七（二の三）「10」）	25	△		※ △
仮計 (23)から(25)までの計	26	6,881,600	6,881,600	外※
寄附金の損金不算入額（別表十四（二）「24」又は「40」）	27	449,699		その他 449,699
法人税額から控除される所得税額（別表六（一）「6の③」）	29	2,297		その他 2,297
税額控除の対象となる外国法人税の額（別表六（二の二）「7」）	30			その他
分配時調整外国税相当額及び外国関係会社等に係る控除対象所得税額等相当額（別表六（五の二）「5の②」）＋（別表十七（三の六）「1」）	31			その他
合計 (26)＋(27)＋(29)＋(30)＋(31)	34	7,333,596	6,881,600	外※ 451,996
中間申告における繰戻しによる還付に係る災害損失欠損金額の益金算入額	37			※
非適格合併又は残余財産の全部分配等による移転資産等の譲渡利益額又は譲渡損失額	38			※
差引計 (34)＋(37)＋(38)	39	7,333,596	6,881,600	外※ 451,996
更生欠損金又は民事再生等評価換えが行われる場合の再生等欠損金の損金算入額（別表七（三）「9」又は「21」）	40			※ △
通算対象欠損金額の損金算入額又は通算対象所得金額の益金算入額（別表七の二「5」又は「11」）	41			※
差引計 (39)＋(40)±(41)	43	7,333,596	6,881,600	外※ 451,996
欠損金等の当期控除額（別表七（一）「4の計」）＋（別表七（四）「10」）	44	△ 7,333,596		※ △ 7,333,596
総計 (43)＋(44)	45			外※
残余財産の確定の日の属する事業年度に係る事業税及び特別法人事業税の損金算入額	51	△	△	
所得金額又は欠損金額	52	0	6,881,600	外※ △ 6,881,600

（簡）

利益積立金額及び資本金等の額の計算に関する明細書

事業年度	X1・11・21 X2・ 7・20	法人名	甲 株式会社

御注意

この表は、通常の場合には次の式により検算ができます。

期首現在利益積立金額合計「31」① ＋ 別表四留保所得金額又は欠損金額「52」 － 中間分・確定分の法人税等、道府県民税及び市町村民税の合計額 ＝ 差引翌期首現在利益積立金額合計「31」④

中間分・確定分の通算税効果額の合計額 ＝ 差引翌期首現在利益積立金額合計「31」④

Ⅰ　利益積立金額の計算に関する明細書

区　　分		期首現在 利益積立金額 ①	当期の増減 減 ②	当期の増減 増 ③	差引翌期首現在 利益積立金額 ①－②＋③ ④
利 益 準 備 金	1	円	円	円	円
積　　　立　　　金	2				
	3				
	4				
	5				
	6				
	7				
	8				
	9				
	10				
	11				
	12				
	13				
	14				
	15				
	16				
	17				
	18				
	19				
	20				
	21				
	22				
	23				
	24				
繰越損益金（損は赤）	25	△ 8,500,000	△ 8,500,000	△ 1,665,000	△ 1,665,000
納 税 充 当 金	26	40,800	43,097	48,897	46,600
未納法人税等（各事業年度の所得に対するものに限る。） 未納法人税及び未納地方法人税（附帯税を除く。）	27	△	△	中間 △ 確定 △	△
未払通算税効果額（附帯税の額に係る部分の金額を除く。）	28			中間 確定	
未納道府県民税（均等割を含む。）	29	△ 40,800	△ 40,800	中間 △ 確定 △ 46,600	△ 46,600
未納市町村民税（均等割を含む。）	30	△	△	中間 △ 確定 △	△
差 引 合 計 額	31	△ 8,500,000	△ 8,497,703	△ 1,662,703	△ 1,665,000

Ⅱ　資本金等の額の計算に関する明細書

区　　分		期首現在 資本金等の額 ①	当期の増減 減 ②	当期の増減 増 ③	差引翌期首現在 資本金等の額 ①－②＋③ ④
資 本 金 又 は 出 資 金	32	10,000,000 円	円	円	10,000,000 円
資 本 準 備 金	33				
	34				
	35				
差 引 合 計 額	36	10,000,000			10,000,000

租税公課の納付状況等に関する明細書

事業年度	X1・11・21 X2・7・20	法人名	甲 株式会社

別表五(二)　令六・四・一以後終了事業年度分

税目及び事業年度				① 期首現在未納税額	② 当期発生税額	当期中の納付税額 ③ 充当金取崩しによる納付	④ 仮払経理による納付	⑤ 損金経理による納付	⑥ 期末現在未納税額 ①+②-③-④-⑤
地方法人税及び法人税		・　・	1	円		円	円	円	円
		・　・	2						
	当期分	中間	3		円				
		確定	4		0				0
		計	5	0	0	0	0	0	0
道府県民税		・　・	6						
		X1・4・1 X1・11・20	7	40,800		40,800			
	当期分	中間	8						
		確定	9		46,600				46,600
		計	10	40,800	46,600	40,800			46,600
市町村民税		・　・	11						
		・　・	12						
	当期分	中間	13						
		確定	14						
		計	15	0	0	0	0	0	0
特別法人事業税及び事業税		・　・	16						
		・　・	17						
	当期中間分		18						
		計	19	0	0	0	0		0
その他	損金算入のもの	利子税	20						
		延滞金（延納に係るもの）	21						
			22						
			23						
	損金不算入のもの	加算税及び加算金	24						
		延滞税	25						
		延滞金（延納分を除く。）	26						
		過怠税	27						
		源泉所得税	28		2,297	2,297			0
			29						

納税充当金の計算								
繰入額	期首納税充当金	30	40,800 円	取崩額	その他	損金算入のもの	36	円
	損金経理をした納税充当金	31	48,897			損金不算入のもの	37	2,297
		32					38	
	計 (31)+(32)	33	48,897			仮払税金消却	39	
取崩額	法人税額等 (5の③)+(10の③)+(15の③)	34	40,800		計 (34)+(35)+(36)+(37)+(38)+(39)		40	43,097
	事業税及び特別法人事業税 (19の③)	35			期末納税充当金 (30)+(33)-(40)		41	46,600

通算法人の通算税効果額の発生状況等の明細						
事業年度		① 期首現在未決済額	② 当期発生額	当期中の決済額 ③ 支払額	④ 受取額	⑤ 期末現在未決済額
・　・	42	円		円	円	円
・　・	43					
当期分	44		中間 円 確定			
計	45					

所得税額の控除に関する明細書

事業年度	X1・11・21 X2・7・20	法人名	甲 株式会社

別表六(一) 令六・四・一以後終了事業年度分

区　　　分		収　入　金　額 ①	①について課される所得税額 ②	②のうち控除を受ける所得税額 ③
公社債及び預貯金の利子、合同運用信託、公社債投資信託及び公社債等運用投資信託（特定公社債等運用投資信託を除く。）の収益の分配並びに特定公社債等運用投資信託の受益権及び特定目的信託の社債的受益権に係る剰余金の配当	1	円 15,000	円 2,297	円 2,297
剰余金の配当（特定公社債等運用投資信託の受益権及び特定目的信託の社債的受益権に係るものを除く。）、利益の配当、剰余金の分配及び金銭の分配（みなし配当等を除く。）	2			
集団投資信託（合同運用信託、公社債投資信託及び公社債等運用投資信託（特定公社債等運用投資信託を除く。）を除く。）の収益の分配	3			
割　引　債　の　償　還　差　益	4			
そ　　　　　の　　　　　他	5			
計	6	15,000	2,297	2,297

剰余金の配当（特定公社債等運用投資信託の受益権及び特定目的信託の社債的受益権に係るものを除く。）、利益の配当、剰余金の分配及び金銭の分配（みなし配当等を除く。）、集団投資信託（合同運用信託、公社債投資信託及び公社債等運用投資信託（特定公社債等運用投資信託を除く。）を除く。）の収益の分配又は割引債の償還差益に係る控除を受ける所得税額の計算

個別法による場合	銘　柄	収　入　金　額 7	所　得　税　額 8	配当等の計算期間 9	(9)のうち元本所有期間 10	所有期間割合 $\frac{(10)}{(9)}$ (小数点以下3位未満切上げ) 11	控除を受ける所得税額 (8)×(11) 12
		円	円	月	月		円

銘柄別簡便法による場合	銘　柄	収　入　金　額 13	所　得　税　額 14	配当等の計算期末の所有元本数等 15	配当等の計算期首の所有元本数等 16	$\frac{(15)-(16)}{2又は12}$ (マイナスの場合は0) 17	所有元本割合 $\frac{(16)+(17)}{(15)}$ (小数点以下3位未満切上げ)(1を超える場合は1) 18	控除を受ける所得税額 (14)×(18) 19
		円	円					円

その他に係る控除を受ける所得税額の明細

支払者の氏名又は法人名	支払者の住所又は所在地	支払を受けた年月日	収　入　金　額 20	控除を受ける所得税額 21	参　考
		・ ・	円	円	
		・ ・			
		・ ・			
		・ ・			
		・ ・			
計					

欠損金の損金算入等に関する明細書

事　業年　度	X1・11・21 X2・7・20	法人名	甲　株式会社

別表七(一)　令六・四・一以後終了事業年度分

控　除　前　所　得　金　額 (別表四「43の①」)	1	円	損　金　算　入　限　度　額 (1)×$\frac{50又は100}{100}$	2	円

事業年度	区　　分	控除未済欠損金額 3	当　期　控　除　額 (当該事業年度の(3)と((2)−当該事業年度前の(4)の合計額)のうち少ない金額) 4	翌　期　繰　越　額 ((3)−(4))又は(別表七(四)「15」) 5
・　・ ・　・	青色欠損・連結みなし欠損・災害損失	円	円	円
・　・ ・　・	青色欠損・連結みなし欠損・災害損失			
・　・ ・　・	青色欠損・連結みなし欠損・災害損失			
・　・ ・　・	青色欠損・連結みなし欠損・災害損失			
・　・ ・　・	青色欠損・連結みなし欠損・災害損失			
・　・ ・　・	青色欠損・連結みなし欠損・災害損失			
・　・ ・　・	青色欠損・連結みなし欠損・災害損失			
・　・ ・　・	青色欠損・連結みなし欠損・災害損失			
X0・4・1 X1・3・31	(青色欠損)・連結みなし欠損・災害損失	3,500,000	3,500,000	0
X1・4・1 X1・11・20	(青色欠損)・連結みなし欠損・災害損失	6,700,000	3,833,596	2,866,404
	計	10,200,000	7,333,596	2,866,404

当期分	欠　　損　　金　　額 (別表四「52の①」)		欠損金の繰戻し額	
	同上のうち	青　色　欠　損　金　額		
		災害損失欠損金額	(16の③)	
	合　　　　計			

災害により生じた損失の額がある場合の繰越控除の対象となる欠損金額等の計算

災　害　の　種　類		災害のやんだ日又はやむを得ない事情のやんだ日	・　　・

災　害　を　受　け　た　資　産　の　別		棚　卸　資　産 ①	固　定　資　産 (固定資産に準ずる繰延資産を含む。) ②	計 ①＋② ③
当　期　の　欠　損　金　額 (別表四「52の①」)	6			円
災害により生じた損失の額	資産の滅失等により生じた損失の額	7	円	円
	被害資産の原状回復のための費用等に係る損失の額	8		
	被害の拡大又は発生の防止のための費用に係る損失の額	9		
	計 (7)＋(8)＋(9)	10		
保険金又は損害賠償金等の額	11			
差引災害により生じた損失の額 (10)−(11)	12			
同上のうち所得税額の還付又は欠損金の繰戻しの対象となる災害損失金額	13			
中間申告における災害損失欠損金の繰戻し額	14			
繰戻しの対象となる災害損失欠損金額 ((6の③)と((13の③)−(14の③))のうち少ない金額)	15			
繰越控除の対象となる欠損金額 ((6の③)と((12の③)−(14の③))のうち少ない金額)	16			

寄附金の損金算入に関する明細書

事業年度	X1・11・21 X2・7・20	法人名	甲　株式会社

別表十四(二)　令六・四・一以後終了事業年度分

公益法人等以外の法人の場合

項目	No.	金額
一般寄附金の損金算入限度額の計算 ／ 支出した寄附金の額 — 指定寄附金等の金額 (41の計)	1	円
特定公益増進法人等に対する寄附金額 (42の計)	2	
その他の寄附金額	3	500,000
計 (1)＋(2)＋(3)	4	500,000
完全支配関係がある法人に対する寄附金額	5	
計 (4)＋(5)	6	500,000
所得金額仮計 (別表四「26の①」)	7	6,881,600
寄附金支出前所得金額 (6)＋(7) (マイナスの場合は0)	8	7,381,600
同上の 2.5又は1.25/100 相当額	9	184,540
期末の資本金の額及び資本準備金の額の合計額又は出資金の額 (別表五(一)「32の④」+「33の④」)	10	10,000,000
同上の月数換算額 (10)×8/12	11	6,666,666
同上の 2.5/1,000 相当額	12	16,666
一般寄附金の損金算入限度額 ((9)＋(12))×1/4	13	50,301
特定公益増進法人等に対する寄附金の特別損金算入限度額の計算 ／ 寄附金支出前所得金額の 6.25/100 相当額 (8)×6.25/100	14	
期末の資本金の額及び資本準備金の額の合計額又は出資金の額の月数換算額の 3.75/1,000 相当額 (11)×3.75/1,000	15	
特定公益増進法人等に対する寄附金の特別損金算入限度額 ((14)＋(15))×1/2	16	
特定公益増進法人等に対する寄附金の損金算入額 (2)と((14)又は(16))のうち少ない金額	17	
指定寄附金等の金額 (1)	18	
国外関連者に対する寄附金額及び本店等に対する内部寄附金額	19	
(4)の寄附金額のうち同上の寄附金以外の寄附金額 (4)－(19)	20	500,000
損金不算入額 ／ 同上のうち損金の額に算入されない金額 (20)－((9)又は(13))－(17)－(18)	21	449,699
国外関連者に対する寄附金額及び本店等に対する内部寄附金額 (19)	22	
完全支配関係がある法人に対する寄附金額 (5)	23	
計 (21)＋(22)＋(23)	24	449,699

公益法人等の場合

項目	No.	金額
支出した寄附金の額 ／ 長期給付事業への繰入利子額	25	円
同上以外のみなし寄附金額	26	
その他の寄附金額	27	
計 (25)＋(26)＋(27)	28	
損金算入限度額の計算 ／ 所得金額仮計 (別表四「26の①」)	29	
寄附金支出前所得金額 (28)＋(29) (マイナスの場合は0)	30	
同上の 20又は50/100 相当額 （50/100相当額が年200万円に満たない場合（当該法人が公益社団法人又は公益財団法人である場合を除く。）は、年200万円）	31	
公益社団法人又は公益財団法人の公益法人特別限度額 (別表十四(二)付表「3」)	32	
長期給付事業を行う共済組合等の損金算入限度額 ((25)と融資額の年5.5%相当額のうち少ない金額)	33	
損金算入限度額 (31)、((31)と(32)のうち多い金額)又は((31)と(33)のうち多い金額)	34	
指定寄附金等の金額 (41の計)	35	
国外関連者に対する寄附金額及び完全支配関係がある法人に対する寄附金	36	
(28)の寄附金額のうち同上の寄附金以外の寄附金額 (28)－(36)	37	
損金不算入額 ／ 同上のうち損金の額に算入されない金額 (37)－(34)－(35)	38	
国外関連者に対する寄附金額及び完全支配関係がある法人に対する寄附金 (36)	39	
計 (38)＋(39)	40	

指定寄附金等に関する明細

寄附した日	寄附先	告示番号	寄附金の使途	寄附金額 41
				円
		計		

特定公益増進法人若しくは認定特定非営利活動法人等に対する寄附金又は認定特定公益信託に対する支出金の明細

寄附した日又は支出した日	寄附先又は受託者	所在地	寄附金の使途又は認定特定公益信託の名称	寄附金額又は支出金額 42
				円
		計		

その他の寄附金のうち特定公益信託（認定特定公益信託を除く。）に対する支出金の明細

支出した日	受託者	所在地	特定公益信託の名称	支出金額
				円

交際費等の損金算入に関する明細書

事業年度	X1・11・21 X2・7・20	法人名	甲 株式会社

別表十五

令六・四・一以後終了事業年度分

		円				円
支 出 交 際 費 等 の 額 （8 の 計）	1	80,000	損 金 算 入 限 度 額 （2）又は（3）	4		80,000
支出接待飲食費損金算入基準額 （9の計）× $\frac{50}{100}$	2	0				
中小法人等の定額控除限度額 （(1)と((800万円×$\frac{8}{12}$）又は（別表十五付表「5」)）のうち少ない金額）	3	80,000	損 金 不 算 入 額 （1）－（4）	5		0

支 出 交 際 費 等 の 額 の 明 細

科　　　　　　　目	支 出 額	交際費等の額から 控除される費用の額	差引交際費等の額	(8) の う ち 接 待 飲 食 費 の 額
	6	7	8	9
	円	円	円	円
交　　際　　費	80,000		80,000	0
計	80,000		80,000	0

第六号様式（提出用）（令和四年改正）

封利繰	一連番号	組織	法人名 資本金		※処理事項	提出年月日 通信日付印 確認	整理番号	事務所	区分	管理番号	申告区分
	受付印	分非 自主	事延 都延				1 0 6				

令和　　年　　月　　日　　都税事務所長　支庁長　殿

東京都　千代田

法人番号 0 0 0 0 0 0 0 0 0 0 0 0 0

この申告の基礎　　　　申告年月日

法人税の　令和　年　月　日　の　修申・更正・決定・再　による。

所在地 （本社が支店等の場合は本店所在地を併記）	東京都千代田区○○町○−○−○ （電話）
（ふりがな）こう　かぶしきがいしゃ 法人名	甲　株式会社
（ふりがな）こうの　たろう 代表者氏名	甲野　太郎

経理責任者氏名　（ふりがな）やまもと　いちろう　山本　一郎

事業種目

期末現在の資本金の額又は出資金の額（解散日現在の資本金の額又は出資金の額）　1 0 0 0 0 0 0 0

同上が1億円以下の普通法人のうち中小法人等に該当しないもの　　非中小法人等

期末現在の資本金の額及び資本準備金の額の合算額　1 0 0 0 0 0 0 0

期末現在の資本金等の額　1 0 0 0 0 0 0 0

令和 X1 年 11 月 21 日から令和 X2 年 07 月 20 日までの事業年度分又は連結事業年度分の　都民税・事業税・特別法人事業税　の中間・確定申告書

（事業税）

	摘要	課税標準	税率	税額
所得割	所得金額総額 ㉙+㉚+㉛ 又は別表5㉚	0		0
	年400万円以下の金額 ㉙	0 0 0		0 0
	年400万円を超え年800万円以下の金額 ㉚	0 0 0		0 0
	年800万円を超える金額 ㉛	0 0 0		0 0
	計 ㉙+㉚+㉛ ㉜			
	軽減税率不適用法人の金額 ㉝			
付加価値割	付加価値額総額 ㉞			
	付加価値額 ㉟			
資本割	資本金等の額総額 ㊱			
	資本金等の額 ㊲			
収入割	収入金額総額 ㊳			
	収入金額 ㊴	0 0 0		0 0
合計事業税額	㉜+㉟+㊲+㊴ 又は ㉝+㉟+㊲+㊴			0 0

（特別法人事業税）

	摘要	課税標準	税率	税額
所得割に係る特別法人事業税額 ㊼		0 0		0 0
収入割に係る特別法人事業税額 ㊽		0 0		
合計特別法人事業税額（㊼+㊽）				0 0

（都民税）

		税額
法人税法の規定によって計算した法人税額 ①		
試験研究費の額等に係る法人税額の特別控除額 ②		
還付法人税額等の控除額 ③		
退職年金等積立金に係る法人税額 ④		
課税標準となる法人税額又は個別帰属法人税額 ①−②+③±④ ⑤		0 0 0
2以上の道府県に事務所又は事業所を有する法人における課税標準となる法人税額又は個別帰属法人税額 ⑥		0 0 0
法人税割額（⑤又は⑥×税率）⑦		
都民税の特定寄附金税額控除額 ⑧		
税額控除超過額相当額の加算額 ⑨		
外国関係会社等に係る控除対象所得税額等相当額又は個別控除対象所得税額等相当額の控除額 ⑩		
外国の法人税等の額の控除額 ⑪		
仮装経理に基づく法人税割額の控除額 ⑫		
差引法人税割額 ⑦−⑧+⑨−⑩−⑪−⑫ ⑬		0 0
既に納付の確定した当期分の法人税割額 ⑭		0 0
租税条約の実施に係る法人税割額の控除額 ⑮		
この申告により納付すべき法人税割額 ⑬−⑭−⑮ ⑯		0 0
均等割額 算定期間中において事務所等を有していた月数 ⑰		8 月
70,000円 × ⑰/12 ⑱		4 6 6 0 0
既に納付の確定した当期分の均等割額 ⑲		0 0
この申告により納付すべき均等割額 ⑱−⑲ ⑳		4 6 6 0 0
この申告により納付すべき都民税額 ⑯+⑳ ㉑		4 6 6 0 0
㉑のうち見込納付額 ㉒		
差引 ㉑−㉒ ㉓		4 6 0 0 0

東京都に申告する場合	特別区分の課税標準額 ㉔	0 0 0
	同上に対する税額 ㉕	
	市町村分の課税標準額 ㉖	0 0 0
	同上に対する税額 ㉗	

事業税の特定寄附金税額控除額 ㊶		差引事業税額 ㊴+㊵ 又は ㊹−㊺ に係る仮装経理に基づく事業税額の控除額 ㊸	
差引事業税額 ㊵−㊶ ㊷	0 0	租税条約の実施に係る事業税額の控除額 ㊺	0 0
	㊹のうち見込納付額 ㊻		
所得割 ㊸	0 0	付加価値割 ㊹	
資本割 ㊺	0 0	収入割 ㊻	
㊽のうち見込納付額 ㊾		差引 ㊹−㊺ ㊿	

中間納付額 ㊷　　　　　　　　　　　還付請求

※処理事項（記入しないでください）				所得金額（法人税の明細書（別表4）の㊴）又は個別所得金額（法人税の明細書（別表4の2付表）の㊷）	7 3 3 3 5 9 6
事業税	1	総数 本都	分割 割合	損金の額に算入した所得税額及び復興特別所得税額	
	2	総数 本都		益金の額に算入した海外投資等損失準備金勘定からの戻入額	
				外国の事業に帰属する所得以外の所得に対して課された外国法人税額	
都民税	総数 特別区 市町村			仮計 ㊸+㊹+㊺−㊻−㊼	7 3 3 3 5 9 6
				繰越欠損金額等もしくは災害損失金額又は債権償却特別勘定からの戻入額等の当期控除額	7 3 3 3 5 9 6
				法人税の所得金額（法人税の明細書（別表4）の㊴）又は個別所得金額（法人税の明細書（別表4の2付表）の㊷）	0

法第15条の4の徴収猶予を受けようとする税額 ㊹

決算確定の日	
解散の日	X 1・11・20
残余財産の最後の分配又は引渡しの日	X 2・8・10
申告期限の延長の処分（承認）の有無	事業税　有・無　法人税　有・無
法人税の申告書の種類	青色・その他
この申告が中間申告の場合の計算期間	
翌期の中間申告の要否	要・否　国外関連者の有無　有・無

関与税理士署名　　　　　　　　（電話）

22120−201
（都・法）

均等割額の計算に関する明細書

第六号様式別表四の三（令和四年改正）

事業年度又は連結事業年度	X1・11・21 X2・7・20	法人名　甲　株式会社

事務所、事業所又は寮等（事務所等）の従業者数の明細

東京都内における主たる事務所等の所在地	事務所等を有していた月数	従業者数の合計数
千代田区　〇丁目　〇番　〇号　〇〇町市（町村）	8　月	3　人

市町村の存する区域内における従たる事務所等

名称（外箇所）	所在地
	市 町 村

当該事業年度又は連結事業年度（算定期間）中の従たる事務所等の設置・廃止及び主たる事務所等の異動

異動区分	異動の年月日	名称	所在地
設置	・　・		
廃止	・　・		
旧の主たる事務所等	・　・（　月）		

特別区内における従たる事務所等

	所在地	名称（外箇所）	月数	従業者数の合計数
1	千代田区			人
2	中央区			
3	港　区			
4	新宿区			
5	文京区			
6	台東区			
7	墨田区			
8	江東区			
9	品川区			
10	目黒区			
11	大田区			
12	世田谷区			
13	渋谷区			
14	中野区			
15	杉並区			
16	豊島区			
17	北　区			
18	荒川区			
19	板橋区			
20	練馬区			
21	足立区			
22	葛飾区			
23	江戸川区			
合計（主たる事務所等の従業者数の合計数を含む。）				3

均等割額の計算

	区分		税率（年額）（ア）	月数（イ）	区数（ウ）	税額計算 ((ア)×(イ)÷12)×(ウ)
特別区のみに事務所等を有する場合	主たる事務所等所在の特別区	事務所等の従業者数50人超　①	円	月		0 0 円
		事務所等の従業者数50人以下②	7 0 0 0 0	8		4 6 6 0 0
	従たる事務所等所在の特別区	事務所等の従業者数50人超　③				0 0
		事務所等の従業者数50人以下④				0 0
特別区と市町村に事務所等を有する場合	道府県分⑤					0 0
	特別区（市町村）分	事務所等の従業者数50人超　⑥				0 0
		事務所等の従業者数50人以下　⑦				0 0
納付すべき均等割額 ①＋②＋③＋④ 又は ⑤＋⑥＋⑦　⑧						4 6 6 0 0
備考						

東京都主税局

（都・法）22120-217

この明細書は、特別区に事務所、事業所又は寮等を有する法人が、中間・確定申告書（第６号様式、第６号様式（その２）又は第６号様式（その３））、予定申告書（第６号の３様式、第６号の３様式（その２）又は第６号の３様式（その３））を提出する場合に添付してください。

この印刷物は、リサイクルできません。

欠損金額等及び災害損失金の
控除明細書（法第72条の2第1項 第1号 第3号 に掲げる事業）

第六号様式別表九（提出用）（令和四年改正）

事業年度	X 1 ・ 11 ・ 21 X 2 ・ 7 ・ 20	法人名	甲 株式会社

控 除 前 所 得 金 額 第6号様式⑱ － （別表10⑨又は㉑） ①	円 7,333,596	損 金 算 入 限 度 額 ①× 50又は100 / 100 ②	円 7,333,596

事 業 年 度	区　　　分	控除未済欠損金額等又は 控除未済災害損失金③	当 期 控 除 額 ④ (当該事業年度の③と(②－当該事業年度前の④の合計額)のうち少ない金額)	翌 期 繰 越 額 ⑤ ((③－④)又は別表11⑰)
・　・ ・　・	欠損金額等・災害損失金	円	円	
・　・ ・　・	欠損金額等・災害損失金			円
・　・ ・　・	欠損金額等・災害損失金			
・　・ ・　・	欠損金額等・災害損失金			
・　・ ・　・	欠損金額等・災害損失金			
・　・ ・　・	欠損金額等・災害損失金			
・　・ ・　・	欠損金額等・災害損失金			
・　・ ・　・	欠損金額等・災害損失金			
X 0・ 4 ・ 1 X 1・ 3 ・31	欠損金額等・災害損失金	3,500,000	3,500,000	0
X 1・ 4 ・ 1 X 1・ 11 ・20	欠損金額等・災害損失金	6,700,000	3,833,596	2,866,404
計		10,200,000	7,333,596	2,866,404
当期分	欠 損 金 額 等 ・ 災 害 損 失 金			
	同上のうち 災 害 損 失 金			円
	同上のうち 青 色 欠 損 金			
合　　計				2,866,404

災 害 に よ り 生 じ た 損 失 の 額 の 計 算				
災 害 の 種 類		災害のやんだ日又は やむを得ない事情のやんだ日		・　・
当 期 の 欠 損 金 額 ⑥	円	差引災害により生じた 損失の額（⑦－⑧）⑨		円
災害により生じた損 失の額 ⑦		繰越控除の対象とな る損失の額（⑥と⑨ のうち少ない金額）⑩		
保険金又は損害賠償 金等の額 ⑧				

◆東京都主税局

(都・法) 22120-224

　本事例は、残余財産が8,335,000円残り、株主に同額の分配をしているが、清算法人に対する課税は発生していない。それは、前期および前々期の業績の不振による青色欠損金が10,200,000円あったため、当期の所得から控除できたためである。

　このように残余財産が残る場合には、期限切れ欠損金は使用できないため、青色欠損金の控除でカバーできるのかどうかを慎重に見極める必要がある。

設例　会社解散・清算に伴う申告（期限切れ欠損金を使用しない　その２）

前提条件

　乙社（青色法人、資本金1,000万円、従業員50名以下）は、業績が芳しくなく、業績回復の見通しもなく、また、後継者もいないことから、Ｘ１年５月10日に株主総会で解散決議を行い、解散した。解散時の貸借対照表は、次のとおりである。解散時の利益剰余金はマイナス6,500,000円であるが、期限内の繰越欠損金は2,000,000円しかない。

貸借対照表（Ｘ１年５月10日）　　　　　　　　（単位：円）

現金及び預金	3,200,000	買掛金	2,000,000
棚卸資産	2,500,000	未払金	494,200
売掛金	3,000,000	未払法人税等	5,800
土地	25,000,000	借入金	27,700,000
		資本金	10,000,000
		利益剰余金	△6,500,000
資産合計	33,700,000	負債および純資産合計	33,700,000

　財産の換価を進め、従業員の退職を進めたが、Ｘ２年５月10日に清算事業年度第１期が終了した。寄附金は、売掛金のうち150,000円について、回収を断念して債権放棄したものであるが、貸倒損失の要件を満たしていないため、寄附金として処理している。

損益計算書（Ｘ１年５月11日〜Ｘ２年５月10日）　　　　（単位：円）

棚卸資産処分原価	2,500,000	棚卸資産処分収入	3,200,000
土地処分原価	25,000,000	土地処分収入	23,000,000
給与	3,400,000	受取利息	20,000
退職金	2,000,000	当期純損失	8,230,000
旅費交通費	200,000		
寄附金	150,000		
交際費	50,000		
その他経費	400,000		
支払利息	750,000		
合計	34,450,000		34,450,000

　なお、源泉所得税3,063円（復興特別所得税を含む）が発生している。

　その後、残余財産確定後の未払の債務および未払税金の合計額である800,000円だけ残して、残額の19,764,000円を債務の一部弁済に充てた。27,700,000円から一部弁済額19,764,000円を差し引いた差額である7,936,000円については債務免除を受けた。Ｘ２年７月10日付で残余財産が確定した。残余財産確定時の貸借対照表は、次のとおりである。

貸借対照表（X2年7月10日）　　　　　　　（単位：円）

現金及び預金	800,000	未払金	788,400
		未払法人税等	11,600
		純資産	0
資産合計	800,000	負債および純資産合計	800,000

損益計算書（X2年5月11日〜X2年7月10日）　（単位：円）

給与	820,000	債務免除益	7,936,000
退職金	1,806,000	受取利息	10,000
旅費交通費	120,000		
その他経費	438,400		
支払利息	20,000		
法人税等	11,600		
当期純利益	4,730,000		
合計	7,946,000		7,946,000

源泉所得税1,531円（復興特別所得税を含む）が発生している。

未払金788,400円は、残余財産確定後に支払予定の費用（清算人の報酬、株主総会開催費用、清算結了登記費用など）である。

また、未払法人税等11,600円は、後に掲げる別表5⑴の期末納税充当金に対応している。

清算事業年度　第1期（X1.5.11〜X2.5.10）

FB0613

別表一　各事業年度の所得に係る申告書―内国法人の分……令六・四・一以後終了事業年度等分

署受付印	令和　年　月　日 税務署長殿
納税地	東京都千代田区○○町○−○−○ 電話（ 03 ）○○○○−○○○○
（フリガナ）	オツ　カブシキガイシャ
法人名	乙　株式会社
法人番号	○○○○○○○○○○○○○
（フリガナ）	コウノ　タロウ
代表者	甲野　太郎
代表者住所	神奈川県横浜市○○町○−○−○

所　業種目　概況書　要否　別表等

通算グループ整理番号
通算親法人整理番号
法人区分
事業種目　○○○業
期末現在の資本金の額又は出資金の額　10,000,000 円　非中小法人
同非区分　特定同族会社　同族会社　非同族会社
旧納税地及び旧法人名等
添付書類　貸借対照表、損益計算書、株主（社員）資本等変動計算書又は損益金処分表、勘定科目内訳明細書、事業概況書、組織再編成に係る契約書等の写し、組織再編成に係る移転資産等の明細書

青色申告　一連番号

税務署処理欄
整理番号
事業年度（至）
売上金額
申告年月日
通信日付印　確認　庁指定　局指定　指導等　区分
年月日
申告区分

令和　X1 年　05 月　11 日　事業年度分の法人税　確定　申告書
令和　X2 年　05 月　10 日　課税事業年度分の地方法人税　確定　申告書
（中間申告の場合の計算期間　令和　年　月　日〜令和　年　月　日）

適用額明細書提出の有無　有・無
税理士法第30条の書面提出有　有
税理士法第33条の2の書面提出有　有

		十億　百万　千　円
所得金額又は欠損金額（別表四「52の①」）	1	△8013187
法人税額（48）＋（49）＋（50）	2	0
法人税額の特別控除額（別表六（六）「5」）	3	
税額控除超過額相当額等の加算額	4	
課税土地譲渡利益金額（別表三（二）「24」＋（別表三（二の二）「25」＋別表三（三）「20」）	5	000
同上に対する税額（62）＋（63）＋（64）	6	
課税留保金額（別表三（一）「4」）	7	000
同上に対する税額（別表三（一）「8」）	8	
		000
法人税額計（2）−（3）＋（4）＋（6）＋（8）	9	0
分配時調整外国税相当額及び外国関係会社等に係る控除対象所得税額等相当額の控除額（別表六（五の二）「7」）＋（別表十七（三の六）「3」）	10	
仮装経理に基づく過大申告の更正に伴う控除法人税額	11	
控除税額（（9）−（10）−（11）と（18）のうち少ない金額）	12	
差引所得に対する法人税額（9）−（10）−（11）−（12）	13	00
中間申告分の法人税額	14	00
差引確定／中間申告の場合はその法人税額／税額とし、マイナスの場合は（22）へ記入（13）−（14）	15	00

		十億　百万　千　円
所得税の額（別表六（一）「6の③」）	16	3063
外国税額（別表六（二）「23」）	17	
計（16）＋（17）	18	3063
控除した金額（12）	19	
控除しきれなかった金額（18）−（19）	20	3063
所得税額等の還付金額（20）	21	3063
中間納付額（14）−（13）	22	
欠損金の繰戻しによる還付請求税額	23	外
計（21）＋（22）＋（23）	24	外 3063

この申告が修正申告である場合のこの申告により納付すべき法人税額又は減少する還付請求税額（57）　25　外　00
欠損金等の当期控除額（別表七（一）「4の計」＋（別表七（三）「9」若しくは「21」又は別表七（四）「10」）　26　外　0
翌期へ繰り越す欠損金額（別表七（一）「5の合計」）　27　10013187

課税標準法人税額の計算			十億　百万　千　円
所得の金額に対する法人税額（（13）＋（4）＋（6）＋（9の外書）−（16の③）−（17）＋別表六（二付表六「7の計」）	28	
課税留保金額に対する法人税額（8）	29	
課税標準法人税額（28）＋（29）	30	000
地方法人税額（53）	31	
税額控除超過額相当額の加算額（別表六（二）付表六「14の計」）	32	
課税留保金額に係る地方法人税額（54）	33	
所得地方法人税額（31）＋（32）＋（33）	34	
分配時調整外国税相当額及び外国関係会社等に係る控除対象所得税額等相当額の控除額（別表六（五の二）「8」＋別表十七（三の六）「4」）	35	
仮装経理に基づく過大申告の更正に伴う控除地方法人税額	36	
外国税額の控除額（（34）−（35）−（36）と（65）のうち少ない金額）	37	
差引地方法人税額（34）−（35）−（36）−（37）	38	00
中間申告分の地方法人税額	39	00
差引確定／中間申告の場合はその地方法人税額／税額とし、マイナスの場合は（42）へ記入（38）−（39）	40	00

		十億　百万　千　円
外国税額の還付金額（67）	41	
中間納付額（39）−（38）	42	
計（41）＋（42）	43	外

この申告が修正申告である場合のこの申告により納付すべき地方法人税額（61）　44　00

剰余金・利益の配当（剰余金の分配）の金額
残余財産の最後の分配又は引渡しの日　令和　年　月　日
決算確定の日　令和　X2 0720

還付を受けようとする金融機関等
○○　銀行　本店・支店　出張所　本所・支部　普通　預金
金庫・組合　農協・漁協　郵便局名等
口座番号
ゆうちょ銀行の貯金記号番号　−
※税務署処理欄

税理士署名

同族会社等の判定に関する明細書

事　業年　度	X1・5・11 X2・5・10	法人名	乙　株式会社

同族会社の判定				特定同族会社の判定		
期末現在の発行済株式の総数又は出資の総額	1	内 200		(21)の上位1順位の株式数又は出資の金額	11	
(19)と(21)の上位3順位の株式数又は出資の金額	2	200		株式数等による判定 $\frac{(11)}{(1)}$	12	%
株式数等による判定 $\frac{(2)}{(1)}$	3	100.0 %		(22)の上位1順位の議決権の数	13	
期末現在の議決権の総数	4	内 200		議決権の数による判定 $\frac{(13)}{(4)}$	14	%
(20)と(22)の上位3順位の議決権の数	5	200		(21)の社員の1人及びその同族関係者の合計人数のうち最も多い数	15	
議決権の数による判定 $\frac{(5)}{(4)}$	6	100.0 %		社員の数による判定 $\frac{(15)}{(7)}$	16	%
期末現在の社員の総数	7			特定同族会社の判定割合 ((12)、(14)又は(16)のうち最も高い割合)	17	
社員の3人以下及びこれらの同族関係者の合計人数のうち最も多い数	8			判　定　結　果	18	特定同族会社 同族会社 非同族会社
社員の数による判定 $\frac{(8)}{(7)}$	9	%				
同族会社の判定割合 ((3)、(6)又は(9)のうち最も高い割合)	10	100.0				

判　定　基　準　と　な　る　株　主　等　の　株　式　数　等　の　明　細

順位		判定基準となる株主（社員）及び同族関係者		判定基準となる株主等との続柄	株式数又は出資の金額等			
					被支配会社でない法人株主等		その他の株主等	
株式数等	議決権数	住所又は所在地	氏名又は法人名		株式数又は出資の金額 19	議決権の数 20	株式数又は出資の金額 21	議決権の数 22
1	1	神奈川県横浜市○○町○─○─○	甲野　太郎	本　人			200	200

所得の金額の計算に関する明細書（簡易様式）

事　業年　度	X1・5・11X1・5・10	法人名	乙　株式会社

別表四（簡易様式）　令六・四・一以後終了事業年度分

区　　分		総　額①	処　　分	
			留　保②	社　外　流　出③
当 期 利 益 又 は 当 期 欠 損 の 額	1	△8,230,000 円	△8,230,000 円	配当その他 円
加算 損金経理をした法人税及び地方法人税（附帯税を除く。）	2			
損金経理をした道府県民税及び市町村民税	3			
損 金 経 理 を し た 納 税 充 当 金	4	73,063	73,063	
損金経理をした附帯税（利子税を除く。）、加算金、延滞金（延納分を除く。）及び過怠税	5			その他
減 価 償 却 の 償 却 超 過 額	6			
役 員 給 与 の 損 金 不 算 入 額	7			その他
交 際 費 等 の 損 金 不 算 入 額	8			その他
通 算 法 人 に 係 る 加 算 額（別表四付表「5」）	9			外 ※
	10			
小　　　　計	11	73,063	73,063	外 ※
減算 減 価 償 却 超 過 額 の 当 期 認 容 額	12			
納税充当金から支出した事業税等の金額	13	3,063	3,063	
受 取 配 当 等 の 益 金 不 算 入 額（別表八（一）「5」）	14			※
外国子会社から受ける剰余金の配当等の益金不算入額（別表八（二）「26」）	15			※
受 贈 益 の 益 金 不 算 入 額	16			※
適格現物分配に係る益金不算入額	17			※
法 人 税 等 の 中 間 納 付 額 及 び過 誤 納 に 係 る 還 付 金 額	18			
所 得 税 額 等 及 び 欠 損 金 の繰 戻 し に よ る 還 付 金 額 等	19			※
通 算 法 人 に 係 る 減 算 額（別表四付表「10」）	20			※
	21			
小　　　　計	22	3,063	3,063	外 ※
仮　　　計(1)＋(11)－(22)	23	△8,160,000	△8,160,000	外 ※
対 象 純 支 払 利 子 等 の 損 金 不 算 入 額（別表十七（二の二）「29」又は「34」）	24			その他
超 過 利 子 額 の 損 金 算 入 額（別表十七（二の三）「10」）	25	△		※ △
仮　　　計(23)から(25)までの計	26	△8,160,000	△8,160,000	外 ※
寄 附 金 の 損 金 不 算 入 額（別表十四（二）「24」又は「40」）	27	143,750		その他 143,750
法 人 税 額 か ら 控 除 さ れ る 所 得 税 額（別表六（一）「6の③」）	29	3,063		その他 3,063
税 額 控 除 の 対 象 と な る 外 国 法 人 税 の 額（別表六（二の二）「7」）	30			その他
分配時調整外国税相当額及び外国関係会社等に係る控除対象所得税額等相当額（別表六（五の二）「5の②」）＋（別表十七（三の六）「1」）	31			その他
合　　　計(26)＋(27)＋(29)＋(30)＋(31)	34	△8,013,187	△8,160,000	外 ※ 146,813
中間申告における繰戻しによる還付に係る災害損失欠損金額の益金算入額	37			※
非適格合併又は残余財産の全部分配等による移転資産等の譲渡利益額又は譲渡損失額	38			※
差　　引　　計(34)＋(37)＋(38)	39	△8,013,187	△8,160,000	外 ※ 146,813
更生欠損金又は民事再生等評価換えが行われる場合の再生等欠損金の損金算入額（別表七（三）「9」又は「21」）	40	△		※ △
通算対象欠損金額の損金算入額又は通算対象所得金額の益金算入額（別表七の二「5」又は「11」）	41			※
差　　引　　計(39)＋(40)±(41)	43	△8,013,187	△8,160,000	外 ※ 146,813
欠 損 金 等 の 当 期 控 除 額（別表七（一）「4の計」）＋（別表七（四）「10」）	44	△		※ △
総　　　　計(43)＋(44)	45	△8,013,187	△8,160,000	外 ※ 146,813
残余財産の確定の日の属する事業年度に係る事業税及び特別法人事業税の損金算入額	51	△	△	
所 得 金 額 又 は 欠 損 金 額	52	△8,013,187	△8,160,000	外 ※ 146,813

簡

利益積立金額及び資本金等の額の計算に関する
明細書

事業 年度	X1・5・11 X2・5・10	法人名	乙　株式会社

別表五(一)　令六・四・一以後終了事業年度分

御注意

この表は、通常の場合には次の式により検算ができます。

期首現在利益積立金額合計「31」① ＋ 別表四留保所得金額又は欠損金額「52」 － 中間分・確定分の法人税等、道府県民税及び市町村民税の合計額 ＝ 差引翌期首現在利益積立金額合計「31」④

± 中間分・確定分の通算税効果額の合計額

Ⅰ　利益積立金額の計算に関する明細書

区　　分		期首現在 利益積立金額 ①	当期の増減 減 ②	当期の増減 増 ③		差引翌期首現在 利益積立金額 ①－②＋③ ④
利　益　準　備　金	1	円	円		円	円
積　立　金	2					
	3					
	4					
	5					
	6					
	7					
	8					
	9					
	10					
	11					
	12					
	13					
	14					
	15					
	16					
	17					
	18					
	19					
	20					
	21					
	22					
	23					
	24					
繰越損益金（損は赤）	25	△ 6,500,000	△ 6,500,000	△	14,730,000	△ 14,730,000
納　税　充　当　金	26	5,800	8,863		73,063	70,000
未納法人税等（各事業年度の所得に対するものに限る。）　未納法人税及び 未納地方法人税 （附帯税を除く。）	27	△	△	中間 △ 確定 △		△
未払通算税効果額 （附帯税の額に係る部分の金額を除く。）	28			中間 確定		
未納道府県民税 （均等割を含む。）	29	△ 5,800	△ 5,800	中間 △ 確定 △ 70,000		△ 70,000
未納市町村民税 （均等割を含む。）	30	△	△	中間 △ 確定 △		△
差　引　合　計　額	31	△ 6,500,000	△ 6,496,937	△	14,726,937	△ 14,730,000

Ⅱ　資本金等の額の計算に関する明細書

区　　分		期首現在 資本金等の額 ①	当期の増減 減 ②	当期の増減 増 ③	差引翌期首現在 資本金等の額 ①－②＋③ ④
資本金又は出資金	32	10,000,000 円	円	円	10,000,000 円
資　本　準　備　金	33				
	34				
	35				
差　引　合　計　額	36	10,000,000			10,000,000

租税公課の納付状況等に関する明細書

事業年度	X1· 5 ·11 X2· 5 ·10	法人名	乙 株式会社

別表五(二) 令六·四·一以後終了事業年度分

税目及び事業年度				期首現在未納税額 ①	当期発生税額 ②	充当金取崩しによる納付 ③	仮払経理による納付 ④	損金経理による納付 ⑤	期末現在未納税額 ①+②-③-④-⑤ ⑥
法地人方税法人税及び		· ·	1	円		円	円	円	円
		· ·	2						
	当期分	中 間	3		円				
		確 定	4						
		計	5						
道府県民税		· ·	6						
	X1· 4 · 1 X1· 5 ·10		7	5,800		5,800			0
	当期分	中 間	8						
		確 定	9		70,000				70,000
		計	10	5,800	70,000	5,800			70,000
市町村民税		· ·	11						
		· ·	12						
	当期分	中 間	13						
		確 定	14						
		計	15	0	0	0	0	0	0
事業税及び特別法人事業税		· ·	16						
		· ·	17						
	当 期 中 間 分		18						
		計	19	0	0	0	0	0	0
その他	損金算入のもの	利 子 税	20						
		延 滞 金（延納に係るもの）	21						
			22						
			23						
	損金不算入のもの	加算税及び加算金	24						
		延 滞 税	25						
		延 滞 金（延納分を除く。）	26						
		過 怠 税	27						
		源 泉 所 得 税	28		3,063	3,063			0
			29						

納 税 充 当 金 の 計 算

期首納税充当金	30	5,800 円		その他	損金算入のもの	36	円
繰入額	損金経理をした納税充当金	31	73,063		損金不算入のもの	37	3,063
		32				38	
	計 (31)+(32)	33	73,063		仮払税金消却	39	
取崩額	法人税額等 (5の③)+(10の③)+(15の③)	34	5,800	取崩額	計 (34)+(35)+(36)+(37)+(38)+(39)	40	8,863
	事業税及び特別法人事業税 (19の③)	35		期	末納税充当金 (30)+(33)-(40)	41	70,000

通 算 法 人 の 通 算 税 効 果 額 の 発 生 状 況 等 の 明 細

事 業 年 度		期首現在未決済額 ①	当期発生額 ②	当期中の決済額 支払額 ③	受取額 ④	期末現在未決済額 ⑤
· ·	42	円		円	円	円
· ·	43					
当 期 分	44		中間 円			
			確定			
計	45					

所得税額の控除に関する明細書

事業年度	X1・5・11 X2・5・10	法人名	乙 株式会社

区　　　分		収　入　金　額 ①	①について課される所得税額 ②	②のうち控除を受ける所得税額 ③
公社債及び預貯金の利子、合同運用信託、公社債投資信託及び公社債等運用投資信託(特定公社債等運用投資信託を除く。)の収益の分配並びに特定公社債等運用投資信託の受益権及び特定目的信託の社債的受益権に係る剰余金の配当	1	円 20,000	円 3,063	円 3,063
剰余金の配当(特定公社債等運用投資信託の受益権及び特定目的信託の社債的受益権に係るものを除く。)、利益の配当、剰余金の分配及び金銭の分配(みなし配当等を除く。)	2			
集団投資信託(合同運用信託、公社債投資信託及び公社債等運用投資信託(特定公社債等運用投資信託を除く。)を除く。)の収益の分配	3			
割　引　債　の　償　還　差　益	4			
そ　　　　　の　　　　　他	5			
計	6	20,000	3,063	3,063

剰余金の配当(特定公社債等運用投資信託の受益権及び特定目的信託の社債的受益権に係るものを除く。)、利益の配当、剰余金の分配及び金銭の分配(みなし配当等を除く。)、集団投資信託(合同運用信託、公社債投資信託及び公社債等運用投資信託(特定公社債等運用投資信託を除く。)を除く。)の収益の分配又は割引債の償還差益に係る控除を受ける所得税額の計算

個別法による場合	銘　　柄	収入金額	所得税額	配当等の計算期間	(9)のうち元本所有期間	所有期間割合 $\frac{(10)}{(9)}$ (小数点以下3位未満切上げ)	控除を受ける所得税額 (8)×(11)
		7	8	9	10	11	12
		円	円	月	月		円

銘柄別簡便法による場合	銘　　柄	収入金額	所得税額	配当等の計算期末の所有元本数等	配当等の計算期首の所有元本数等	$\frac{(15)-(16)}{2$又は$12}$ (マイナスの場合は0)	所有元本割合$\frac{(16)+(17)}{(15)}$ (小数点以下末満切上げ) (1を超える場合は1)	控除を受ける所得税額 (14)×(18)
		13	14	15	16	17	18	19
		円	円					円

その他に係る控除を受ける所得税額の明細

支払者の氏名又は法人名	支払者の住所又は所在地	支払を受けた年月日	収　入　金　額 20	控除を受ける所得税額 21	参　　考
		・　・	円	円	
		・　・			
		・　・			
		・　・			
		・　・			
計					

欠損金の損金算入等に関する明細書

事業年度	X1・5・11 X2・5・10	法人名	乙 株式会社

別表七(一) 令六・四・一以後終了事業年度分

控除前所得金額 (別表四「43の①」)	1	△8,013,187 円	損金算入限度額 $(1) \times \dfrac{50又は100}{100}$	2	円

事業年度	区　分	控除未済欠損金額 3	当期控除額 (当該事業年度の(3)と((2)-当該事業年度前の(4)の合計額))のうち少ない金額 4	翌期繰越額 ((3)-(4))又は(別表七(四)「15」) 5
・・	青色欠損・連結みなし欠損・災害損失	円	円	
・・	青色欠損・連結みなし欠損・災害損失			円
・・	青色欠損・連結みなし欠損・災害損失			
・・	青色欠損・連結みなし欠損・災害損失			
・・	青色欠損・連結みなし欠損・災害損失			
・・	青色欠損・連結みなし欠損・災害損失			
・・	青色欠損・連結みなし欠損・災害損失			
・・	青色欠損・連結みなし欠損・災害損失			
・・	青色欠損・連結みなし欠損・災害損失			
X0・4・1 X1・3・31	青色欠損・連結みなし欠損・災害損失	2,000,000	0	2,000,000
	計	2,000,000	0	2,000,000

当期分	欠損金額 (別表四「52の①」)	8,013,187	欠損金の繰戻し額	
同上のうち	青色欠損金額	8,013,187	0	8,013,187
	災害損失欠損金額	(16の③)		
	合計			10,013,187

災害により生じた損失の額がある場合の繰越控除の対象となる欠損金額等の計算				
災害の種類			災害のやんだ日又はやむを得ない事情のやんだ日	・・
災害を受けた資産の別		棚卸資産 ①	固定資産 (固定資産に準ずる繰延資産を含む。) ②	計 ①+② ③
当期の欠損金額 (別表四「52の①」)	6			円
災害により生じた損失の額	資産の滅失等により生じた損失の額	7	円	円
	被害資産の原状回復のための費用等に係る損失の額	8		
	被害の拡大又は発生の防止のための費用に係る損失の額	9		
	計 (7)+(8)+(9)	10		
保険金又は損害賠償金等の額	11			
差引災害により生じた損失の額 (10)-(11)	12			
同上のうち所得税額の還付又は欠損金の繰戻しの対象となる災害損失金額	13			
中間申告における災害損失欠損金の繰戻し額	14			
繰戻しの対象となる災害損失欠損金額 ((6の③)と((13の③)-(14の③)))のうち少ない金額	15			
繰越控除の対象となる欠損金額 ((6の③)と((12の③)-(14の③)))のうち少ない金額	16			

寄附金の損金算入に関する明細書

事業年度	X1・5・11 〜 X2・5・10	法人名	乙 株式会社

別表十四(二)　令六・四・一以後終了事業年度分

公益法人等以外の法人の場合

一般寄附金の損金算入限度額の計算	支出した寄附金の額 指定寄附金等の金額 (41の計)	1	円
	特定公益増進法人等に対する寄附金額 (42の計)	2	
	その他の寄附金額	3	150,000
	計 (1)+(2)+(3)	4	150,000
	完全支配関係がある法人に対する寄附金額	5	
	計 (4)+(5)	6	150,000
	所得金額仮計 (別表四「26の①」)	7	△8,160,000
	寄附金支出前所得金額 (6)+(7) (マイナスの場合は0)	8	0
	同上の 2.5又は1.25/100 相当額	9	0
	期末の資本金の額及び資本準備金の額の合計額又は出資金の額 (別表五(一)「32の④」+「33の④」)	10	10,000,000
	同上の月数換算額 (10)×12/12	11	10,000,000
	同上の 2.5/1,000 相当額	12	25,000
	一般寄附金の損金算入限度額 ((9)+(12))×1/4	13	6,250
特定公益増進法人等に対する寄附金特別損金算入限度額の計算	寄附金支出前所得金額の 6.25/100 相当額 (8)×6.25/100	14	
	期末の資本金の額及び資本準備金の額の合計額又は出資金の額の月数換算額の 3.75/1,000 相当額 (11)×3.75/1,000	15	
	特定公益増進法人等に対する寄附金の特別損金算入限度額 ((14)+(15))×1/2	16	
	特定公益増進法人等に対する寄附金の損金算入額 ((2)と((14)又は(16))のうち少ない金額)	17	
	指定寄附金等の金額 (1)	18	
	国外関連者に対する寄附金額及び本店等に対する内部寄附金額	19	
損金不算入額	(4)の寄附金額のうち同上の寄附金以外の寄附金額 (4)-(19)	20	150,000
	同上のうち損金の額に算入されない金額 (20)-((9)又は(13))-(17)-(18)	21	143,750
	国外関連者に対する寄附金額及び本店等に対する内部寄附金額 (19)	22	
	完全支配関係がある法人に対する寄附金額 (5)	23	
	計 (21)+(22)+(23)	24	143,750

公益法人等の場合

損金算入限度額の計算	支出した寄附金の額 長期給付事業への繰入利子額	25	円
	同上以外のみなし寄附金額	26	
	その他の寄附金額	27	
	計 (25)+(26)+(27)	28	
	所得金額仮計 (別表四「26の①」)	29	
	寄附金支出前所得金額 (28)+(29) (マイナスの場合は0)	30	
	同上の 20又は50/100 相当額　50/100 相当額が年200万円に満たない場合(当該法人が公益社団法人又は公益財団法人である場合を除く。)は、年200万円	31	
	公益社団法人又は公益財団法人の公益法人特別限度額 (別表十四(二)付表「3」)	32	
	長期給付事業を行う共済組合等の損金算入限度額 ((25)と融資額の年5.5%相当額のうち少ない金額)	33	
	損金算入限度額 (31)、((31)と(32)のうち多い金額)又は((31)と(33)のうち多い金額)	34	
	指定寄附金等の金額 (41の計)	35	
	国外関連者に対する寄附金額及び完全支配関係がある法人に対する寄附金額	36	
	(28)の寄附金額のうち同上の寄附金以外の寄附金額 (28)-(36)	37	
損金不算入額	同上のうち損金の額に算入されない金額 (37)-(34)-(35)	38	
	国外関連者に対する寄附金額及び完全支配関係がある法人に対する寄附金額 (36)	39	
	計 (38)+(39)	40	

指定寄附金等に関する明細

寄附した日	寄附先	告示番号	寄附金の使途	寄附金額 41
				円
		計		

特定公益増進法人若しくは認定特定非営利活動法人等に対する寄附金又は認定特定公益信託に対する支出金の明細

寄附した日又は支出した日	寄附先又は受託者	所在地	寄附金の使途又は認定特定公益信託の名称	寄附金額又は支出金額 42
				円
		計		

その他の寄附金のうち特定公益信託(認定特定公益信託を除く。)に対する支出金の明細

支出した日	受託者	所在地	特定公益信託の名称	支出金額
				円

交際費等の損金算入に関する明細書

事 業 年 度	X1・5・11 X2・5・10	法人名	乙 株式会社

支 出 交 際 費 等 の 額 (8 の 計)	1	円 50,000	損 金 算 入 限 度 額 (2) 又 は (3)	4	円 50,000
支出接待飲食費損金算入基準額 (9の計) × $\frac{50}{100}$	2	0	損 金 不 算 入 額 (1) － (4)	5	0
中小法人等の定額控除限度額 ((1)と((800万円× $\frac{12}{12}$)又は(別表十五付表「5」))のうち少ない金額)	3	50,000			

支 出 交 際 費 等 の 額 の 明 細

科 目	支 出 額 6	交際費等の額から控除される費用の額 7	差引交際費等の額 8	(8) の う ち 接 待 飲 食 費 の 額 9
	円	円	円	円
交 際 費	50,000	0	50,000	0
計	50,000	0	50,000	0

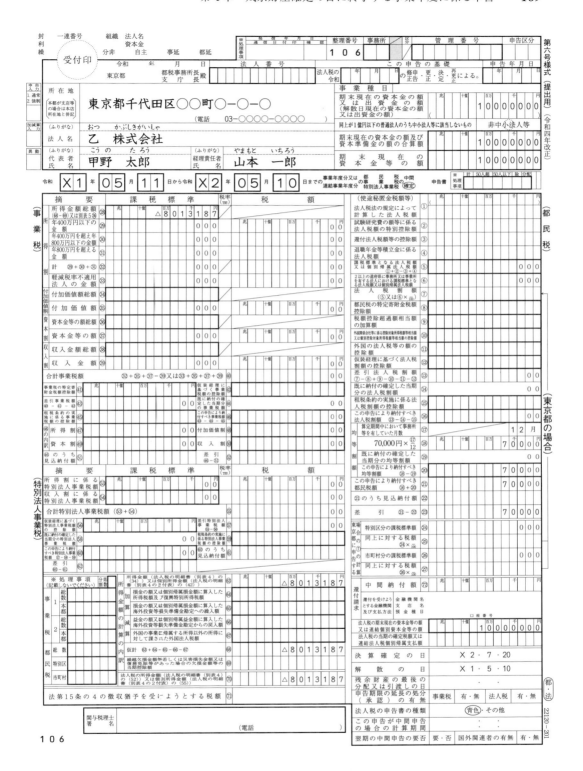

106

第六号様式別表四の三（令和四年改正）

均等割額の計算に関する明細書

事業年度 又は連結 事業年度	Ｘ 1・5・11 Ｘ 2・5・10	法人名	乙 株式会社

事務所、事業所又は寮等（事務所等）の従業者数の明細			市町村の存する区域内における従たる事務所等	名　称 （外　箇所）	所　在　地
東京都内における主たる 事務所等の所在地	事務所等を有 していた月数	従業者数の 合計数			市 町 村

千代田 区 　　○丁目　○番　○号 ○○町 市（町村）	月 12	人 3

当該事業年度又は連結事業年度（算定期間）中の従たる事務所等の設置・廃止及び主たる事務所等の異動				
異 動 区 分	異 動 の 年 月 日	名　称	所　在　地
設置	・　・		
廃止	・　・		
旧の主 たる事 務所等	・　・ （　　月）		

特別区内における従たる事務所等

	所　在　地	名　　　称 （外箇所）	月数	従業者数の 合計数
1	千代田区			人
2	中 央 区			
3	港 　　区			
4	新 宿 区			
5	文 京 区			
6	台 東 区			
7	墨 田 区			
8	江 東 区			
9	品 川 区			
10	目 黒 区			
11	大 田 区			
12	世田谷区			
13	渋 谷 区			
14	中 野 区			
15	杉 並 区			
16	豊 島 区			
17	北 　　区			
18	荒 川 区			
19	板 橋 区			
20	練 馬 区			
21	足 立 区			
22	葛 飾 区			
23	江戸川区			
合　　　　計 （主たる事務所等の従業者数の合計数を含む。）				3

均 等 割 額 の 計 算

区　　分			税 率 （年額） （ア）	月数 （イ）	区数 （ウ）	税額計算 ((ア)×(イ)÷12)×(ウ)
特別区のみに事務所等を有する場合	主たる事務所等所在の特別区	事務所等の 従業者数 50人超 ①	円	月		円 0 0
		事務所等の 従業者数 50人以下②	7 0 0 0 0	12		7 0 0 0 0
	従たる事務所等所在の特別区	事務所等の 従業者数 50人超 ③				0 0
		事務所等の 従業者数 50人以下④				0 0
特別区と市町村に事務所等を有する場合	道府県分 ⑤					0 0
	特別区（市町村分）	事務所等の 従業者数 50人超 ⑥				0 0
		事務所等の 従業者数 50人以下 ⑦				0 0
納付すべき均等割額 ①+②+③+④ 又は ⑤+⑥+⑦　　　　　⑧						7 0 0 0 0

備考

（都・法）22120-217

◆東京都主税局

この明細書は、特別区に事務所、事業所又は寮等を有する法人が、中間・確定申告書（第6号様式、第6号様式（その2）又は第6号様式（その3））、予定申告書（第6号の3様式、第6号の3様式（その2）又は第6号の3様式（その3））を提出する場合に添付してください。

この印刷物は、リサイクルできません。

欠損金額等及び災害損失金の控除明細書 (法第72条の2第1項第1号第3号に掲げる事業)

事業年度	X1・5・11　X2・5・10	法人名	乙 株式会社

第六号様式別表九（提出用）（令和四年改正）

控除前所得金額　第6号様式⑱－（別表10⑨又は㉑）　①	△8,013,187 円	損金算入限度額　①× 50又は100/100　②	円

事 業 年 度	区 分	控除未済欠損金額等又は控除未済災害損失金 ③	当 期 控 除 額 ④（当該事業年度の③と（②－当該事業年度前の④の合計額）のうち少ない金額）	翌 期 繰 越 額 ⑤（（③－④）又は別表11⑰）
・　・	欠損金額等・災害損失金	円	円	
・　・	欠損金額等・災害損失金			円
・　・	欠損金額等・災害損失金			
・　・	欠損金額等・災害損失金			
・　・	欠損金額等・災害損失金			
・　・	欠損金額等・災害損失金			
・　・	欠損金額等・災害損失金			
・　・	欠損金額等・災害損失金			
・　・	欠損金額等・災害損失金			
X0・4・1　X1・3・31	欠損金額等・災害損失金	2,000,000	0	2,000,000
計				
当期分	欠 損 金 額 等 ・ 災 害 損 失 金	8,013,187		
当期分 同上のうち	災 害 損 失 金			円
当期分 同上のうち	青 色 欠 損 金	8,013,187		8,013,187
合 計				10,013,187

災 害 に よ り 生 じ た 損 失 の 額 の 計 算

災 害 の 種 類		災害のやんだ日又はやむを得ない事情のやんだ日	・　・
当期の欠損金額 ⑥	円	差引災害により生じた損失の額　（⑦－⑧）⑨	円
災害により生じた損失の額 ⑦		繰越控除の対象となる損失の額（⑥と⑨のうち少ない金額）⑩	
保険金又は損害賠償金等の額 ⑧			

◆東京都主税局

都・法 22120-224

清算事業年度　第2期（X2.5.11〜X2.7.10）

FB0613

	令和　年　月　日 税務署長殿	

納税地　東京都千代田区○○町○−○−○
電話（　03　）○○○○−○○○○

（フリガナ）　オツ　カブシキガイシャ
法人名　乙　株式会社

法人番号　0 0 0 0 0 0 0 0 0 0 0 0 0

（フリガナ）　コウノ　タロウ
代表者　甲野　太郎

代表者住所　神奈川県横浜市○○町○−○−○

所管／業種目／概況書／要否／別表等

通算グループ整理番号

通算親法人整理番号

法人区分　普通法人／特定の医療法人／左記以外の公益法人等、協同組合等／特定の内国法人

事業種目　○○○業

期末現在の資本金の額又は出資金の額　10,000,000円　非中小法人

同上が1億円以下の普通法人のうち中小法人に該当しないもの　非中小法人

同非区分　特定同族会社／同族会社／非同族会社

旧納税地及び旧法人名等

添付書類　貸借対照表、損益計算書、株主（社員）資本等変動計算書又は損益金処分表、勘定科目内訳明細書、事業概況書、組織再編成に係る契約書等の写し、組織再編成に係る移転資産等の明細書

青色申告　一連番号

整理番号
事業年度（至）　年　月
売上金額
申告年月日
通信日付印／確認／庁指定／局指定／指導等／区分
税務署処理欄
申告区分
法人税　〇側／順限後／修正／地方法人税　〇側／順限後／修正

別表一　各事業年度の所得に係る申告書−内国法人の分……令六・四・一以後終了事業年度等分

令和　X2 年　05 月　11 日
令和　X2 年　07 月　10 日

事業年度分の法人税　確定　申告書
課税事業年度分の地方法人税　確定　申告書
（中間申告の場合　令和　年　月　日　の計算期間　令和　年　月　日）

適用額明細書提出の有無　有／無
税理士法第30条の書面提出有　有
税理士法第33条の2の書面提出有　有

		十億　百万　千　円
所得金額又は欠損金額（別表四「52の①」）	1	0
法人税額（48）+（49）+（50）	2	0
法人税額の特別控除額（別表六（六）「5」）	3	
税額控除超過額相当額等の加算額	4	
土地譲渡税額　課税土地譲渡利益金額（別表三（二）「24」+（別表三（二の二）「20」+（別表三（二の三）「25」）	5	0 0 0
同上に対する税額（62）+（63）+（64）	6	
留保税金　課税留保金額（別表三（一）「4」）	7	
同上に対する税額（別表三（一）「8」）	8	
		0 0
法人税額計（2）−（3）+（4）+（6）+（8）	9	
分配時調整外国税相当額及び外国関係会社等に係る控除対象所得税額等相当額の控除額（別表六（五の二）「7」）+（別表十七（三の六）「3」）	10	
仮装経理に基づく過大申告の更正に伴う控除法人税額	11	
控除税額（（9）−（10）−（11））と（18）のうち少ない金額	12	
差引所得に対する法人税額（9）−（10）−（11）−（12）	13	0 0
中間申告分の法人税額	14	0 0
差引確定／中間申告の場合はその法人税額／税額とし、マイナス（13）−（14）／の場合は（22）へ記入	15	0 0

		十億　百万　千　円
控除税額の計算　所得税の額（別表六（一）「6の③」）	16	1 5 3 1
外国税額（別表六（二）「23」）	17	
計（16）+（17）	18	1 5 3 1
控除した金額（12）	19	
控除しきれなかった金額（18）−（19）	20	1 5 3 1
この申告による還付金額　所得税額等の還付金額（20）	21	1 5 3 1
中間納付額（14）−（13）	22	
欠損金の繰戻しによる還付請求税額	23	外
計（21）+（22）+（23）	24	外　1 5 3 1
この申告が修正申告である場合のこの申告により納付すべき法人税額又は減少する還付請求税額（57）	25	外　0 0
欠損金等の当期控除額（別表七（一）「4の計」+（別表七（四）「9」若しくは「21」又は別表七（四）「10」）	26	4 7 4 3 1 3 1
翌期へ繰り越す欠損金額（別表七（一）「5の合計」）	27	

課税標準法人税額の計算　基準法人税額	28	
課税留保金額に対する法人税額（8）	29	
課税標準法人税額（28）+（29）	30	0 0 0
地方法人税額（53）	31	
税額控除超過額相当額の加算額（別表六（二）付表六「14」の計」）	32	
課税留保金額に係る地方法人税額（54）	33	
所得地方法人税額（31）+（32）+（33）	34	
分配時調整外国税相当額及び外国関係会社等に係る控除対象所得税額等相当額の控除額（別表六（二）付表六「7の計」−（別表十七（三の六）「4」）と（34）のうち少ない金額	35	
仮装経理に基づく過大申告の更正に伴う控除地方法人税額	36	
外国税額の控除額（（34）−（35）−（36））と（65）のうち少ない金額	37	
差引地方法人税額（34）−（35）−（36）−（37）	38	0 0
中間申告分の地方法人税額	39	0 0
差引確定／中間申告の場合はその地方法人税額／税額とし、マイナス（38）−（39）／の場合は（42）へ記入	40	0 0

この申告による還付金額　外国税額の還付金額（67）	41	
中間納付額（39）−（38）	42	
計（41）+（42）	43	外
この申告が修正申告である場合のこの申告により納付すべき地方法人税額（61）	44	0 0

剰余金・利益の配当（剰余金の分配）の金額

残余財産の最後の分配又は引渡しの日　令和　X2 08 10　決算確定の日　令和　年　月　日

還付を受けようとする金融機関等　○○　銀行／金庫・組合／農協・漁協　本店・支店／出張所／本所・支部　郵便局名等　普通　預金

口座番号　○○○○○○○　ゆうちょ銀行の貯金記号番号　−

※税務署処理欄

	税理士署名	

同族会社等の判定に関する明細書

事業年度	X2・5・11 X2・7・10	法人名	乙　株式会社

別表二　令六・四・一以後終了事業年度分

同	期末現在の発行済株式の総数又は出資の総額	1	内 200		特	(21)の上位1順位の株式数又は出資の金額	11	
	(19)と(21)の上位3順位の株式数又は出資の金額	2	200		定	株式数等による判定 (11)/(1)	12	%
族	株式数等による判定 (2)/(1)	3	100.0 %		同	(22)の上位1順位の議決権の数	13	
会	期末現在の議決権の総数	4	内 200		族	議決権の数による判定 (13)/(4)	14	%
	(20)と(22)の上位3順位の議決権の数	5	200		会	(21)の社員の1人及びその同族関係者の合計人数のうち最も多い数	15	
社	議決権の数による判定 (5)/(4)	6	100.0 %		社 の 判	社員の数による判定 (15)/(7)	16	%
の	期末現在の社員の総数	7				特定同族会社の判定割合 ((12)、(14)又は(16)のうち最も高い割合)	17	%
判	社員の3人以下及びこれらの同族関係者の合計人数のうち最も多い数	8			定			
	社員の数による判定 (8)/(7)	9	%		判 定 結 果	18	特 定 同 族 会 社 / 同 族 会 社 / 非 同 族 会 社	
定	同族会社の判定割合 ((3)、(6)又は(9)のうち最も高い割合)	10	100.0					

判 定 基 準 と な る 株 主 等 の 株 式 数 等 の 明 細

順位		判定基準となる株主（社員）及び同族関係者		判定基準となる株主等との続柄	株 式 数 又 は 出 資 の 金 額 等			
					被支配会社でない法人株主等		その他の株主等	
株式数等	議決権数	住所又は所在地	氏名又は法人名		株式数又は出資の金額	議決権の数	株式数又は出資の金額	議決権の数
					19	20	21	22
1	1	神奈川県横浜市○○町○−○−○	甲野 太郎	本　人			200	200

所得の金額の計算に関する明細書（簡易様式）

事業年度	X2・5・11 X2・7・10	法人名	乙 株式会社

別表四（簡易様式）令六・四・一以後終了事業年度分

区　　分		総　額 ①	処分 留保 ②	処分 社外流出 ③	
当期利益又は当期欠損の額	1	4,730,000円	4,730,000円	配当 その他	円
加算 損金経理をした法人税及び地方法人税（附帯税を除く。）	2				
損金経理をした道府県民税及び市町村民税	3				
損金経理をした納税充当金	4	13,131	13,131		
損金経理をした附帯税（利子税を除く。）、加算金、延滞金（延納分を除く。）及び過怠税	5			その他	
減価償却の償却超過額	6				
役員給与の損金不算入額	7			その他	
交際費等の損金不算入額	8			その他	
通算法人に係る加算額（別表四付表「5」）	9			外※	
	10				
小　　計	11	13,131	13,131	外※	
減算 減価償却超過額の当期認容額	12				
納税充当金から支出した事業税等の金額	13	1,531	1,531		
受取配当等の益金不算入額（別表八（一）「5」）	14			※	
外国子会社から受ける剰余金の配当等の益金不算入額（別表八（二）「26」）	15			※	
受贈益の益金不算入額	16			※	
適格現物分配に係る益金不算入額	17			※	
法人税等の中間納付額及び過誤納に係る還付金額	18				
所得税額等及び欠損金の繰戻しによる還付金額等	19			※	
通算法人に係る減算額（別表四付表「10」）	20			※	
	21				
小　　計	22	1,531	1,531	外※	
仮計 (1)+(11)-(22)	23	4,741,600	4,741,600	外※	
対象純支払利子等の損金不算入額（別表十七（二の二）「29」又は「34」）	24			その他	
超過利子額の損金算入額（別表十七（二の三）「10」）	25	△		※ △	
仮計 (23)から(25)までの計	26	4,741,600	4,741,600	外※	
寄附金の損金不算入額（別表十四（二）「24」又は「40」）	27			その他	
法人税額から控除される所得税額（別表六（一）「6の③」）	29	1,531		その他 1,531	
税額控除の対象となる外国法人税の額（別表六（二の二）「7」）	30			その他	
分配時調整外国税相当額及び外国関係会社等に係る控除対象所得税額等相当額（別表六（五の二）「5の②」）+（別表六（三の六）「1」）	31			その他	
合　　計 (26)+(27)+(29)+(30)+(31)	34	4,743,131	4,741,600	外※ 1,531	
中間申告における繰戻しによる還付に係る災害損失欠損金額の益金算入額	37			※	
非適格合併又は残余財産の全部分配等による移転資産等の譲渡利益額又は譲渡損失額	38			※	
差引計 (34)+(37)+(38)	39	4,743,131	4,741,600	外※ 1,531	
更生欠損金又は民事再生等評価換えが行われる場合の再生等欠損金の損金算入額（別表七（三）「9」又は「21」）	40	△		※ △	
通算対象欠損金額の損金算入額又は通算対象所得金額の益金算入額（別表七の二「5」又は「11」）	41			※	
差引計 (39)+(40)±(41)	43	4,743,131	4,741,600	外※ 1,531	
欠損金等の当期控除額（別表七（一）「4の計」）+（別表七（四）「10」）	44	△ 4,743,131		※ △ 4,743,131	
総計 (43)+(44)	45	0		外※	
残余財産の確定の日の属する事業年度に係る事業税及び特別法人事業税の損金算入額	51	△	△		
所得金額又は欠損金額	52	0	4,741,600	外※ △ 4,741,600	

（簡）

御注意
２１

「沖縄の認定法人の課税の特例等の規定の適用を受ける法人にあっては、別様式による別表四を御使用ください。」

「52」の「①」欄の金額は、「②」欄の金額に「③」欄の本書の金額を加算し、これから「※」の金額を加減算した額と符合することになります。

利益積立金額及び資本金等の額の計算に関する明細書

事業年度	X2・5・11 X2・7・10	法人名	乙 株式会社

別表五(一)

令六・四・一以後終了事業年度分

この表は、通常の場合には次の式により検算ができます。

期首現在利益積立金額合計「31」① ＋ 別表四留保所得金額又は欠損金額「52」 － 中間分・確定分の法人税等、道府県民税及び市町村民税の合計額 ＝ 差引翌期首現在利益積立金額合計「31」④

Ｉ　利益積立金額の計算に関する明細書

区　分		期首現在利益積立金額 ①	当期の増減 減 ②	当期の増減 増 ③	差引翌期首現在利益積立金額 ①－②＋③ ④
利益準備金	1	円	円	円	円
積立金	2				
	3				
	4				
	5				
	6				
	7				
	8				
	9				
	10				
	11				
	12				
	13				
	14				
	15				
	16				
	17				
	18				
	19				
	20				
	21				
	22				
	23				
	24				
繰越損益金（損は赤）	25	△14,730,000	△ 14,730,000	△ 10,000,000	△ 10,000,000
納税充当金	26	70,000	71,531	13,131	11,600
未納法人税等（各事業年度の所得に対するものに限る。）　未納法人税及び未納地方法人税（附帯税を除く。）	27	△	△	中間 △ 確定 △	△
未払通算税効果額（附帯税の額に係る部分の金額を除く。）	28			中間 確定	
未納道府県民税（均等割を含む。）	29	△ 70,000	△ 70,000	中間 △ 確定 △ 11,600	△ 11,600
未納市町村民税（均等割を含む。）	30	△	△	中間 △ 確定 △	△
差引合計額	31	△ 14,730,000	△ 14,728,469	△ 9,998,469	△ 10,000,000

Ⅱ　資本金等の額の計算に関する明細書

区　分		期首現在資本金等の額 ①	当期の増減 減 ②	当期の増減 増 ③	差引翌期首現在資本金等の額 ①－②＋③ ④
資本金又は出資金	32	10,000,000 円	円	円	10,000,000 円
資本準備金	33				
	34				
	35				
差引合計額	36	10,000,000			10,000,000

租税公課の納付状況等に関する明細書

事業 年度	X2・5・11 X2・7・10	法人名	乙 株式会社

別表五(二)　令六・四・一以後終了事業年度分

税　目　及　び　事　業　年　度			期首現在 未納税額 ①	当期発生税額 ②	当期中の納付税額			期末現在 未納税額 ①+②-③-④-⑤ ⑥
					充当金取崩し による納付 ③	仮払経理に よる納付 ④	損金経理に よる納付 ⑤	
法人税及び地方法人税		・　・	1	円		円	円	円	円
		・　・	2						
	当期分	中　間	3		円				
		確　定	4						
		計	5						
道府県民税		・　・	6						
		X1・5・11 X2・5・10	7	70,000		70,000			0
	当期分	中　間	8						
		確　定	9		11,600				11,600
		計	10	70,000	11,600	70,000			11,600
市町村民税		・　・	11						
		・　・	12						
	当期分	中　間	13						
		確　定	14						
		計	15						
事業税及び特別法人事業税		・　・	16						
		・　・	17						
	当　期　中　間　分		18						
		計	19						
その他	損金算入のもの	利　子　税	20						
		延滞金 (延納に係るもの)	21						
			22						
			23						
	損金不算入のもの	加算税及び加算金	24						
		延　滞　税	25						
		延滞金 (延納分を除く。)	26						
		過　怠　税	27						
		源泉所得税	28		1,531	1,531			0
			29						

納　税　充　当　金　の　計　算

期首納税充当金		30	70,000 円	その他取崩額	損金算入のもの 36	円
繰入額	損金経理をした納税充当金 31		13,131		損金不算入のもの 37	1,531
	32				38	
	計 (31) + (32) 33		13,131		仮払税金消却 39	
取崩額	法人税額等 (5の③)+(10の③)+(15の③) 34		70,000		計 (34)+(35)+(36)+(37)+(38)+(39) 40	71,531
	事業税及び特別法人事業税 (19の③) 35			期末納税充当金 (30) + (33) - (40) 41		11,600

通　算　法　人　の　通　算　税　効　果　額　の　発　生　状　況　等　の　明　細

事　業　年　度		期首現在 未決済額 ①	当期発生額 ②	当期中の決済額		期末現在 未決済額 ⑤
				支払額 ③	受取額 ④	
・　・	42	円		円	円	円
・　・	43					
当　期　分	44		中間 円 確定			
計	45					

所得税額の控除に関する明細書

事業年度	X2・5・11 ～ X2・7・10	法人名	乙 株式会社

別表六(一)　令六・四・一以後終了事業年度分

区　分		収入金額 ①	①について課される所得税額 ②	②のうち控除を受ける所得税額 ③
公社債及び預貯金の利子、合同運用信託、公社債投資信託及び公社債等運用投資信託（特定公社債等運用投資信託を除く。）の収益の分配並びに特定公社債等運用投資信託の受益権及び特定目的信託の社債的受益権に係る剰余金の配当	1	円 10,000	円 1,531	円 1,531
剰余金の配当（特定公社債等運用投資信託の受益権及び特定目的信託の社債的受益権に係るものを除く。）、利益の配当、剰余金の分配及び金銭の分配（みなし配当等を除く。）	2			
集団投資信託（合同運用信託、公社債投資信託及び公社債等運用投資信託（特定公社債等運用投資信託を除く。）を除く。）の収益の分配	3			
割引債の償還差益	4			
その他	5			
計	6	10,000	1,531	1,531

剰余金の配当（特定公社債等運用投資信託の受益権及び特定目的信託の社債的受益権に係るものを除く。）、利益の配当、剰余金の分配及び金銭の分配（みなし配当等を除く。）、集団投資信託（合同運用信託、公社債投資信託及び公社債等運用投資信託（特定公社債等運用投資信託を除く。）を除く。）の収益の分配又は割引債の償還差益に係る控除を受ける所得税額の計算

個別法による場合	銘柄 7	収入金額 8	所得税額 9	配当等の計算期間 9	(9)のうち元本所有期間 10	所有期間割合 $\frac{(10)}{(9)}$（小数点以下3位未満切上げ） 11	控除を受ける所得税額 (8)×(11) 12
		円	円	月	月		円

銘柄別簡便法による場合	銘柄 13	収入金額 14	所得税額 14	配当等の計算期末の所有元本数等 15	配当等の計算期首の所有元本数等 16	$\frac{(15)-(16)}{2}$又は12（マイナスの場合は0） 17	所有元本割合 $\frac{(16)+(17)}{(15)}$（小数点以下3位未満切上げ）（1を超える場合は1） 18	控除を受ける所得税額 (14)×(18) 19
		円	円					円

その他に係る控除を受ける所得税額の明細

支払者の氏名又は法人名	支払者の住所又は所在地	支払を受けた年月日	収入金額 20	控除を受ける所得税額 21	参考
		・　・	円	円	
		・　・			
		・　・			
		・　・			
		・　・			
計					

欠損金の損金算入等に関する明細書

事業年度	X2・5・11 X2・7・10	法人名	乙　株式会社	別表七(一) 令六・四・一以後終了事業年度分

控除前所得金額 （別表四「43の①」）	1	4,743,131 円	損金算入限度額 $(1) \times \dfrac{50\text{又は}100}{100}$	2	4,743,131 円

事業年度	区　分	控除未済欠損金額 3	当期控除額 （当該事業年度の(3)と((2)－当該事業年度前の(4)の合計額）のうち少ない金額） 4	翌期繰越額 ((3)－(4))又は（別表七(四)「15」) 5
・　・	青色欠損・連結みなし欠損・災害損失	円	円	
・　・	青色欠損・連結みなし欠損・災害損失			円
・　・	青色欠損・連結みなし欠損・災害損失			
・　・	青色欠損・連結みなし欠損・災害損失			
・　・	青色欠損・連結みなし欠損・災害損失			
・　・	青色欠損・連結みなし欠損・災害損失			
・　・	青色欠損・連結みなし欠損・災害損失			
・　・	青色欠損・連結みなし欠損・災害損失			
X0・4・1 X1・3・31	青色欠損・連結みなし欠損・災害損失	2,000,000	2,000,000	0
X1・5・11 X2・5・10	青色欠損・連結みなし欠損・災害損失	8,013,187	2,743,131	5,270,056
	計	10,013,187	4,743,131	5,270,056

当期分	欠損金額 （別表四「52の①」）		欠損金の繰戻し額	
	同上のうち 青色欠損金額			
	同上のうち 災害損失欠損金額	(16の③)		
	合　計			5,270,056

災害により生じた損失の額がある場合の繰越控除の対象となる欠損金額等の計算

災害の種類		災害のやんだ日又はやむを得ない事情のやんだ日	・　・

災害を受けた資産の別		棚卸資産 ①	固定資産 （固定資産に準ずる繰延資産を含む。） ②	計 ①＋② ③
当期の欠損金額 （別表四「52の①」）	6			円
災害により生じた損失の額	資産の滅失等により生じた損失の額	7	円	円	
	被害資産の原状回復のための費用等に係る損失の額	8			
	被害の拡大又は発生の防止のための費用に係る損失の額	9			
	計 (7)＋(8)＋(9)	10			
保険金又は損害賠償金等の額	11			
差引災害により生じた損失の額 (10)－(11)	12			
同上のうち所得税額の還付又は欠損金の繰戻しの対象となる災害損失金額	13			
中間申告における災害損失欠損金の繰戻し額	14			
繰戻しの対象となる災害損失欠損金額 ((6の③)と((13の③)－(14の③))のうち少ない金額)	15			
繰越控除の対象となる欠損金額 ((6の③)と((12の③)－(14の③))のうち少ない金額)	16			

第六号様式（提出用）（令和四年改正）

封利線　一連番号　組織　法人名　資本金　分非　自主　事延　都延

整理番号　**106**　事務所　区分　管理番号　申告区分

受付印

令和　年　月　日　法人番号　この申告の基礎　申告年月日　事業種別　○○○業

東京都　都税事務所長　支庁長　殿　法人税の令　の修正更正決定再更正による。

所在地	東京都千代田区○○町○-○-○（電話 03-○○○○-○○○○）	期末現在の資本金の額又は出資金の額（解散日現在の資本金の額又は出資金の額）　100000000
法人名（ふりがな おつ かぶしきがいしゃ）	乙　株式会社	同上が1億円以下の普通法人のうち中小法人等に該当しないもの　非中小法人等
代表者氏名（こうの たろう）	甲野　太郎	期末現在の資本金の額及び資本準備金の額の合算額　100000000
経理責任者氏名（やまもと いちろう）	山本　一郎	期末現在の資本金等の額　100000000

令和 X2 年 05 月 11 日から令和 X2 年 07 月 10 日までの事業年度分又は連結事業年度分

（事業税）

摘要	課税標準	税率	税額
所得金額総額 ㉘（㉟＋別表5⑨）	0		0
年400万円以下の金額 ㉙	0 0 0		0 0
年400万円を超え年800万円以下の金額 ㉚	0 0 0		0 0
年800万円を超える金額 ㉛	0 0 0		0 0
計 ㉙＋㉚＋㉛ ㉜			0 0
軽減税率不適用の法人の金額 ㉝			
付加価値額総額 ㉞			
付加価値額 ㉟			
資本金等の額総額 ㊱			
資本金等の額 ㊲			
収入金額総額 ㊳			
収入金額 ㊴			
合計事業税額 ㉜＋㉟＋㊲＋㊴又は㉝＋㉟＋㊲＋㊴ ㊵			0 0

（特別法人事業税）

摘要	課税標準	税率	税額
所得割に係る特別法人事業税額 ㊼	0 0		0 0
収入割に係る特別法人事業税額 ㊽	0 0		0 0
合計特別法人事業税額 (㊼＋㊽)			0 0

（都民税）

法人税法の規定によって計算した法人税額 ①	
試験研究費の額等に係る法人税額の特別控除額 ②	
還付法人税額等の控除額 ③	
退職年金等積立金に係る法人税額 ④	
課税標準となる法人税額又は個別帰属法人税額 ⑤	0 0 0
2以上の道府県に事務所又は事業所を有する法人における課税標準となる法人税額又は個別帰属法人税額 ⑥	0 0 0
法人税割額 (⑤又は⑥×％) ⑦	
都民税の特定寄附金税額控除額 ⑧	
税額控除超過額相当額の加算額 ⑨	
外国関係会社等に係る控除対象所得税額等相当額又は個別控除対象所得税額等相当額の控除額 ⑩	
外国の法人税等の額の控除額 ⑪	
仮装経理に基づく法人税割額の控除額 ⑫	
差引法人税割額 (⑦-⑧+⑨-⑩-⑪-⑫) ⑬	0 0
既に納付の確定した当期分の法人税割額 ⑭	0 0
租税条約の実施に係る法人税割額の控除額 ⑮	
この申告により納付すべき法人税割額 (⑬-⑭-⑮) ⑯	0 0
算定期間中において事務所等を有していた月数 ⑰	2 月
70,000円×⑰/12 ⑱	1 1 6 0 0
既に納付の確定した当期分の均等割額 ⑲	0 0
この申告により納付すべき均等割額 ⑳	1 1 6 0 0
この申告により納付すべき都民税額 ⑯+⑳ ㉑	1 1 6 0 0
㉑のうち見込納付額 ㉒	
差引 ㉑-㉒ ㉓	1 1 6 0 0
特別区分の課税標準額 ㉔	0 0 0
同上に対する税額 ㉕	
市町村分の課税標準額 ㉖	0 0 0
同上に対する税額 ㉗	

中間納付額 ㊷	

決算確定の日　・　・

解散の日　X1・5・10

残余財産の最後の分配又は引渡しの日　X2・8・10

申告期限の延長の処分（承認）　事業税 有・無　法人税 有・無

法人税の申告書の種類　青色・その他

この申告が中間申告の場合の計算期間　　・　～　・

翌期の中間申告の要否　要・否　国外関連者の有無　有・無

処理事項

所得金額（法人税の明細書（別表4）の（34））又は個別所得金額（別表4の2付表の（42））㉖3　4743131

仮計 ㉝＋㊴＋㉛-㉛-㉗ 　4743131

繰越欠損金額等若しくは災害損失金額又は債務免除等があった場合の欠損金額等の当期控除額 　4743131

法人税の所得金額（法人税の明細書（別表4）の（52））又は個別所得金額（法人税の明細書（別表4の2付表の（55）） ⑦0 　0

法第15条の4の徴収猶予を受けようとする税額 ㊶

関与税理士署名　　　（電話）

106

2212()-201

第六号様式別表四の三 （令和四年改正）

均等割額の計算に関する明細書	事業年度 又は連結 事業年度	X2・5・11 X2・7・10	法人名	乙 株式会社

事務所、事業所又は寮等（事務所等）の従業者数の明細

東京都内における主たる 事務所等の所在地	事務所等を有 していた月数	従業者数の 合計数
千代田 区 ○丁目 ○番 ○号 ○○町 市(町村)	月 2	人 1

市町村の存する区域 内における従たる事 務所等	名 称 （外 箇所）	所 在 地 市 町 村

当該事業年度又は連結事業年度（算定期間）中の従たる事務所等の設置・廃止及び主たる事務所等の異動

異 動 区 分	異 動 の 年 月 日	名 称	所 在 地
設 置	・ ・		
廃 止	・ ・		
旧の主 たる事 務所等	・ ・ （ 月）		

特別区内における従たる事務所等

	所 在 地	名 称 （外 箇所）	月数	従業者数の 合計数
1	千代田区			人
2	中 央 区			
3	港 区			
4	新 宿 区			
5	文 京 区			
6	台 東 区			
7	墨 田 区			
8	江 東 区			
9	品 川 区			
10	目 黒 区			
11	大 田 区			
12	世田谷区			
13	渋 谷 区			
14	中 野 区			
15	杉 並 区			
16	豊 島 区			
17	北 区			
18	荒 川 区			
19	板 橋 区			
20	練 馬 区			
21	足 立 区			
22	葛 飾 区			
23	江戸川区			
合 計 （主たる事務所等の従業者数の合計数を含む。）				1

均 等 割 額 の 計 算

	区 分		税 率 （年 額） (ア)	月 数 (イ)	区 数 (ウ)	税額計算 ((ア)×(イ)÷12)×(ウ)
特別区のみに事務所等を有する場合	主たる 事務所 等所在 の 特別区	事務所等の 従業者数 50人超 ①	円	月		円 0 0
		事務所等の 従業者数 50人以下 ②	7 0,0 0 0	2		1 1 6,0 0
	従たる 事務所 等所在 の 特別区	事務所等の 従業者数 50人超 ③				0 0
		事務所等の 従業者数 50人以下 ④				0 0
特別区と市町村に事務所等を有する場合	道 府 県 分 ⑤					
	特別区（市町村分）	事務所等の 従業者数 50人超 ⑥				0 0
		事務所等の 従業者数 50人以下 ⑦				0 0
納 付 す べ き 均 等 割 額 ①+②+③+④ 又は ⑤+⑥+⑦ ⑧						1 1 6,0 0
備 考						

(都・法) 22120-217

→ 東京都主税局

この明細書は、特別区に事務所、事業所又は寮等を有する法人が、中間・確定申告書（第6号様式、第6号様式（その2）又は第6号様式（その3））、予定申告書（第6号の3様式、第6号の3様式（その2）又は第6号の3様式（その3））を提出する場合に添付してください。

この印刷物は、リサイクルできません。

欠損金額等及び災害損失金の控除明細書 (法第72条の2第二項第1号第3号に掲げる事業)

事業年度	X2・5・11 ～ X2・7・10	法人名	乙 株式会社

控除前所得金額 第6号様式⑱ － (別表10⑨又は㉑) ①	4,743,131 円	損金算入限度額 ①× 50又は100/100 ②	4,743,131 円

事 業 年 度	区　分	控除未済欠損金額等又は控除未済災害損失金③	当期控除額④ (当該事業年度の③と(②－当該事業年度前の④の合計額)のうち少ない金額)	翌期繰越額⑤ ((③－④)又は別表11⑰)
・　・ ・　・	欠損金額等・災害損失金	円	円	
・　・ ・　・	欠損金額等・災害損失金			円
・　・ ・　・	欠損金額等・災害損失金			
・　・ ・　・	欠損金額等・災害損失金			
・　・ ・　・	欠損金額等・災害損失金			
・　・ ・　・	欠損金額等・災害損失金			
・　・ ・　・	欠損金額等・災害損失金			
・　・ ・　・	欠損金額等・災害損失金			
X0・4・1 X1・3・31	欠損金額等・災害損失金	2,000,000	2,000,000	0
X1・5・11 X2・5・10	欠損金額等・災害損失金	8,013,187	2,743,131	5,270,056
計		10,013,187	4,743,131	5,270,056

当期分	欠損金額等・災害損失金			
	同上のうち 災害損失金			円
	同上のうち 青色欠損金			
合　計				5,270,056

災害により生じた損失の額の計算

災害の種類		災害のやんだ日又はやむを得ない事情のやんだ日	・　・
当期の欠損金額 ⑥	円	差引災害により生じた損失の額 (⑦－⑧) ⑨	円
災害により生じた損失の額 ⑦		繰越控除の対象となる損失の額 (⑥と⑨のうち少ない金額) ⑩	
保険金又は損害賠償金等の額 ⑧			

◆ 東京都主税局

(都・法) 22120-224

　本事例において仮に債務の一部返済をしていなかった場合には、27,700,000円の債務免除を受けることにより多額の債務免除益が発生し、青色欠損金でカバーできない。借入金全額の債務免除を受けた場合は、残余財産も残るため、期限切れ欠損金は損金算入できない。結果として、多額の課税が生じることになる。

　本事例は、残余財産確定後の未払の債務および未払税金の合計額である800,000円だけ残して、残額の19,764,000円を債務の一部弁済に充てている。借入金27,700,000円から一部弁済額19,764,000円を差し引いた差額である7,936,000円について債務免除を受けたことにより、当期純利益が4,730,000円と比較的少額にとどまっており、青色欠損金の控除だけで課税所得がゼロになっているものである。

設　例　**会社解散・清算に伴う申告（役員借入金のあるケース）**

前提条件

　丙社は、X1年10月31日に解散決議をした。解散日現在の貸借対照表（継続企業ベース）は、次のとおりである。

貸借対照表（X1年10月31日）　　　　　　　　（単位：円）

現金及び預金	2,500,000	買掛金	1,200,000
棚卸資産	500,000	未払金	300,000
売掛金	1,200,000	借入金	30,000,000
建物	3,500,000	資本金	10,000,000
土地	20,000,000	利益剰余金	△13,800,000
資産合計	27,700,000	負債および純資産合計	27,700,000

　売掛金は全額回収し、買掛金および未払金の支払もすべて完了した。建物と土地の売却先も見つかり、合わせて18,000,000円で売却できた（売却損5,500,000円）。

　その後、X2年10月31日に終了する清算事業年度第1期を迎えた。

貸借対照表（X2年10月31日）　　　　　　　　（単位：円）

現金及び預金	4,200,000	借入金	30,000,000
		純資産	△25,800,000
		資本金	10,000,000
		利益剰余金	△35,800,000
資産合計	4,200,000	負債および純資産合計	4,200,000

損益計算書（X1年11月1日～X2年10月31日）

棚卸資産処分原価	500,000	棚卸資産処分収入	800,000
固定資産処分原価	23,500,000	固定資産処分収入	18,000,000
給与	12,000,000	当期純損失	22,000,000
旅費交通費	2,500,000		
その他経費	1,500,000		
支払利息	800,000		
合計	40,800,000		40,800,000

　清算事業年度第1期の貸借対照表をみると、借入金（オーナーからの借入金）が30,000,000円残っている。債務免除を受ける方法により、清算結了に至らせたい。ここで税務上注意すべき点はあるか。

解　答

　借入金はオーナー個人からのものであり、債務免除を受けた時点で清算法人である丙社に債務免除益が30,000,000円発生する。清算費用の支払を行ってもなお現金及び預金の残

高が残ると、債務免除後において残余財産が残ることになり、期限切れ欠損金の使用ができなくなり、課税所得が生じる。

　現金及び預金により可能な限り借入金の一部弁済を行い、一部弁済後に弁済不能な債務について債務免除を受けることにより、残余財産が残らない状態になる。このように対応すれば、期限切れ欠損金を損金算入することができ、その結果課所得が生じないようにすることができる。

　あるいは、給料その他の経費（合計3,400,000円）を支払い、残余財産確定後の未払の債務に見合った現金及び預金800,000円だけを残し、借入金の全額について債務免除を受けたものとする。X3年1月31日に債務免除を受け、残余財産が確定したものとする。残余財産確定時の貸借対照表は次のとおりであり、残余財産は残っていない。

貸借対照表（X3年1月31日）　　　　　　　　　　（単位：円）

現金及び預金	800,000	未払金	800,000
		純資産	0
資産合計	800,000	負債および純資産合計	800,000

損益計算書（X2年11月1日～X3年1月31日）

給与	2,700,000	債務免除益	30,000,000
旅費交通費	380,000		
その他の経費	200,000		
支払利息	120,000		
当期純利益	26,600,000		
合計	30,000,000		30,000,000

　債務免除益が30,000,000円発生した影響により、当期純利益が26,600,000円生じているが、残余財産が残っていないことから、期限切れ欠損金の使用が可能である。本ケースの場合、欠損金の合計額が当期純利益を上回っていることから、課税所得が生じないように対応できるものと考えられる。

設例　期限切れ欠損金の損金算入と申告書の明細書の記載（期限切れ欠損金を使用するケース）

前提条件

丁社（３月決算）は、Ｘ１年３月31日に解散した。その後清算手続を進め、Ｘ２年１月20日に残余財産の確定に至った。

Ｘ１年３月期の確定申告書における別表５⑴の利益積立金額の「差引翌期首現在利益積立金額」は△35,000,000円であった。また、別表７⑴の青色欠損金の残高は8,200,000円であった。

Ｘ１年４月１日からＸ２年１月20日までの損益計算書は、次のとおりである。

（債務免除益は、オーナー借入金に係る債務免除によるものである。）

損益計算書（Ｘ１年４月１日～Ｘ２年１月20日）

借方		貸方	
棚卸資産処分原価	200,000	棚卸資産処分収入	250,000
土地処分原価	18,500,000	土地処分収入	16,700,000
給与	5,197,500	債務免除益	33,045,000
旅費交通費	150,000		
交際費	15,000		
その他経費	850,000		
支払利息	30,000		
法人税等	52,500		
当期純利益	25,000,000		
合計	49,995,000		49,995,000

残余財産の確定の日の属する事業年度（最後事業年度）の終了の時において、残余財産がないものとし、最後事業年度の別表（別表７⑷の明細書を含む）を作成しなさい。なお、残余財産がちょうど残らないように、借入金の一部弁済をしたうえで、債務免除を受けたものとする。また、単純化のため、受取利息に係る源泉所得税等はなかったものとする。

解答

FB0613

別表一　各事業年度の所得に係る申告書－内国法人の分……令六・四・一以後終了事業年度等分

<table>
<tr><td colspan="2">署受
務付
税印</td><td colspan="2">令和　年　月　日
税務署長殿</td><td>所管</td><td>業種目</td><td>整理
番号</td><td>売上
金額</td><td>要否</td><td>別表等</td><td colspan="2">青色申告　一連番号</td></tr>
<tr><td colspan="2">納税地</td><td colspan="2">東京都中央区○○町○－○－○
電話（ 03 ）○○○○－○○○○</td><td rowspan="2">添付税務署処理欄</td><td>通算グループ
整理番号</td><td colspan="4"></td><td>整理番号</td><td></td></tr>
<tr><td colspan="2">(フリガナ)</td><td colspan="2">テイ　カブシキガイシャ</td><td>通算親法人
整理番号</td><td colspan="4"></td><td>事業年度
(至)</td><td></td></tr>
<tr><td colspan="2">法人名</td><td colspan="2">丁　株式会社</td><td>法人区分</td><td colspan="4"></td><td>売上金額</td><td></td></tr>
<tr><td colspan="2">法人番号</td><td colspan="2">0 0 0 0 0 0 0 0 0 0 0 0 0</td><td>事業種目</td><td colspan="4">○○業</td><td>申告年月日</td><td></td></tr>
<tr><td colspan="2">(フリガナ)</td><td colspan="2">スズキ　イチロウ</td><td>期末現在の資本金の
額又は出資金の額</td><td colspan="3">10,000,000 円</td><td>非中小法人</td><td>通信日付印　確認　庁指定　局指定　指導等　区分</td><td></td></tr>
<tr><td colspan="2">代表者</td><td colspan="2">鈴木　一郎</td><td>同非区分</td><td>特定同族会社</td><td>同族会社</td><td colspan="2">非同族会社</td><td rowspan="2">申告区分</td><td></td></tr>
<tr><td colspan="2">代表者
住所</td><td colspan="2">東京都渋谷区○○町○－○－○</td><td>添付書類</td><td colspan="4"></td><td></td></tr>
</table>

令和 X 1 年 04 月 01 日 事業年度分の法人税　確定　申告書
令和 X 2 年 01 月 20 日 課税事業年度分の地方法人税　確定　申告書
（中間申告の場合の計算期間　令和　年　月　日）

適用額明細書提出の有無（有）（無）
税理士法第30条の書面提出有（有）
税理士法第33条の2の書面提出有（有）

<table>
<tr><td colspan="2">所得金額又は欠損金額
（別表四「52の①」）</td><td>1</td><td style="text-align:right">0</td><td colspan="2">所得税の額
（別表六(一)「6の③」）</td><td>16</td><td></td></tr>
<tr><td colspan="2">法人税額
(48)＋(49)＋(50)</td><td>2</td><td style="text-align:right">0</td><td colspan="2">外国税額
（別表六(二)「23」）</td><td>17</td><td></td></tr>
<tr><td colspan="2">法人税額の特別控除額
（別表六(六)「5」）</td><td>3</td><td></td><td colspan="2">計
(16)＋(17)</td><td>18</td><td></td></tr>
<tr><td colspan="2">税額控除超過額相当額等の加算額</td><td>4</td><td></td><td colspan="2">控除した金額
(12)</td><td>19</td><td></td></tr>
<tr><td colspan="2">課税土地譲渡利益金額
(62)＋(63)＋(64)</td><td>5</td><td style="text-align:right">0 0 0</td><td colspan="2">控除しきれなかった金額
(18)－(19)</td><td>20</td><td></td></tr>
<tr><td colspan="2">同上に対する税額</td><td>7</td><td style="text-align:right">0 0 0</td><td colspan="2">所得税額等の還付金額
(20)</td><td>21</td><td></td></tr>
<tr><td colspan="2">課税留保金額
（別表三(一)「4」）</td><td></td><td></td><td colspan="2">中間納付額
(14)－(13)</td><td>22</td><td></td></tr>
<tr><td colspan="2">同上に対する税額
（別表三(一)「8」）</td><td>8</td><td style="text-align:right">0 0</td><td colspan="2">欠損金の繰戻しによる還付請求税額</td><td>23</td><td></td></tr>
<tr><td colspan="2">法人税額計
(2)－(3)＋(4)＋(6)＋(8)</td><td>9</td><td></td><td colspan="2">計
(21)＋(22)＋(23)</td><td>24</td><td></td></tr>
<tr><td colspan="2">分配時調整外国税相当額及び外国関係会社等に係る控除対象所得税額等相当額の控除額
（別表六(五の二)「7」＋別表十七(三の六)「3」）</td><td>10</td><td></td><td colspan="4"></td></tr>
<tr><td colspan="2">仮装経理に基づく過大申告の更正に伴う控除法人税額</td><td>11</td><td></td><td colspan="4"></td></tr>
<tr><td colspan="2">控除税額
(((9)-(10)-(11))と(18)のうち少ない金額)</td><td>12</td><td></td><td colspan="2">この申告が修正申告である場合のこの申告により納付すべき法人税額又は減少する還付請求税額
(57)</td><td>25</td><td style="text-align:right">0 0</td></tr>
<tr><td colspan="2">差引所得に対する法人税額
(9)-(10)-(11)-(12)</td><td>13</td><td></td><td colspan="2">欠損金等の当期控除額
（別表七(一)「4の計」＋（別表七(四)「9」若しくは「21」又は別表七(四)「10」）</td><td>26</td><td style="text-align:right">2 5 0 5 2 5 0 0</td></tr>
<tr><td colspan="2">中間申告分の法人税額</td><td>14</td><td></td><td colspan="2">翌期へ繰り越す欠損金額
（別表七(一)「5の合計」）</td><td>27</td><td></td></tr>
<tr><td colspan="2">差引確定／中間申告の場合はその法人税額／税額とし、マイナス
(13)-(14)／の場合は(22)へ記入</td><td>15</td><td></td><td colspan="4"></td></tr>
<tr><td colspan="2">課税標準法人税額の計算　所得の金額に対する法人税額
(2)-(3)+(4)+(6)+(9の外書)+(10)+(16)+(17)</td><td>28</td><td></td><td colspan="4"></td></tr>
<tr><td colspan="2">課税留保金額に対する法人税額
(8)</td><td>29</td><td></td><td colspan="2">外国税額の還付金額
(67)</td><td>41</td><td></td></tr>
<tr><td colspan="2">課税標準法人税額
(28)＋(29)</td><td>30</td><td style="text-align:right">0 0 0</td><td colspan="2">中間納付額
(39)－(38)</td><td>42</td><td></td></tr>
<tr><td colspan="2">地方法人税額
(53)</td><td>31</td><td></td><td colspan="2">計
(41)＋(42)</td><td>43</td><td></td></tr>
<tr><td colspan="2">税額控除超過額相当額の加算額
（別表六(二)付表六「14の計」）</td><td>32</td><td></td><td colspan="4"></td></tr>
<tr><td colspan="2">課税留保金額に係る地方法人税額
(54)</td><td>33</td><td></td><td colspan="4"></td></tr>
<tr><td colspan="2">所得地方法人税額
(31)＋(32)＋(33)</td><td>34</td><td></td><td colspan="2">この申告が修正申告である場合のこの申告により納付すべき地方法人税額
(61)</td><td>44</td><td style="text-align:right">0 0</td></tr>
<tr><td colspan="2">分配時調整外国税相当額及び外国関係会社等に係る控除対象所得税額等相当額の控除額
（別表六(五の二)「8」＋別表十七(三の六)「4」）</td><td>35</td><td></td><td colspan="4" rowspan="2">剰余金・利益の配当（剰余金の分配）の金額
残余財産の最後の分配又は引渡しの日</td></tr>
<tr><td colspan="2">仮装経理に基づく過大申告の更正に伴う控除地方法人税額</td><td>36</td><td></td></tr>
<tr><td colspan="2">外国税額の控除額
((34)-(35)-(36))と(65)のうち少ない金額</td><td>37</td><td></td><td colspan="3">還付を受けようとする金融機関等</td><td>銀行／金庫・組合／農協・漁協　本店・支店／出張所／本所・支所　預金　郵便局名等</td></tr>
<tr><td colspan="2">差引地方法人税額
(34)-(35)-(36)-(37)</td><td>38</td><td style="text-align:right">0 0</td><td colspan="3">口座番号</td><td>ゆうちょ銀行の貯金記号番号　－</td></tr>
<tr><td colspan="2">中間申告分の地方法人税額</td><td>39</td><td style="text-align:right">0 0</td><td colspan="4">※税務署処理欄</td></tr>
<tr><td colspan="2">差引確定／中間申告の場合はその地方法人税額／税額とし、マイナス
(38)-(39)／の場合は(42)へ記入</td><td>40</td><td style="text-align:right">0 0</td><td colspan="4"></td></tr>
</table>

税理士署名

同族会社等の判定に関する明細書

事業年度	X1・4・1　X2・1・20	法人名	丁 株式会社

別表二　令六・四・一以後終了事業年度分

同族会社の判定			特定同族会社の判定			
期末現在の発行済株式の総数又は出資の総額	1	内 200	(21)の上位1順位の株式数又は出資の金額	11		
(19)と(21)の上位3順位の株式数又は出資の金額	2	200	株式数等による判定 (11)/(1)	12		%
株式数等による判定 (2)/(1)	3	% 100	(22)の上位1順位の議決権の数	13		
期末現在の議決権の総数	4	内 200	議決権の数による判定 (13)/(4)	14		%
(20)と(22)の上位3順位の議決権の数	5	200	(21)の社員の1人及びその同族関係者の合計人数のうち最も多い数	15		
議決権の数による判定 (5)/(4)	6	% 100	社員の数による判定 (15)/(7)	16		%
期末現在の社員の総数	7		特定同族会社の判定割合 ((12)、(14)又は(16)のうち最も高い割合)	17		
社員の3人以下及びこれらの同族関係者の合計人数のうち最も多い数	8		判定結果	18	特定同族会社 / 同族会社 / 非同族会社	
社員の数による判定 (8)/(7)	9	%				
同族会社の判定割合 ((3)、(6)又は(9)のうち最も高い割合)	10	100				

判定結果 18 欄: 同族会社

判定基準となる株主等の株式数等の明細

順位		判定基準となる株主（社員）及び同族関係者		判定基準となる株主等との続柄	株式数又は出資の金額等			
					被支配会社でない法人株主等		その他の株主等	
株式数等	議決権数	住所又は所在地	氏名又は法人名		株式数又は出資の金額 19	議決権の数 20	株式数又は出資の金額 21	議決権の数 22
1	1	東京都渋谷区○○町○－○－○	鈴木 一郎	本人			200	200

所得の金額の計算に関する明細書（簡易様式）

事業年度	X1.4.1 X2.1.20	法人名	丁 株式会社

区　分		総額①	処分　留保②	社外流出③
当期利益又は当期欠損の額	1	25,000,000	25,000,000	配当 / その他
加算 損金経理をした法人税及び地方法人税（附帯税を除く。）	2			
損金経理をした道府県民税及び市町村民税	3			
損金経理をした納税充当金	4	52,500	52,500	
損金経理をした附帯税（利子税を除く。）、加算金、延滞金（延納分を除く。）及び過怠税	5			その他
減価償却の償却超過額	6			
役員給与の損金不算入額	7			その他
交際費等の損金不算入額	8			その他
通算法人に係る加算額（別表四付表「5」）	9			外※
	10			
小計	11	52,500	52,500	外※
減算 減価償却超過額の当期認容額	12			
納税充当金から支出した事業税等の金額	13			
受取配当等の益金不算入額（別表八（一）「5」）	14			※
外国子会社から受ける剰余金の配当等の益金不算入額（別表八（二）「26」）	15			※
受贈益の益金不算入額	16			※
適格現物分配に係る益金不算入額	17			※
法人税等の中間納付額及び過誤納に係る還付金額	18			
所得税額等及び欠損金の繰戻しによる還付金額等	19			※
通算法人に係る減算額（別表四付表「10」）	20			※
	21			
小計	22			外※
仮計 (1)+(11)-(22)	23	25,052,500	25,052,500	外※
対象純支払利子等の損金不算入額（別表十七（二の二）「29」又は「34」）	24			その他
超過利子額の損金算入額（別表十七（二の三）「10」）	25	△		※ △
仮計 (23)から(25)までの計	26	25,052,500	25,052,500	外※
寄附金の損金不算入額（別表十四（二）「24」又は「40」）	27			その他
法人税額から控除される所得税額（別表六（一）「6の③」）	29			その他
税額控除の対象となる外国法人税の額（別表六（二の二）「7」）	30			その他
分配時調整外国税相当額及び外国関係会社等に係る控除対象所得税額等相当額（別表六（五の二）「5の②」）＋（別表十七（三の六）「1」）	31			その他
合計 (26)+(27)+(29)+(30)+(31)	34	25,052,500	25,052,500	外※
中間申告における繰戻しによる還付に係る災害損失欠損金額の益金算入額	37			※
非適格合併又は残余財産の全部分配等による移転資産等の譲渡利益額又は譲渡損失額	38			※
差引計 (34)+(37)+(38)	39	25,052,500	25,052,500	外※
更生欠損金又は民事再生等評価換えが行われる場合の再生等欠損金の損金算入額（別表七（三）「9」又は「21」）	40	△		※ △
通算対象欠損金額の損金算入額又は通算対象所得金額の益金算入額（別表七の二「5」又は「11」）	41			※
差引計 (39)+(40)±(41)	43	25,052,500	25,052,500	外※
欠損金等の当期控除額（別表七（一）「4の計」）＋（別表七（四）「10」）	44	△ 25,052,500		※ △ 25,052,500
総計 (43)+(44)	45	0		外※
残余財産の確定の日の属する事業年度に係る事業税及び特別法人事業税の損金算入額	51	△	△	
所得金額又は欠損金額	52	0	25,052,500	外※ △ 25,052,500

（簡）

利益積立金額及び資本金等の額の計算に関する明細書

事業年度	X1・4・1　X2・1・20	法人名	丁 株式会社

I　利益積立金額の計算に関する明細書

区　分		期首現在利益積立金額 ①	当期の増減 減 ②	当期の増減 増 ③	差引翌期首現在利益積立金額 ①−②+③ ④
利　益　準　備　金	1	円	円	円	円
積　　立　　金	2				
	3				
	4				
	5				
	6				
	7				
	8				
	9				
	10				
	11				
	12				
	13				
	14				
	15				
	16				
	17				
	18				
	19				
	20				
	21				
	22				
	23				
	24				
繰越損益金（損は赤）	25	△35,000,000	△ 35,000,000	△ 10,000,000	△ 10,000,000
納　税　充　当　金	26	70,000	70,000	52,500	52,500
未納法人税等	未納法人税及び未納地方法人税（附帯税を除く。）27	△	△	中間 △ 確定 △	△
	未払通算税効果額28			中間 確定	
	未納道府県民税（均等割を含む。）29	△ 70,000	△ 70,000	中間 △ 確定 △ 52,500	△ 52,500
	未納市町村民税（均等割を含む。）30	△	△	中間 △ 確定 △	△
差　引　合　計　額	31	△ 35,000,000	△ 35,000,000	△ 10,000,000	△ 10,000,000

II　資本金等の額の計算に関する明細書

区　分		期首現在資本金等の額 ①	当期の増減 減 ②	当期の増減 増 ③	差引翌期首現在資本金等の額 ①−②+③ ④
資本金又は出資金	32	10,000,000 円	円	円	10,000,000 円
資　本　準　備　金	33				
	34				
	35				
差　引　合　計　額	36	10,000,000			10,000,000

御注意　この表は、通常の場合には次の式により検算ができます。

期首現在利益積立金額合計「31」① ＋ 別表四留保所得金額又は欠損金額「52」± 中間分・確定分の通算税効果額の合計額 − 中間分・確定分の法人税等、道府県民税及び市町村民税の合計額 ＝ 差引翌期首現在利益積立金額合計「31」④

租税公課の納付状況等に関する明細書

事業年度	X1・4・1 ～ X2・1・20	法人名	丁 株式会社

別表五(二) 令六・四・一以後終了事業年度分

税 目 及 び 事 業 年 度				期首現在未納税額 ①	当期発生税額 ②	当期中の納付税額			期末現在未納税額 ①+②-③-④-⑤ ⑥
						充当金取崩しによる納付 ③	仮払経理による納付 ④	損金経理による納付 ⑤	
法人税及び地方法人税		・ ・	1	円		円	円	円	円
		・ ・	2						
	当期分	中 間	3		円				
		確 定	4						
		計	5						
道府県民税		・ ・	6						
	X0・4・1 X1・3・31		7	70,000		70,000			0
	当期分	中 間	8						
		確 定	9		52,500				52,500
		計	10	70,000	52,500	70,000			52,500
市町村民税		・ ・	11						
		・ ・	12						
	当期分	中 間	13						
		確 定	14						
		計	15						
事業税及び特別法人事業税		・ ・	16						
		・ ・	17						
	当 期 中 間 分		18						
		計	19						
その他	損金算入のもの	利 子 税	20						
		延 滞 金(延納に係るもの)	21						
			22						
			23						
	損金不算入のもの	加算税及び加算金	24						
		延 滞 税	25						
		延 滞 金(延納分を除く。)	26						
		過 怠 税	27						
			28						
			29						

納 税 充 当 金 の 計 算

期 首 納 税 充 当 金	30	70,000 円	その他取崩額	損金算入のもの	36	円
繰入額	損金経理をした納税充当金	31	52,500		損金不算入のもの	37	
		32				38	
	計 (31) + (32)	33	52,500		仮 払 税 金 消 却	39	
取崩額	法 人 税 額 等 (5の③)+(10の③)+(15の③)	34	70,000		計 (34)+(35)+(36)+(37)+(38)+(39)	40	70,000
	事業税及び特別法人事業税 (19の③)	35		期 末 納 税 充 当 金 (30) + (33) - (40)		41	52,500

通 算 法 人 の 通 算 税 効 果 額 の 発 生 状 況 等 の 明 細

事 業 年 度		期首現在未決済額 ①	当期発生額 ②	当期中の決済額		期末現在未決済額 ⑤
				支 払 額 ③	受 取 額 ④	
・ ・	42	円		円	円	円
・ ・	43					
当 期 分	44		中間 確定 円			
計	45					

欠損金の損金算入等に関する明細書

事 業 年 度	X1・4・1 X2・1・20	法人名	丁 株式会社

控 除 前 所 得 金 額 (別表四「43の①」)	1	25,052,500 円	損 金 算 入 限 度 額 (1) × $\frac{50又は100}{100}$	2	25,052,500 円

事業年度	区　　分	控 除 未 済 欠 損 金 額 3	当 期 控 除 額 (当該事業年度の(3)と((2)－当該事業年度前の(4)の合計額)のうち少ない金額) 4	翌 期 繰 越 額 ((3)－(4)) 又は(別表七(四)「15」) 5
・・	青色欠損・連結みなし欠損・災害損失	円	円	
・・	青色欠損・連結みなし欠損・災害損失			円
・・	青色欠損・連結みなし欠損・災害損失			
・・	青色欠損・連結みなし欠損・災害損失			
・・	青色欠損・連結みなし欠損・災害損失			
・・	青色欠損・連結みなし欠損・災害損失			
・・	青色欠損・連結みなし欠損・災害損失			
・・	青色欠損・連結みなし欠損・災害損失			
・・	青色欠損・連結みなし欠損・災害損失			
X0・4・1 X1・3・31	青色欠損・連結みなし欠損・災害損失	8,200,000	8,200,000	0
	計	8,200,000	8,200,000	0

当期分	欠 損 金 額 (別表四「52の①」)		欠損金の繰戻し額	
	同上のうち	青 色 欠 損 金 額		
		災 害 損 失 欠 損 金 額	(16の③)	
	合 計			

災害により生じた損失の額がある場合の繰越控除の対象となる欠損金額等の計算

災 害 の 種 類		災害のやんだ日又はやむを得ない事情のやんだ日	・　・
災 害 を 受 け た 資 産 の 別	棚 卸 資 産 ①	固 定 資 産 (固定資産に準ずる繰延資産を含む。) ②	計 ①＋② ③

		棚卸資産①	固定資産②	計③
当 期 の 欠 損 金 額 (別表四「52の①」)	6			円
資産の滅失等により生じた損失の額	7	円	円	
被害資産の原状回復のための 費 用 等 に 係 る 損 失 の 額	8			
被害の拡大又は発生の防止 のための費用に係る損失の額	9			
計 (7)＋(8)＋(9)	10			
保 険 金 又 は 損 害 賠 償 金 等 の 額	11			
差引災害により生じた損失の額 (10)－(11)	12			
同上のうち所得税額の還付又は欠損金の 繰 戻 し の 対 象 と な る 災 害 損 失 金 額	13			
中間申告における災害損失欠損金の繰戻し額	14			
繰戻しの対象となる災害損失欠損金額 ((6の③)と((13の③)－(14の③))のうち少ない金額)	15			
繰越控除の対象となる欠損金額 ((6の③)と((12の③)－(14の③))のうち少ない金額)	16			

民事再生等評価換えが行われる場合以外の再生等欠損金の損金算入及び解散の場合の欠損金の損金算入に関する明細書			事業年度	X1・4・1 X2・1・20	法人名	丁　株式会社	別表七㈣

債務免除等による利益の内訳	債務の免除を受けた金額	1	円	所得金額差引計 別表四「43の①」)−(別表七(一)「4の計」)	9	16,852,500 円
	私財提供を受けた金銭の額	2				
	私財提供を受けた金銭以外の資産の価額	3		当期控除額 ((4)−(8)と(9)のうち少ない金額)	10	16,852,500
	計 (1)＋(2)＋(3)	4				
欠損金額等の計算	適用年度終了の時における前期以前の事業年度から繰り越された欠損金額	5	35,000,000	調整前の欠損金の翌期繰越額 (13の計)	11	
	適用年度終了の時における資本金等の額 (別表五(一)「36の④」) (プラスの場合は0)	6	△　　　0			
	欠損金の当期控除額 (別表七(一)「4の計」)又は((別表七(二)「3」の当期分以外の計)＋(別表七(二)「6」の当期分以外の計))	7	8,200,000	欠損金額からないものとする金額 ((10)と(11)のうち少ない金額)	12	
	差引欠損金額 (5)−(6)−(7)	8	26,800,000			

欠損金の翌期繰越額の調整

発生事業年度	調整前の欠損金の翌期繰越額 (別表七(一)「3」-「4」)又は(別表七(二)「1」-「3」-「6」)	欠損金額からないものとする金額 (当該発生事業年度の(13)と((12)−当該発生事業年度前の(14)の合計額)のうち少ない金額)又は(別表七(四)付表「6」)	差引欠損金の翌期繰越額 (13)−(14)
	13	14	15
・　・	円	円 内	円
・　・		内	
・　・		内	
・　・		内	
・　・		内	
・　・		内	
・　・		内	
・　・		内	
・　・		内	
・　・		内	
・　・		内	
計			

交際費等の損金算入に関する明細書

事　業 年　度	X1・4・1 X2・1・20	法人名	丁　株式会社		

項目	No.	金額	項目	No.	金額
支 出 交 際 費 等 の 額 （8 の 計）	1	円 15,000	損 金 算 入 限 度 額 (2) 又 は (3)	4	円 15,000
支出接待飲食費損金算入基準額 （9の計）× $\frac{50}{100}$	2	0			
中小法人等の定額控除限度額 （(1)と（(800万円× $\frac{10}{12}$ ）又は（別表十 五付表「5」））のうち少ない金額）	3	15,000	損 金 不 算 入 額 (1) － (4)	5	0

支 出 交 際 費 等 の 額 の 明 細

科　　　　目	支　出　額 6	交際費等の額から 控除される費用の額 7	差引交際費等の額 8	(8) の う ち 接 待 飲 食 費 の 額 9
交　　際　　費	円 15,000	円 0	円 15,000	円 0
計	15,000	0	15,000	0

第六号様式（提出用）（令和四年改正）

封利緤	一連番号	組織	法人名			整理番号 106	事務所	分	管理番号	申告区分
		分非 自主 事延 都延	資本金							

受付印

	令和 年 月 日	法人番号	この申告の基礎	申告年月日
	東京都 都税事務所長 支庁長 殿	00000000000000	法人税の令和 年 月 日 の 修・更・決・再 正・正・定・更による。	年 月 日

申告の入力区分 1.通常 2.強制	所在地	東京都中央区○○町○-○-○ （電話 03-○○○○-○○○○）	事業種目 ○○○業	
加減算入力	法人名 （ふりがな） てい かぶしきがいしゃ 丁 株式会社		期末現在の資本金の額又は出資金の額（解散日現在の資本金の額又は出資金の額）	100000000
異動	代表者氏名 （ふりがな）すずき いちろう 鈴木 一郎	経理責任者氏名 （ふりがな）やまだ たろう 山田 太郎	同上が1億円以下の普通法人のうち中小法人等に該当しないもの 非中小法人等	
			期末現在の資本金の額及び資本準備金の額の合算額	100000000
			期末現在の資本金等の額	100000000

令和 X1 年 04 月 01 日から令和 X2 年 01 月 20 日までの 事業年度分又は連結事業年度分 都民税・事業税・特別法人事業税 中間 確定 申告書

事業税（所得割）

摘要	課税標準	税率(100)	税額
所得金額総額 (66-⑯)又は別表5 ㉘	0		0
年400万円以下の金額 ㉙	000		00
年400万円を超え年800万円以下の金額 ㉚	000		00
年800万円を超える金額 ㉛	000		00
計 ㉙+㉚+㉛ ㉜			00
軽減税率不適用法人の金額 ㉝			

（付加価値割）

付加価値額総額 ㉞			
付加価値額 ㉟			00

（資本割）

資本金等の額総額 ㊱			
資本金等の額 ㊲			00

（収入割）

収入金額総額 ㊳			
収入金額 ㊴			00

合計事業税額 ㉜+㉟+㊲+㊴又は㉝+㉟+㊲+㊴ ㊵			00
事業税の特定寄附金税額控除額 ㊶			
差引事業税額 ㊵-㊶ ㊷	00	仮装経理に基づく事業税額の控除額 ㊸	
既に納付の確定した当期分の事業税額 ㊹	00		
この申告により納付すべき事業税額 ㊷-㊸-㊹ ㊺	00		
㊺の内訳 所得割 ㊻	00	付加価値割 ㊽	
資本割 ㊾	00	収入割 ㊿	
㊺のうち見込納付額 ○51		差引 ㊺-○51 ○52	

特別法人事業税

摘要	課税標準	税率(100)	税額
所得割に係る特別法人事業税 ○53	00		00
収入割に係る特別法人事業税 ○54			00
合計特別法人事業税額 (○53+○54) ○55			00
仮装経理に基づく特別法人事業税額の控除額 ○56		特別法人事業税額 ○55-○56 ○57	
既に納付の確定した当期分の特別法人事業税額 ○58		租税条約の実施に係る特別法人事業税の控除額 ○59	00
この申告により納付すべき特別法人事業税額 ○57-○58-○59 ○60		○60のうち見込納付額 ○61	00
差引 ○60-○61 ○62			00

都民税

（使途秘匿金税額等）			
法人税法の規定によって計算した法人税額 ①			
試験研究費の額等に係る法人税額の特別控除額 ②			
還付法人税額等の控除額 ③			
退職年金等積立金に係る法人税額 ④			
課税標準となる法人税額又は個別帰属法人税額 ⑤			000
2以上の道府県に事業所又は事務所を有する法人における課税標準となる法人税額又は個別帰属法人税額 ⑥			000
法人税割額 (⑤又は⑥×100) ⑦			
都民税の特定寄附金税額控除額 ⑧			
税額控除超過額相当額の加算額 ⑨			
外国関係会社等に係る控除対象所得税額等相当額又は個別控除対象所得税額等相当額の控除額 ⑩			
外国の法人税等の額の控除額 ⑪			
仮装経理に基づく法人税割額の控除額 ⑫			
差引法人税割額 (⑦-⑧-⑨-⑩-⑪-⑫) ⑬			00
既に納付の確定した当期分の法人税割額 ⑭			00
租税条約の実施に係る法人税割額の控除額 ⑮			
この申告により納付すべき法人税割額 ⑬-⑭-⑮ ⑯			00

均等割額（東京都の場合）

算定期間において事務所等を有していた月数 ⑰		9 月
70,000円 × ⑰/12 ⑱		5 2 5 0 0
既に納付の確定した当期分の均等割額 ⑲		0 0
この申告により納付すべき均等割額 ⑱-⑲ ⑳		5 2 5 0 0
この申告により納付すべき都民税額 ⑯+⑳ ㉑		0 0
㉑のうち見込納付額 ㉒		
差引 ㉑-㉒ ㉓		5 2 5 0 0

東京都以外の場合に市町村分について計算

特別区分の課税標準額 ㉔		
同上に対する税額 ㉔×100 ㉕		
市町村分の課税標準額 ㉖		
同上に対する税額 ㉖×100 ㉗		

中間納付額 ㉒		
還付請求 還付を受けようとする金融機関及び支払方法 金融機関名 支店名 預金種目 口座番号		
法人税の期末現在の資本金等の額又は連結個別資本金等の額		100000000
法人税の当期の確定税額又は連結法人税個別帰属支出額		
決算確定の日 ・ ・		
解散の日 X1・3・31		
残余財産の最後の分配又は引渡しの日 ・ ・		
申告期限の延長の処分（承認）の有無 事業税 有・無 法人税 有・無		
法人税の申告書の種類 青色・その他		
この申告が中間申告の場合の計算期間 ・ ・ から ・ ・ まで		
翌期の中間申告の要否 要・否 国外関連者の有無 有・無		

処理事項（記載しないでください）

	分類 割数	所得金額の計算の内訳			税額
事業税1 本部	総数 本部	所得金額（法人税の明細書（別表4）の（34））又は個別所得金額（法人税の明細書（別表4の2付表）の（42）） ㉓			2 5 0 5 2 5 0 0
事業税2 本部	総数 本部	加算 損金の額又は個別帰属損金額に算入した所得税額及び復興特別所得税額 ㉔			
都民税 特別区	総数 特別区	加算 損金の額又は個別帰属損金額に算入した海外投資等損失準備金勘定への繰入額 ㉕			
市町村	市町村	減算 益金の額又は個別帰属益金額に算入した海外投資等損失準備金勘定からの戻入額 ㉖			
		減算 外国の事業に帰属する所得以外の所得に対して課された外国法人税額 ㉗			
		仮計 ㉘			2 5 0 5 2 5 0 0
		繰越欠損金額等若しくは災害損失金額又は債務免除等があった場合の欠損金額等の当期控除額 ㉙			2 5 0 5 2 5 0 0
		法人税の所得金額（法人税の明細書（別表4）の（52））又は個別所得金額（法人税の明細書（別表4の2付表）の（55）） ㉚			0
法第15条の4の徴収猶予を受けようとする税額 ㉛					

関与税理士署名		（電話 ）

106

均等割額の計算に関する明細書

事業年度 又は連結 事業年度	X1・4・1 X2・1・20	法人名	丁 株式会社

第六号様式別表四の三 （令和四年改正）

事務所、事業所又は寮等（事務所等）の従業者数の明細

東京都内における主たる 事務所等の所在地	事務所等を有 していた月数	従業者数の 合計数
中央　区 ○丁目　○番　○号 ○○町 市（町村）	月 9	人 3

特別区内における従たる事務所等

	所　在　地	名　　称 （外　箇所）	月数	従業者数の 合計数
1	千代田区			人
2	中央　区			
3	港　　区			
4	新宿　区			
5	文京　区			
6	台東　区			
7	墨田　区			
8	江東　区			
9	品川　区			
10	目黒　区			
11	大田　区			
12	世田谷区			
13	渋谷　区			
14	中野　区			
15	杉並　区			
16	豊島　区			
17	北　　区			
18	荒川　区			
19	板橋　区			
20	練馬　区			
21	足立　区			
22	葛飾　区			
23	江戸川区			
	合　　　計 （主たる事務所等の従業者数の合計数を含む。）			3

市町村の存する区域内における従たる事務所等

名　称 （外　箇所）	所　在　地
	市 町 村

当該事業年度又は連結事業年度（算定期間）中の従たる事務所等の設置・廃止及び主たる事務所等の異動

異動 区分	異動の 年月日	名　称	所　在　地
設置	・　・		
廃止	・　・		
旧の主 たる事 務所等	・　・ （　月）		

均　等　割　額　の　計　算

区　　分		税率 （年額） (ア)	月数 (イ)	区数 (ウ)	税額計算 ((ア)×(イ)÷12)×(ウ)
特別区のみに事務所等を有する場合	主たる事務所等所在の特別区　事務所等の従業者数50人超 ①	円	月		円 0 0
	事務所等の従業者数50人以下②	7 0,0 0 0	9		5 2,5 0 0
	従たる事務所等所在の特別区　事務所等の従業者数50人超 ③				0 0
	事務所等の従業者数50人以下④				0 0
特別区と市町村に事務所等を有する場合	道府県分 ⑤				0 0
	特別区（市町村分）　事務所等の従業者数50人超 ⑥				0 0
	事務所等の従業者数50人以下 ⑦				0 0
納付すべき均等割額 ①+②+③+④ 又は ⑤+⑥+⑦　　⑧					5 2,5 0 0
備考					

◆東京都主税局

(都・法) 22120-217

この明細書は、特別区に事務所、事業所又は寮等を有する法人が、中間・確定申告書（第６号様式、第６号様式（その２）又は第６号様式（その３））、予定申告書（第６号の３様式、第６号の３様式（その２）又は第６号の３様式（その３））を提出する場合に添付してください。

第六号様式別表九（提出用）（令和四年改正）

欠損金額等及び災害損失金の控除明細書 (法第72条の2第1項 第1号 第3号 に掲げる事業)

事業年度	X1・4・1 X2・1・20	法人名	丁 株式会社

控除前所得金額 第6号様式⑱ー（別表10⑨又は㉑）①	25,052,500 円	損金算入限度額 ①× 50又は100/100 ②	25,052,500 円

事 業 年 度	区 分	控除未済欠損金額等又は控除未済災害損失金③	当期控除額④（当該事業年度の③と（②ー当該事業年度前の④の合計額）のうち少ない金額）	翌期繰越額⑤（（③ー④）又は別表11⑰）
・ ・	欠損金額等・災害損失金	円	円	
・ ・	欠損金額等・災害損失金			円
・ ・	欠損金額等・災害損失金			
・ ・	欠損金額等・災害損失金			
・ ・	欠損金額等・災害損失金			
・ ・	欠損金額等・災害損失金			
・ ・	欠損金額等・災害損失金			
・ ・	欠損金額等・災害損失金			
・ ・	欠損金額等・災害損失金			
X0・4・1 X1・3・31	欠損金額等・災害損失金	8,200,000	8,200,000	0
計		8,200,000	8,200,000	0

当期分	欠損金額等・災害損失金			
	同上のうち 災害損失金			円
	同上のうち 青色欠損金			
	合計			

災害により生じた損失の額の計算

災害の種類		災害のやんだ日又はやむを得ない事情のやんだ日	・ ・
当期の欠損金額 ⑥	円	差引災害により生じた損失の額（⑦ー⑧）⑨	円
災害により生じた損失の額 ⑦		繰越控除の対象となる損失の額（⑥と⑨のうち少ない金額）⑩	
保険金又は損害賠償金等の額 ⑧			

◆ 東京都主税局

都・法 22120-224

民事再生等評価換えが行われる場合以外の再生等欠損金額等及び
解散の場合の欠損金額等の控除明細書

（法第72条の2第1項	第1号 第3号　に掲げる事業 第4号 ）

事業年度	X 1・4・1 X 2・1・20	法人名	丁　株式会社

第六号様式別表十一（令和四年改正）

債務免除等による利益の内訳	債務の免除を受けた金額	①	円	所得金額	⑦の金額等を控除した後の所得 （第6号様式 68 又は別表5 ㉔）－⑦	⑨	円 16,852,500
	私財提供を受けた金銭の額	②			⑦の金額等を控除する前の所得 （第6号様式 68 又は別表5 ㉔）	⑩	
	私財提供を受けた金銭以外の資産の価額	③		当期控除額	④－⑧又は⑨のうち最も少ない金額	⑪	16,852,500
	計（①＋②＋③）	④			④、⑤－⑥又は⑩のうち最も少ない金額	⑫	
欠損金額等の計算	適用年度終了の時における前期以前の事業年度から繰り越された欠損金額等	⑤	35,000,000		調整前の欠損金額等の翌期繰越額 （⑮の計）	⑬	
	適用年度終了の時における資本金等の額（プラスの場合は0）	⑥	△　　　　　0		欠損金額等からないものとする金額（⑪と⑬のうち少ない金額）	⑭	
	当期控除を受ける欠損金額等又は災害損失金額（別表9④の計）	⑦	8,200,000				
	差引欠損金額等（⑤－⑥－⑦）	⑧	26,800,000				

欠　損　金　額　等　の　翌　期　繰　越　額　の　調　整

発生事業年度	調整前の欠損金額等の翌期繰越額 （第6号様式別表9③－④） ⑮	欠損金額等からないものとする金額 （当該発生事業年度の⑲と（⑭－当該発生事業年度前の⑯の合計額）のうち少ない金額） ⑯	差引欠損金額等の翌期繰越額 （⑮－⑯） ⑰
・　・	円	円	円
・　・			
・　・			
・　・			
・　・			
・　・			
・　・			
・　・			
・　・			
・　・			
計			

◆東京都主税局

（都・法）22120-226

4 債務免除との関係

　清算中の事業年度についても、損益法に基づく所得計算であるため、債務免除益は所得の金額の計算上益金の額に算入される。債務免除益が益金の額に算入されることにより、課税の問題が生じ得るが、青色欠損金の控除により、結果として課税所得がゼロとなれば問題はない。ところが、青色欠損金の額が青色欠損金控除前の所得を下回るケースにおいて、課税の問題が生じうる。そこで、「残余財産がないことが見込まれる」という要件を満たしている場合に、期限切れ欠損金の損金算入の特例（法法59条4項）の適用を受けることができるため、その期限切れ欠損金の損金算入特例により、課税所得が発生しないようにできるのかどうかが重要なポイントになると考えられる。

5 取締役を退任し清算人に就く場合の取締役退職金の取扱い

　引き続き勤務する役員または使用人に対し退職手当等として一時に支払われる給与のうち、法人が解散した場合において引き続き役員または使用人として清算事務に従事する者に対し、その解散前の勤続期間に係る退職手当等として支払われる給与で、その給与が支払われた後に支払われる退職手当等の計算上その給与の計算の基礎となった勤続期間を一切加味しない条件の下に支払われるものは、所得税法上、退職手当等とされる（所基通30－2(6)）。

　取締役がいったん退任し、解散後の清算人に就任するケースはよくみられるが、取締役としての職務執行に対して役員退職金を支給することは少なくない。そのような場合であっても、その後に支払われる清算人の職務に対する退職金等の算定期間に取締役としての勤続期間が含まれていなければ、取締役退任時の退職金は所得税法上の退職所得として取り扱われる。法人税法上も、次の質疑応答事例が示すように、退職給与として取り扱われる。

解散後引き続き役員として清算事務に従事する者に支給する退職給与

【照会要旨】

　法人が解散した場合において、引き続き清算人として清算事務に従事する旧役員に対しその解散前の勤続期間に係る退職手当等として支払われる給与については、法人税法上退職給与として取り扱われますか。

【回答要旨】

　退職給与として取り扱われます。

（理由）

　法人が解散した場合において、引き続き役員または使用人として清算事務に従事する者に対し、その解散前の勤続期間に係る退職手当等として支払われる給与は、所得税法上退職手当等として取り扱われています（所得税基本通達30－2(6)）ので、法人税法上も退職給与として取り扱うことが相当と考えられます。

【関係法令通達】

法人税法第34条

所得税基本通達30－2(6)

（出典：国税庁「質疑応答事例」）

　上記により支給される役員退職金の額の損金算入の時期は、株主総会の決議等によりその額が具体的に確定した日の属する事業年度となる。ただし、法人がその退職給与の額を支払った日の属する事業年度においてその支払った額につき損金経理をした場合には、これが認められる（法基通9－2－28）。なお、不相当に高額であると判断される部分について損金不算入となるのは当然である。

　清算中に終了する事業年度も、損益法による所得計算（益金の額から損金の額を控除して所得を計算）であるため、過大退職給与の認定がされた場合は、その部分は損金不算入となる。ただし、支払った退職給与について仮に過大給与の認定がされた場合であっても、その過大支給により結果として残余財産が残らないこととなった場合には、清算中の事業年度において期限切れ欠損金の使用ができる余地が生じることになる（法法59条4項）。すなわち、適正額の支給であった場合には残余財産が残り、期限切れ欠損金が使用できなくなるケースにおいて、適正額を上回る過大退職給与の支給により、残余財産が残らない場合には、過大退職給与の部分は損金不算入となる一方において、期限切れ欠損金の使用ができるメリットが生じることになると考えられる。ただし、期限切れ欠損金の使用のみを目的として、意図的に過大退職給与を支給する行為が、同族会社の行為計算否認規定により、否認される可能性はある。

6 清算結了登記後に更正を受けた場合の納税義務

　法人格が消滅したかどうかは、清算結了登記が終了したかどうかではなく、清算事務が実質的に終了したかどうかで判断される点については、「第1編　法務編」で解説したとおりである。現務の結了、債権の取立てと債務の弁済、残余財産の分配という清算事務が終了していなかったり、株主総会による決算報告の承認がなされていなかったりすると、清算結了の登記がされても、会社の法人格は消滅しない[78]。要するに、債務の弁済が未了であっただけでも[79]、法人は存続していることになる。

　清算結了登記後において、税務調査により更正処分を受けた場合についても、上記の考え方・解釈が当てはまる。すなわち、未納税金を納付するまでは清算事務は実質的に終了していないものと解されるため、清算中の法人が存続しているものとして納税義務が残ることとなる[80]。その点は、次の通達にも示されているとおりである。

清算結了の登記をした法人の納税義務等（法基通1－1－7）

　法人が清算結了の登記をした場合においても、その清算の結了は実質的に判定すべきものであるから、当該法人は、法人税を納める義務を履行するまではなお存続するものとする。

　（注）　本文の法人が通算法人である場合において当該法人が清算結了の登記をしたときの当該法人の納税義務等について、当該法人は、その法人税については、本文に定めるところにより、当該法人税を納める義務を履行するまではなお存続するものとし、法人税法第152条第1項《連帯納付の責任》の規定により連帯納付の責任を有することとなった他の通算法人の同項に規定する法人税については、当該法人および他の通算法人が当該法人税を納める義務を履行するまではなお存続するものとする。

　解散した法人が納付すべき租税を納付しないで、株主に対して残余財産の分配をした場合、その法人に課せられた租税については、清算人および残余財産の分配を受けた株主双方に第二次納税義務が生じる（国税徴収法34条、地方税法11条の3）。したがって、法人が更正により納税義務が発生した租税を納付しない場合には、清算人は株主に分配した財産の価額を限度として納税義務を負う。また、株主は分配を受けた財産の価額を限度として納税義務を負う。

78　「会社法コンメンタール12」商事法務、P297（川島いづみ）。
79　債務の弁済をし、また、弁済できない債務については債務免除を受けるなど、債務の整理が完了していることが必要である。
80　東京地判・昭和46年4月5日。東京地裁・昭和43年（行ウ）75号。神戸地判・昭和61年（行ウ）第13号。

清算人等の第二次納税義務（国税徴収法34条1項）

　法人が解散した場合において、その法人に課されるべき、またはその法人が納付すべき国税を納付しないで残余財産の分配または引渡しをしたときは、その法人に対し滞納処分を執行してもなおその徴収すべき額に不足すると認められる場合に限り、清算人および残余財産の分配または引渡しを受けた者は、その滞納に係る国税につき第二次納税義務を負う。ただし、清算人は分配または引渡しをした財産の価額の限度において、残余財産の分配または引渡しを受けた者はその受けた財産の価額の限度において、それぞれその責めに任ずる。

第5章 100％子法人の解散・清算

1 100％子法人の解散・清算

　完全支配関係にある法人同士を一体ととらえる考え方が適用され、100％子法人の清算に伴う子法人株式の消却損の損金算入は認められない（法法61条の2第17項）。一方、100％子法人の未処理欠損金額（10年内の繰越欠損金額のうち未使用のもの）を親法人が引き継ぐものとされている（法法57条2項）。

2 未処理欠損金額の引継ぎと制限規定

⑴ 前10年内事業年度において生じた未処理欠損金額の引継ぎ

　当該内国法人との間に完全支配関係がある他の内国法人で当該内国法人が発行済株式等の全部もしくは一部を有するものの残余財産が確定した場合において、当該他の内国法人の残余財産確定の日の翌日前10年以内に開始した各事業年度（以下、「前10年内事業年度」[81]という）において生じた欠損金額（未処理欠損金額）があるときは、当該内国法人の残余財産確定の日の翌日の属する事業年度以後の各事業年度において、当該未処理欠損金額の生じた前10年内事業年度開始の日の属する当該内国法人の各事業年度において生じた欠損金額とみなす（法法57条2項）。

　親法人の決算期が3月決算で、100％子法人の決算期も同じ3月決算であるケースで、解散の日が9月30日、残余財産確定の日が5月31日、残余財産確定の日の翌日が6月1日の場合の取扱いは次のようになる。

---

[81] 平成30年4月1日以後に開始する事業年度で発生した欠損金については10年内、平成20年4月1日以後に終了した事業年度において生じた欠損金額については9年内、平成20年4月1日前に終了した事業年度において生じた欠損金額については、7年内である（以下同様）。

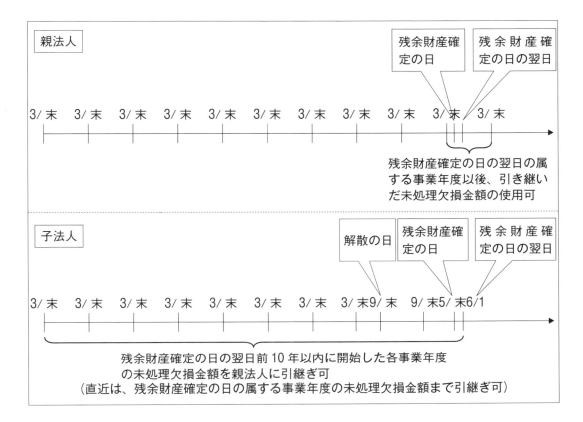

　親法人と子法人の決算期が一致している場合はわかりやすいが、両者の決算期が異なる場合は、株主に引き継がれる未処理欠損金額は、それぞれの未処理欠損金額の生じた前10年内事業年度開始の日の属する株主である内国法人の事業年度において生じた欠損金額とみなされる。わかりやすく言い換えれば、引継ぎを行う子法人の未処理欠損金額が生じた事業年度開始の日（期首日）の属する親法人の事業年度において生じたものとみなして以後使用できるという意味である。

　また、株主である内国法人（親法人）のその残余財産確定の日の翌日の属する事業年度開始の日以後に開始した他の内国法人（子法人）の前10年内事業年度において生じた未処理欠損金額（＝子法人の最後事業年度において生じた欠損金がこれに該当する可能性あり）は、その残余財産確定の日の翌日の属する事業年度の前事業年度において生じた欠損金額とみなす。

　なお、完全支配関係がある子法人の未処理欠損金額の親法人への引継ぎは、別表7⑴付表1「適格組織再編成等が行われた場合の調整後の控除未済欠損金額の計算に関する明細書」に親法人の未処理欠損金額、子法人の未処理欠損金額、および両者の合計額を記載し、その合計額を別表7⑴「欠損金の損金算入等に関する明細書」に記載する方法により

行うことになる。

　以下、別表7⑴付表1の記載例を示すものとする。親法人甲社は3月決算、（親法人との間に完全支配関係がある）子法人は9月決算法人であったものとする。子法人の残余財産はX4年2月28日に確定したものとする。

　子法人乙社の繰越欠損金の額は、次のとおりである。

（単位：円）

発生事業年度	繰越欠損金の額
X0.10.1〜X1.9.30	1,000,000
X1.10.1〜X2.9.30	2,000,000
X2.10.1〜X3.9.30	500,000
X3.10.1〜X4.2.28	1,200,000
合計	4,700,000

　なお、乙社の最後事業年度（X3.10.1〜X4.2.28）に発生した繰越欠損金は、子法人の最後事業年度が親法人の残余財産確定の日の翌日の属する事業年度開始の日以後に開始した事業年度であるため、親法人である甲社の残余財産の確定の日の翌日の属する事業年度の前事業年度であるX3年3月期に生じた繰越欠損金とみなされる点に留意が必要である。

　甲社のX4年3月期における繰越欠損金の控除前所得金額が6,000,000円であったものとすると、引き継がれた繰越欠損金4,700,000円の全額が控除される（甲社は中小法人等であり、繰越欠損金の控除制限は受けないものと仮定）。

欠損金の損金算入等に関する明細書

事業年度	X3・4・1　X4・3・31	法人名	甲社

別表七(一)

令六・四・一以後終了事業年度分

控除前所得金額 (別表四「43の①」)	1	円 6,000,000	損金算入限度額 (1) × $\frac{50又は100}{100}$	2	円 6,000,000

事業年度	区　分	控除未済欠損金額 3	当期控除額 (当該事業年度の(3)と((2)－当該事業年度前の (4)の合計額))のうち少ない金額 4	翌期繰越額 ((3)－(4))又は(別表七(四)「15」) 5
・・ ・・	青色欠損・連結みなし欠損・災害損失	円	円	
X0・4・1 X1・3・31	青色㊞・連結みなし欠損・災害損失	1,000,000	1,000,000	円 0
X1・4・1 X2・3・31	青色㊞・連結みなし欠損・災害損失	2,000,000	2,000,000	0
X2・4・1 X3・3・31	青色㊞・連結みなし欠損・災害損失	1,700,000	1,700,000	0
・・ ・・	青色欠損・連結みなし欠損・災害損失			
・・ ・・	青色欠損・連結みなし欠損・災害損失			
・・ ・・	青色欠損・連結みなし欠損・災害損失			
・・ ・・	青色欠損・連結みなし欠損　災害損失			
・・ ・・	青色欠損・連結みなし欠損　災害損失			
計		4,700,000	4,700,000	0

当期分	欠損金額 (別表四「52の①」)		欠損金の繰戻し額	
	同上のうち	青色欠損金額		
		災害損失欠損金額	(16の③)	
	合　計			

災害により生じた損失の額がある場合の繰越控除の対象となる欠損金額等の計算

災害の種類		災害のやんだ日又はやむ を得ない事情のやんだ日	・　・
災害を受けた資産の別	棚卸資産 ①	固定資産 (固定資産に準ずる繰延資産を含む。) ②	計 ①＋② ③

当期の欠損金額 (別表四「52の①」)	6			円
資産の滅失等により生じた損失の額	7	円	円	
被害資産の原状回復のための 費用等に係る損失の額	8			
被害の拡大又は発生の防止 のための費用に係る損失の額	9			
計 (7)＋(8)＋(9)	10			
保険金又は損害賠償金等の額	11			
差引災害により生じた損失の額 (10)－(11)	12			
同上のうち所得税額の還付又は欠損金の 繰戻しの対象となる災害損失金額	13			
中間申告における災害損失欠損金の繰戻し額	14			
繰戻しの対象となる災害損失欠損金額 ((6の③)と((13の③)－(14の③))のうち少ない金額)	15			
繰越控除の対象となる欠損金額 ((6の③)と((12の③)－(14の③))のうち少ない金額)	16			

適格組織再編成等が行われた場合の調整後の控除未済欠損金額の計算に関する明細書

| 事業年度 | X3・4・1 X4・3・31 | 法人名 | 甲社 |

別表七(一)付表一 令六・四・一以後終了事業年度分

適格組織再編成等が行われた場合の調整後の控除未済欠損金額

事業年度	欠損金の区分	控除未済欠損金額又は調整後の当該法人分の控除未済欠損金額 前期の別表七(一)「5」又は(4)、(7)若しくは別表七(一)付表三「5」若しくは別表七(一)付表四「5」 1	被合併法人等から引継ぎを受ける未処理欠損金額 適格合併等の別:適格合併・残余財産の確定 適格合併等の日:X4・2・28 被合併法人等の名称: 乙社			調整後の控除未済欠損金額 (1)+(2)
			被合併法人等の事業年度	欠損金の区分	被合併法人等の未処理欠損金額 最終の事業年度の別表七(一)「5」又は(4)、(7)若しくは別表七(一)付表三「5」 2	3
X0・4・1 X1・3・31	内	0 円	X0・10・1 X1・9・30	青色 内	1,000,000 円 内	1,000,000
X1・4・1 X2・3・31	内	0	X1・10・1 X2・9・30	〃 内	2,000,000 内	2,000,000
X2・4・1 X3・3・31	内	0	X2・10・1 X3・9・30	〃 内	500,000 内	500,000
X2・4・1 X3・3・31	内	0	X3・10・1 X4・2・28	〃 内	1,200,000 内	1,200,000
： ：	内		： ：	内	内	
： ：	内		： ：	内	内	
： ：	内		： ：	内	内	
： ：	内		： ：	内	内	
： ：	内		： ：	内	内	
計		0	計		4,700,000	4,700,000

支配関係がある法人との間で適格組織再編成等が行われた場合の未処理欠損金額又は控除未済欠損金額の調整計算の明細

| 適格組織再編成等の別 | 合併(適格・非適格)・残余財産の確定・適格分割・適格現物出資・適格現物分配 | 適格組織再編成等の日 | ・・ |
| 対象法人の別 | 被合併法人等(名称:)・当該法人 | 支配関係発生日 | |

対象法人の事業年度	欠損金の区分	共同事業要件に該当する場合又は5年継続支配関係がある場合のいずれかに該当する場合 被合併法人等の未処理欠損金額又は当該法人の控除未済欠損金額 被合併法人等の最終の事業年度の別表七(一)「5」又は当該法人の前期の別表七(一)「5」 4	共同事業要件に該当する場合又は5年継続支配関係がある場合のいずれにも該当しない場合		
			被合併法人等の未処理欠損金額又は当該法人の控除未済欠損金額 被合併法人等の最終の事業年度の別表七(一)「5」又は当該法人の前期の別表七(一)「5」 5	支配関係事業年度以後の事業年度の欠損金額のうち特定資産譲渡等損失相当額以外の部分から成る欠損金額 (8)-(12) 6	引継ぎを受ける未処理欠損金額又は調整後の当該法人分の控除未済欠損金額 支配関係事業年度前の事業年度にあっては0、支配関係事業年度以後の事業年度にあっては(5)と(6)のうち少ない金額 7
： ：		円	円	円	円
： ：					
： ：					
： ：					
： ：					
： ：					
： ：					
： ：					
計					

支配関係事業年度以後の欠損金額のうち特定資産譲渡等損失相当額の計算の明細

対象法人の支配関係事業年度以後の事業年度	支配関係事業年度以後の事業年度の欠損金発生額 (支配関係事業年度以後の事業年度のそれぞれの別表七(一)「当期分の青色欠損金額」) 8	欠損金額のうち特定資産譲渡等損失相当額の計算			
		特定引継資産又は特定保有資産の譲渡等による損失の額の合計額 9	特定引継資産又は特定保有資産の譲渡等による利益の額の合計額 10	特定資産譲渡等損失額 (9)-(10)又は(別表七(一)付表二「5」) 11	欠損金額のうち特定資産譲渡等損失相当額 (8)と(11)のうち少ない金額 12
： ：	内 円	円	円	円	円
： ：	内				
： ：	内				
： ：	内				
： ：	内				
計					

　第1に、親法人の未処理欠損金額を「控除未済欠損金額又は調整後の当該法人分の控除未済欠損金額」の欄に事業年度ごとに記載する。第2に、子法人から引継ぎを受ける未処理欠損金額を「被合併法人等から引継ぎを受ける未処理欠損金額」の欄に事業年度ごとに記載する。第3に、親法人の未処理欠損金額に子法人から引き継ぐ未処理欠損金額を加算した額を、「調整後の控除未済欠損金額」の欄に事業年度ごとに記載する。この調整後の控除未済欠損金額を別表7(1)に事業年度ごとに転記する。

　残余財産の確定の日の翌日の属する（親法人の）事業年度開始の日の5年前の日から残余財産の確定の日まで支配関係が継続している場合は、原則として引継ぎ制限はないため、付表1の上段のみ記載すればよく、中段に記載する必要はない。

　また、親法人に繰越欠損金がない場合でも、1欄には0と記載し、引き継ぐ子法人の繰越欠損金を2欄に記載し、3欄に合計額（結果として2欄の額）を記載することになる。

　引き継ぐ繰越欠損金は、繰越欠損金が発生した子法人の事業年度開始の日の属する親法人の事業年度において生じた繰越欠損金とみなすため、記載例のように、例えば子法人のX0年10月1日からX1年9月30日までの事業年度に発生した繰越欠損金は、親法人のX0年4月1日からX1年3月31日までの事業年度において生じた繰越欠損金とみなして引き継ぐことになる。また、子法人の残余財産の確定の日の属する事業年度（最後事業年度）であるX3年10月1日からX4年2月28日までの事業年度において生じた繰越欠損金は、親法人の残余財産の確定の日の翌日の属する事業年度の前事業年度であるX2年4月1日からX3年3月31日までの事業年度において生じた繰越欠損金とみなして引き継ぐことになる。

　なお、親法人が子法人から繰越欠損金を引き継ぐ場合は、別表7(1)付表1を記載することになるが、その添付書類として、子法人の最後事業年度の確定申告書に添付された別表7(1)の写しを添付する必要がある[82]。また、地方税の申告においても第6号様式の別表9に併せて別表12「適格組織再編成等が行われた場合の調整後の控除未済欠損金額等の計算に関する明細書」および子法人の最後事業年度の確定申告書に添付された第6号様式の別表9の写しを添付する必要がある。

(2)　未処理欠損金額の引継ぎ制限

　100％子法人の未処理欠損金額の引継ぎ制限は、適格合併の引継ぎ制限と同様に規定されている。すなわち、みなし共同事業要件を満たしていなくても、①残余財産の確定の日

82　国税庁「別表7(1)付表1の記載の仕方」より。

の翌日の属する（親法人の）事業年度開始の日の5年前の日、②親法人の設立の日、③子法人の設立の日、以上のうち最も遅い日から継続して支配関係を有する場合には、原則として引継ぎ制限は課せられない（法法57条3項）。

　「最も遅い日から継続して支配関係を有する場合」とされているように、「①残余財産の確定の日の翌日の属する事業年度開始の日の5年前の日、②親法人の設立の日、③子法人の設立の日、以上のうち最も遅い日」において100％でなくても、支配関係（50％超）があり、その後支配関係が継続していて、残余財産確定の日までに完全支配関係になっていれば、100％子法人の未処理欠損金額を親法人に引き継ぐことができる。

支配関係→完全支配関係→残余財産確定のケース

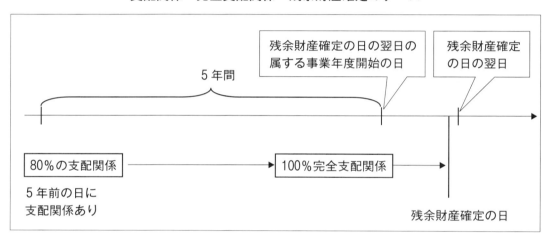

　子法人を解散する場合に、親法人が少数株主から株式を買い取って、親法人がもっぱら清算手続を遂行するケースが少なくない。その場合であっても、残余財産確定の日の翌日の属する事業年度開始の日の5年前の日にすでに支配関係があって、その後も支配関係が継続していて、かつ、残余財産確定の日までに100％の完全支配関係になっていれば、子法人の未処理欠損金額の全額を親法人に問題なく引き継ぐことができる。少数株主にとっては清算手続に移行する法人の株式を保有し続けることに意味がなくなる。また、清算手続の簡便化のメリットもあることから、親法人が少数株主から株式を買い取り、親法人が単独で清算事務を遂行するというケースは実務上少なくなく、親法人が少数株主から株式を買い取り、100％子法人化すること自体に問題はないと考えられる。

　逆に、子法人株式の消却損の損金算入メリットの方が、子法人の未処理欠損金額の引継ぎメリットよりも大きいケースにおいて、100％の完全支配関係を解消するために、意図的に一部の株式だけを関係法人に移す行為をした場合には、関係法人が取得することの合理性、すなわち解散・清算を予定しているような法人の株式を取得・保有することの合理

性が問われるものと考えられる。

(3)　直接所有割合が100％以外のケースにも適用

　内国法人との間に完全支配関係がある他の内国法人が解散・清算した場合において、当該内国法人が他の内国法人の株式を所有している場合、株式の消却損の損金算入は認められず（法法61条の2第17項）、一方で、残余財産の確定を条件として、他の内国法人の未処理欠損金額を引き継ぐことができる（法法57条2項）。

　その場合、当該他の内国法人に株主が2以上存在する場合には、当該未処理欠損金額を発行済株式総数で除し、これに当該内国法人が有する当該他の内国法人の株式数を乗じて計算した金額を引き継ぐ。直接所有割合が100％でない場合であっても、内国法人との間に完全支配関係がある他の内国法人の解散・清算であり、その内国法人が他の内国法人の株式を所有している場合には、適用されることになる。

　例えば次のケースにおいて、C法人が解散し、残余財産が確定したものとする。C法人の未処理欠損金額が300あるとすると、A法人が210（300×70％）、B法人が90（300×30％）の未処理欠損金額を引き継ぐことになる。もちろんA法人およびB法人におけるC法人株式の消却損の損金算入はできない。

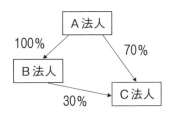

(4)　清算法人株式の評価損と未処理欠損金の引継ぎ

　100％グループ内の他の内国法人が①清算中である場合、②解散（合併による解散を除く）をすることが見込まれる場合または③当該内国法人との間に完全支配関係がある他の内国法人との間で適格合併を行うことが見込まれるものである場合、以上の3つのケースのいずれかに該当する場合には、その株式について評価損を計上しないとされている（法法33条5項、法令68条の3第1項）。

　完全支配関係がある他の内国法人が解散し、残余財産が確定した場合、その清算法人の未処理欠損金額を完全支配関係がある株主法人に引き継ぐものとされている（法法57条2項）。グループ法人税制の創設に伴い、完全支配関係がある子法人の残余財産が確定した

ときに、子法人株式の消却損が損金不算入とされた改正（法法61条の２第17項）と同時に手当てされたものである。

　残余財産が確定する前に迎える親法人の決算期において、いかに子法人株式の評価損の損金算入要件を満たしている場合であっても、その損金算入を認めてしまうと、親法人にとって子法人株式の評価損の計上と未処理欠損金額の引継ぎという２重のメリットが生じることになる。消却損を損金不算入とした取扱いとバランスを欠くことにもなる。そこで、①清算中である場合、または②解散（合併による解散を除く）をすることが見込まれる場合には、株式の評価損を計上できないものと規定されている。

　また、③当該内国法人との間に完全支配関係がある他の内国法人との間で適格合併を行うことが見込まれるものである場合についても、適格合併であれば合併法人に未処理欠損金額の引継ぎが行われることから考えて、改正の趣旨はまったく同じであると考えられる。

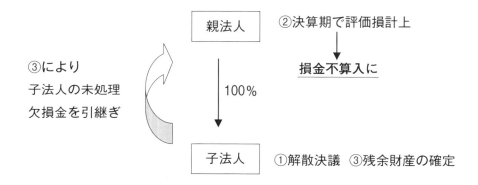

(5)　有税の評価損否認金と別表調整の方法

　完全支配関係がある子法人の残余財産が確定する前の段階で迎える親法人の決算期において、会計上、株式の減損処理を行う場面が生じ得るが、その場合は申告書別表４で加算（留保）の調整をすることになる。子法人の残余財産が確定に至った場合、親法人においては株式の消却損の計上はできない。残余財産の分配を受けないことが確定した場合においては、子法人株式の帳簿価額の全額について資本金等の額の加減算処理を行うことになる（法法61条の２第17項、法令８条１項22号）。

設 例 有税の評価損否認金と別表調整の方法

前提条件

　100％子法人の残余財産が確定する前に到来する親法人の決算期（X1期）において、会計上、子法人株式の帳簿価額300について全額を減損処理した。また、このときにその子法人の解散が見込まれているものとする。法人税申告書の別表4で加算（留保）の調整をすることになる。

1．X1期

別表四　所得の金額の計算に関する明細書

区　　分	総　　額	処　分			
		留　保	社外流出		
	①	②	③		
当期利益又は当期欠損の額			配　当		
			その他		
加算　子法人株式評価損否認	300	300			

別表五（一）　利益積立金額および資本金等の額の計算に関する明細書

I　　利益積立金額の計算に関する明細書				
区　　分	期首現在利益積立金額	当期の増減		差引翌期首現在利益積立金額 ①－②＋③
		減	増	
	①	②	③	④
子法人株式評価損否認金			300	300

　別表5(1)の調整は、子法人株式の会計上の帳簿価額がゼロになったのに対して税務上の帳簿価額は300のままであることを意味する。なお、子法人株式の評価損を計上した時点において、翌期以降の損金算入は見込まれないので、税効果会計における将来減算一時差異には該当しないと考えられる。

2. X2期

親法人のX2期の途中で、その子法人から残余財産の分配を受けないことが確定したものとする。X2期において、子法人株式の（税務上の）帳簿価額300について、親法人において資本金等の額が減少するが、別表には次のように記載することが考えられる。

別表五（一） 利益積立金額および資本金等の額の計算に関する明細書

I 利益積立金額の計算に関する明細書				
区　　分	期首現在利益積立金額	当期の増減		差引翌期首現在利益積立金額 ①－②＋③
		減	増	
	①	②	③	④
利益準備金				
積立金				
子法人株式評価損否認金	300		△300	0
資本金等の額			300	300

II 資本金等の額の計算に関する明細書				
区　　分	期首現在資本金等の額	当期の増減		差引翌期首現在資本金等の額 ①－②＋③
		減	増	
	①	②	③	④
資本金又は出資金				
資本準備金				
利益積立金額			△300	△300

「利益積立金額の計算に関する明細書」と「資本金等の額の計算に関する明細書」との間で、プラス・マイナス300の調整（振替調整）を入れることにより、利益積立金額は変動なし、資本金等の額は300減少という税務上の正しい数字になる。

X2期の別表5⑴において、「利益積立金額の計算に関する明細書」に300、「資本金等の額の計算に関する明細書」にマイナス300の調整が残っているが、会計と税務のルールの差異に起因して生じた差異であり、解消しない差異であると考えられる。したがって、X1期およびX2期のいずれにおいても、税効果会計の対象にはならないと考えられる。

3 適格現物分配

(1) 適格現物分配の定義

　残余財産の分配は、みなし配当事由（法法24条1項4号）であるため、現物資産により残余財産の分配をしたときは、税務上の現物分配に該当する。適格要件を満たした現物分配である場合に、税務上の適格現物分配に該当する。

　適格現物分配とは、内国法人を現物分配法人とする現物分配のうち、その現物分配により資産の移転を受ける者がその現物分配の直前において当該内国法人との間に完全支配関係がある内国法人（普通法人または協同組合等に限る）のみであるものをいう（法法2条12号の15）。この規定から、現物分配を受ける株主の中に個人株主が1名または外国法人が1社でも存在するときは、適格現物分配に該当しないことになる点に留意する必要がある。

　また、適格要件を満たすかどうかは、「現物分配の直前において現物分配法人との間に完全支配関係がある法人」であるのかどうかで判定されるため、適格合併や適格分割のように、再編後において完全支配関係または支配関係の継続が見込まれることという要件は付されていない点に留意が必要である。したがって、完全支配関係がある法人間における残余財産の現物分配のように、現物分配後において清算結了により現物分配法人が消滅することが予定されている（＝完全支配関係が解消することが見込まれている）場合にも、適格性には影響がない。

適格現物分配に該当するケース

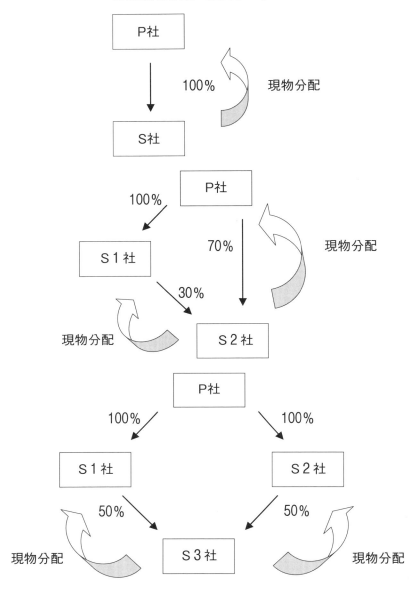

⑵ 適格現物分配の処理

　適格現物分配により、現物分配法人から被現物分配法人に対して現物資産が移転する場合、現物分配法人は帳簿価額により資産を譲渡したものとして処理する（法法62条の5第3項）。したがって、譲渡損益は計上されない。現物分配は、合併、分割等の他の組織再編行為と異なり、譲渡法人側に課税の繰延ベポジションが残らない取引、いわば手仕舞い型の取引であるため[83]、含み損益に係る繰延処理等の申告調整等は不要である。

　一方、被現物分配法人においては、その現物分配法人における現物分配直前の帳簿価額で当該資産を受け入れる（法令123条の6第1項）。①資本剰余金を原資とした剰余金の配当などのみなし配当事由に基づき現物資産の交付を受けた場合のみなし配当の部分または②利益剰余金を原資とした現物分配を受けた場合の現物資産の帳簿価額相当額について、利益積立金額の増加を認識する（法令9条1項4号）。残余財産の分配の場合は、みなし配当事由に該当するため、みなし配当の部分について利益積立金額が増加する。計算方法については、この後の設例および「第7章　株主の税務」の「1　法人の税務」の「(2)みなし配当の計算方法」の箇所を参照されたい。

　この場合、収益計上した場合であっても、益金の額に算入されない。受取配当等の益金不算入の規定（法法23条1項）の適用を受けず、適格現物分配に係る益金不算入規定の適用を受ける（法法62条の5第4項）ことにより、全額益金不算入となる。したがって、別表8⑴の記載は不要である。

設 例　**適格現物分配（残余財産の分配）をしたときの会計・税務**

前提条件

　当社（A社）の100％子法人（B社）を解散した。子法人が所有している土地を売却処分しないで、残余財産として残したうえで、残余財産の確定後に当該土地を現物分配しようと考えている。当社と子法人との間には完全支配関係があるので、適格現物分配に該当するものとする。残余財産の分配に係る会計処理と税務処理を示しなさい。

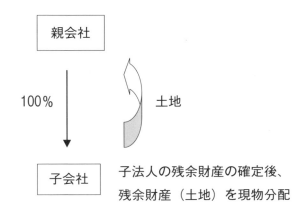

　なお、土地の帳簿価額は3,000、時価は4,000とする。資産（帳簿価額10,000）のうちの7,000（時価6,000）はすべて換価処分し、負債の返済に充てた結果、負債はゼロになったものとする。また、当社の所有する子法人株式（B社株式）の帳簿価額は、1,000とする。

83　財務省主税局「平成22年度税制改正について」、211ページ。

B社の解散時の貸借対照表

		負債	6,000
資産	10,000	資本金等の額	1,000
		利益積立金額	3,000

（注）税務上の貸借対照表を前提としている。

B社の残余財産確定時の貸借対照表

		負債	0
資産 （土地）	3,000	資本金等の額	1,000
		利益積立金額	2,000

（注）税務上の貸借対照表を前提としている。

解 答

1．会計処理

(1)　A社（親法人）の会計処理

土地	3,000	B社株式	1,000
		子法人清算益	2,000

　　共通支配下の取引であるため、土地を現物分配直前の帳簿価額3,000で受け入れるが、B社株式の帳簿価額との差額2,000は清算益として計上することになると考えられる。

(2)　B社（子法人）の会計処理

資本金	1,000	土地	3,000
利益剰余金	2,000		

2．税務処理

(1)　A社（親法人）の税務処理

現物分配法人（B社）の株式に係る譲渡原価を計算する。

$$株式の譲渡原価 = \frac{直前の帳簿価額}{（現物分配法人株式の簿価）} \times \frac{交付現物資産の帳簿価額}{前事業年度終了の時の簿価純資産額}$$

$$= 1,000 \times \frac{3,000}{3,000}$$

$$= 1,000$$

　資本金等の額の減少額（法令8条1項22号）および利益積立金額の加算額（法令9条1項4号）をそれぞれ次の算式により計算する。

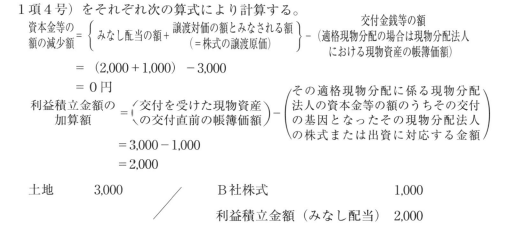

$$資本金等の額の減少額＝\left\{みなし配当の額＋\begin{array}{c}譲渡対価の額とみなされる額\\（＝株式の譲渡原価）\end{array}\right\}－\begin{array}{c}交付金銭等の額\\（適格現物分配の場合は現物分配法人\\における現物資産の帳簿価額）\end{array}$$

$$＝(2,000＋1,000)－3,000$$

$$＝0円$$

$$利益積立金額の加算額＝\left(\begin{array}{c}交付を受けた現物資産\\の交付直前の帳簿価額\end{array}\right)－\left(\begin{array}{c}その適格現物分配に係る現物分配\\法人の資本金等の額のうちその交付\\の基因となったその現物分配法人\\の株式または出資に対応する金額\end{array}\right)$$

$$＝3,000－1,000$$

$$＝2,000$$

| 土地 | 3,000 | B社株式 | 1,000 |
| | | 利益積立金額（みなし配当） | 2,000 |

別表四　所得の金額の計算に関する明細書

区　　分	総　額	処　　分	
		留　保	社外流出
	①	②	③
当期利益又は当期欠損の額			配　当
加算　みなし配当金計上もれ	2,000	2,000	その他
減算　子法人清算益減算	2,000	2,000	
減算　適格現物分配に係る益金不算入額	2,000		2,000

　会計上、子法人清算益を2,000計上しているため、別表4で減算する。また、みなし配当の計上もれを加算（留保）したうえで、同額について適格現物分配に係る益金不算入額として減算（社外流出）する（法法62条の5第4項）。

　なお、会計上、清算益を計上していることにより、繰越利益剰余金が増加しているが、別表5(1)の繰越損益金の増加により、税務上は利益積立金額が2,000増加していることになる。したがって、別表5(1)上の調整は特に必要ない。

(2)　B社（子法人）の税務処理

　資本金等の額の減少額と利益積立金額の減少額をそれぞれ次の算式により計算する。

$$\text{資本金等の額} \atop \text{の減少額} = {\text{払戻し直前の} \atop \text{資本金等の額}} \times \frac{\text{資本の払戻しにより減少した資本剰余金の額（現物資産の帳簿価額）}}{\text{前事業年度終了の時の簿価純資産額}}$$

$$= 1,000 \times \frac{3,000}{3,000}$$

$$= 1,000$$

$$\text{利益積立金額} \atop \text{の減少額} = \left({\text{交付した現物資産の} \atop \text{交付直前の帳簿価額}} - {\text{資本金等の額の} \atop \text{減少額}} \right)$$

$$= 3,000 - 1,000$$

$$= 2,000$$

資本金等の額	1,000	/	土地	3,000
利益積立金額	2,000	/		

　以下に、適格現物分配を活用して、子法人の土地を帳簿価額のまま親法人に移転した事例を取り上げる。完全支配関係がある場合とない場合で、税務上の取扱いが大きく変わる点に留意する必要がある。

設　例　子法人の整理と適格現物分配の活用（完全支配関係がある場合）

前提条件

　完全支配関係がある100％子法人を整理することとなった。

　子法人は、含み益のある土地を有する一方において、親法人からの借入金を抱えている。含み益のある土地を課税関係なしに親法人に移転する方法はあるか。また、親法人からの借入金についても、債務免除益が発生しないように対応したい。さらに、子法人の繰越欠損金を親法人に引き継ぐことができるか。

　なお、支配関係が形成されてから、相当長期間が経過しており、繰越欠損金の引継ぎ制限（法法57条3項）や使用制限（法法57条4項）については、問題ないと判断している。

子法人の貸借対照表

現金及び預金	1,000,000	親会社借入金	30,000,000
土地	10,000,000	資本金等の額	10,000,000
	（時価は40,000,000）	利益積立金額	△29,000,000
合計	11,000,000	合計	11,000,000

（注）税務上の貸借対照表を前提としている。

解　答

1．含み益のある土地の譲渡による移転の場合

　子法人の土地を親法人に譲渡した場合、完全支配関係がある内国法人間の関係であるため、グループ法人税制の適用により、子法人において譲渡利益額30,000,000円が繰り延べられる（法法61条の11第1項）。

　ただし、子法人の残余財産が確定すると、親法人と子法人との間の完全支配関係が解消するため、子法人の最後事業年度の所得計算において、譲渡利益額の戻入れが発生し（法法61条の11第3項）、譲渡利益額30,000,000円が認識され、課税が発生する。繰越欠損金は使い切って、残らないものと考えられる。

　繰越欠損金の引継ぎはできず、また、子法人において課税が発生する点を考慮すると、不利な結果を招くスキームであると判断される。

2．適格現物分配による移転の場合

　第1に、親法人の債権を免除する。含み益のある資産（弁済原資となりうる資産）が残っているにもかかわらず、債権放棄を行うため、寄附金に該当するものと考えられる。法人による完全支配関係があるため、寄附金の損金不算入（法法37条2項）、受贈益の益金不算入の規定（法法25条の2）が適用されることにより、親法人にも子法人にも課税関係は生じない[84]。

　第2に、残余財産として残った土地を残余財産の分配（＝税法上の現物分配）により親法人に移転する。完全支配関係がある内国法人間で行われており、株主は完全支配関係がある親法人のみであるため、適格現物分配に該当し、簿価移転の処理となり、課税関係は生じない（法法62条の5第3項、4項）。

　また、子法人においては、受贈益は別表4で全額減算されているため、繰越欠損金が温存されている。その子法人の繰越欠損金を親法人に引き継ぐ。

　上記の事例について、完全支配関係がなかった場合は、どのようになるか。

設例　子法人の整理と適格現物分配の活用（完全支配関係がない場合）

前提条件

　先の事例で、子法人に対する持株割合が50％超100％未満であったとする。後の前提条件は同じとする。

84　親法人においては、会計上は債権放棄損が認識されるが、税務上は寄附金として別表4で全額加算（社外流出）を行うことになるため、課税所得には影響がない。また、子法人においては、会計上は債務免除益が認識されるが、税務上は受贈益として別表4で全額減算（社外流出）を行うことになるため、課税所得には影響がない。

　土地を課税関係なしに親法人に移転することは可能か。また、子法人の繰越欠損金を親法人に引き継ぐことは可能か。

子法人の貸借対照表

現金及び預金	1,000,000	親会社借入金	30,000,000
土地	10,000,000	資本金等の額	10,000,000
	（時価は40,000,000）	利益積立金額	△29,000,000
合計	11,000,000	合計	11,000,000

解　答

1．解散・清算による場合

　完全支配関係はないので、繰越欠損金の引継ぎはできない。ただし、子法人株式の消却損は損金算入される。

　親会社からの貸付金を債権放棄すると、寄附金認定された場合に、寄附金は一部しか損金算入されず、受贈益は全額益金算入される。繰越欠損金を使い切ることになる。また、土地を現物分配しても、完全支配関係がなく、適格現物分配に該当せず、譲渡利益額30,000,000円が課税対象になる。

　そこで、土地を売却し、親法人に対する借入金を返済するものとする。売却益に対して繰越欠損金を充当するが、繰越欠損金の控除をしても課税所得が発生する。

2．合併による場合

　事業継続要件、従業者引継ぎ要件などの企業組織再編税制における適格要件を満たす場合は、適格合併となり、資産・負債を簿価で親法人に引き継ぐので、子法人において譲渡損益は計上されない。

　子法人の繰越欠損金の親法人への引継ぎは可能であるが、抱合せ株式（この場合、親法人の有する子法人株式）の消却損の損金算入は認められない。

第6章 会社の継続

　会社の継続とは、いったん解散決議をした会社が解散前の状態に復帰し、会社としての同一性を維持しつつ、存立中の会社としてその存在を継続することをいう[85]。解散後の会社が解散前の会社に復帰することをいい、継続した会社は新しい会社となるわけではなく、解散前の会社との同一性が維持されることになる。

1 会社継続に係る法務

　会社の継続は、定款に定めた存続期間の満了、定款に定めた解散事由の発生、株主総会決議によって解散した場合、およびみなし解散の場合に限って、株主総会の特別決議によって行うことができる（会社法473条）。一方、解散命令、解散判決のように強制的に解散させられた場合にまでは認められない。また、解散した会社であっても、他の会社と合併して、事業を再開することも可能である。解散した会社は被合併会社となることはできるが、合併会社となることはできない。

　会社の継続を行うことができるのは、清算が結了するまでである。また、みなし解散の場合は、解散したものとみなされた後3年以内である（会社法473条）。清算事務が終了し、株主総会により決算報告が承認されると、会社を継続することはできないと考えられる。

　会社を継続した場合は、会社は過去に遡及して解散しなかったことになるのではなく、将来に向けて解散前の状態に復帰し、営業能力を回復すると解されている。したがって、解散後会社を継続するまでの間に清算人が行った行為の効力には何ら影響はない。また、会社の継続により清算人はその地位を失うが、解散前の取締役等の地位が復活するわけではないため、取締役等の選任決議を採る必要があると解されている[86]。

　会社を継続した場合には、本店所在地において2週間以内に、継続の登記を行わなければならない（会社法927条）。登記申請書には、株主総会議事録および取締役等が就任を承

85　「新注釈会社法（13）」有斐閣、P18（平出慶道）。
86　「新注釈会社法（13）」有斐閣、P20（平出慶道）。

諾したことを証する書面を添付しなければならない（商業登記法46条2項、54条）。

2 会社継続に係る税務

　解散した会社が事業年度の途中において継続した場合、その事業年度開始の日から継続の日の前日までの期間および継続の日からその事業年度終了の日までの期間がそれぞれ1つの事業年度とみなされる（法法14条1項6号）。それぞれの事業年度について確定申告を作成・提出する必要がある。

　ここで継続の日とは、株主総会その他これに準ずる総会等において継続の日を定めたときはその定めた日、継続の日を定めなかったときは継続の決議の日をいう（法基通1－2－4）。

　いったん解散した会社が継続を行うことにより、将来に向けて解散前の状態に復帰することになるが、税務上も、清算中の各事業年度の所得に対する税額は確定したものとして取り扱う。継続をしたからといって、解散時に遡って清算期間中の税額を再計算することはしない。

　清算中の各事業年度についても継続企業と同様の通常の確定申告となるため、清算中の事業年度についても、所得税の控除不足があるときは、確定申告書の提出があった場合において、当該申告書に控除不足額の記載があるときは、当該金額に相当する税額がその都度還付される（法法78条1項）。

3 会社継続と租税回避行為

　会社を解散し、残余財産がないと見込まれることを前提として、清算中の事業年度において期限切れ欠損金を使用した後に、会社の継続を決議し、解散前の状態に復帰し、以後営業活動を行うとする。会社を解散した段階において期限切れ欠損金の使用を意図し、かつ、解散当初において継続を予定していたとすれば、解散を行ったことが期限切れ欠損金の使用をするためのものであり、それ以外に合理的な理由が見出せない場合は、明らかに租税回避行為に当たると考えられる。このような課税公平の原則に反する不当な行為に対しては、厳格な事実認定および運用がなされるものと思われる。

第7章 株主の税務

　清算法人の株主の税務について解説する。清算法人の株主が所有する株式についての評価損の計上の可否、残余財産の分配を受けた場合のみなし配当および株式の譲渡損益の計算方法などが論点となる。

1 法人の税務

(1) 株式評価損計上の可否の判断

　会社が解散したことのみをもって直ちに株式の評価減は認められない。通常清算は特別清算と異なり、清算会社の財産の内容が必ずしも悪いとは限らないためである。

　法人税法施行令68条1項2号ロ（上場有価証券等以外の有価証券の評価損の計上ができる事実）では、「その有価証券を発行する法人の資産状態が著しく悪化したため、その価額が著しく低下したこと」が評価損の計上が認められる「特定事実」に該当すると規定されている。ここで規定されている「有価証券を発行する法人の資産状態が著しく悪化したこと」には、有価証券を取得して相当の期間を経過した後に当該発行法人について次に掲げる事実が生じたこととされている（法基通9-1-9）。

---

　① 特別清算開始の命令があったこと。
　② 破産手続開始の決定があったこと。
　③ 再生手続開始の決定があったこと。
　④ 更生手続開始の決定があったこと。

　特別清算や破産の場合は、そのような事実が発生し、その価額が著しく低下したことが評価損の要件にあたる。

　また、清算会社の1株当たり純資産額が取得時のその50％相当額を下回ることとなったことにより、その時価が帳簿価額の50％相当額を下回ることとなっており、価額の回復見込みがないと判断される要件にあてはまれば評価損の計上が認められると考えられる（法令68条1項2号ロ、法基通9-1-9）。

このとき有価証券の取得時点の1株当たり純資産額がマイナスである場合には、そのマイナスの金額を基礎として50％相当額を下回るかどうかを判定する（同通達・注(2)）。例えば、取得時における1株当たり純資産額がプラス100のときは、その50％相当額以上下回るとはプラス50以下になるということであるが、取得時における1株当たり純資産額がマイナス100であるときは、その50％相当額を下回るとはマイナス150以下となるという意味である。

通常清算の場合は、資産の含み益により利益が発生する可能性も否定できないため、その発行法人の資産状態等をよく吟味したうえで対応する必要がある。その点においては、解散決議をしていない通常の継続企業の場合の実務と基本的に変わるところはないと考えられる。

ただし、会社の残余財産が確定し、清算結了に至れば、法人格が消滅することとなるため、株主の株式も消滅することになる。残余財産の分配を受けないことが確定した場合には、株式消却損の損金算入が認められることになる。

平成22年度税制改正により、100％子法人の清算に伴う株式消却損の損金算入はできないものとされたが、それに代わって100％子法人の未処理欠損金額の親法人への引継ぎができるものとされた点は、すでに説明したとおりである。また、100％グループ内の他の内国法人が①清算中である場合、②解散（合併による解散を除く）をすることが見込まれる場合または③当該内国法人との間に完全支配関係がある他の内国法人との間で適格合併を行うことが見込まれるものである場合、以上の3つのケースのいずれかに該当する場合には、その株式について評価損を計上しないこととされている点についても、すでに説明したとおりである（法法33条5項、法令68条の3）。これらは、完全支配関係がある子法人の清算に限定した取扱いである。

(2) みなし配当の計算方法

株主に対する残余財産の一部分配、または残余財産の最後分配が行われた場合、清算会社から株主に対する資本の払戻しに該当するため、その残余財産の分配額（交付金銭等）の一部がみなし配当になるケースがある。

株主に対する資本の払戻しが行われた場合、まず資本金等の額から払い戻された金額を計算する（「株式対応金額」という）。これが株主にとって、株式の譲渡対価となる。残余財産の分配額（交付金銭等の額）から株式対応金額（株主にとって株式の譲渡対価となる金額）を差し引いた差額が（プラスのときに）、利益積立金額から払い戻された金額とな

る。これがみなし配当となり、株主にとっては受取配当金（個人株主の場合は配当所得に係る収入金額）となる。

　一方、株式の譲渡対価と譲渡原価の差額が、株式の譲渡損益（個人株主の場合は、株式の譲渡所得）となる。

　次に掲げる図表のように、株式の譲渡益が発生するケースと、株式の譲渡損が発生するケースがあるが、みなし配当の金額がある程度の額である場合は、交付金銭等（払戻額）からみなし配当の額を控除した差額が株式の譲渡対価となり、株式の譲渡損が発生するケースも生じ得る。株式の譲渡損は損金の額に算入され、一方でみなし配当については受取配当等の益金不算入規定が適用されるため、節税効果が生じる場合もある。

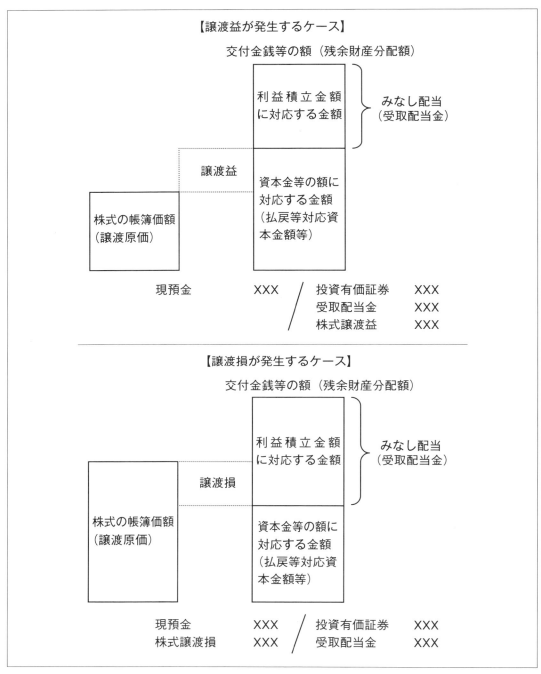

　みなし配当の額の計算方法について解説する。次の「みなし配当の計算方法」に示すように、まず③の計算式により、清算会社の分配直前の（会社全体の）資本金等の額に分配直前期末簿価純資産価額に占める残余財産分配額の割合（小数点3位未満切上げ）を乗じて、資本金等の額からの払戻額を計算する。これは株主ごとに按分した金額ではなく、会社全体の金額である。

　次に②の計算式により、株主ごとの金額に按分する。③で計算した金額を分配直前発行済株式総数で除し、それに分配対象株式総数を乗じて計算する。分配対象株式総数とは、各株主が分配直前に所有していた分配対象となる株式数のことであり、株主ごとに計算されることになる。②は、各株主に対して資本金等の額から払い戻された金額という意味である。

　最後に、残余財産分配額（交付金銭等の額）から②の金額を差し引いた差額が、みなし配当となる。プラスでなければ、ゼロとして取り扱う。これは、利益積立金額から払い戻された金額という意味である。

みなし配当金額の計算方法（法法24条1項4号、法令23条1項4号イ）

---

①　みなし配当金額＝残余財産分配額－解散法人の株式対応金額

②　解散法人の株式対応金額
　＝分配直前分配対応資本金額等／分配直前発行済株式総数×分配対象株式総数

③　分配直前分配対応資本金額等
　＝分配直前資本金等の額×残余財産分配額／分配直前期末簿価純資産価額[87]

（注1）　③の算式における分数の小数点3位未満は切り上げる。

（注2）　分配直前資本金等の額がゼロ以下である場合は、分数はゼロとする。

（注3）　分配直前資本金等の額がゼロを超え、かつ、分母の分配直前期末簿価純資産価額がゼロ以下の場合は、分数は1とする。

（注4）　残余財産の全部の分配を行う場合は、③の分数は1とする。

（注5）　分子の残余財産分配額が分母の分配直前期末簿価純資産価額を超える場合は、分子は分配直前期末簿価純資産価額とする（分数は1を上限とする）。

　清算会社が株主に対して残余財産の分配を行う場合、以下の事項を株主に通知しなければならないと規定されている（法令23条4項）。

---

①　金銭等の交付の基因となった事由（この場合、残余財産の分配を行う旨）、分配の事由の生じた日およびその交付に係る基準日における発行済株式等の総数

②　みなし配当額に相当する金額の1株（口数の定めがある出資については、1口[88]）当たりの金額

　株主は、残余財産の分配を受けた額から、通知を受けたみなし配当の額を差し引いて、株式の譲渡対価を求めることができる。また、残余財産の全部分配を受けた場合は、株主

87　分配法人の前期期末時の資産の帳簿価額から負債（新株予約権に係る義務を含む）の帳簿価額を減算した金額（当該前期期末時から当該分配の直前の時までの間に資本金等の額等が増加しまたは減少した場合には、その増加した金額を加算しまたはその減少した金額を減算した金額）である。なお、「前期期末時」とは、分配法人の当該分配の日の属する事業年度の前事業年度の期末時である。ただし、分配法人の当該分配の日以前6ヵ月以内に仮決算による中間申告書を提出し、かつ、当該提出の日から当該分配の日までの間に確定申告書を提出していなかった場合には、当該中間申告書に係るこれらの規定に規定する期間終了の時を前期期末時とする。

88　口数の定めがない出資については、社員その他各出資者ごとの金額。

の所有する清算会社の帳簿価額の全額が株式の譲渡原価となる。したがって、株式の譲渡対価からこの譲渡原価を差し引いて、株式の譲渡損益を容易に求めることができる。

株主の税務処理

① みなし配当　　→　支払通知書から把握
② 株式の譲渡対価　→　残余財産分配額から受取配当金（みなし配当）の額を差し引いて把握
③ 株式の譲渡原価　→　残余財産の全部分配であるときは、株式の帳簿価額

　なお、残余財産の全部分配の場合は、株式の帳簿価額の全額が株式の譲渡原価となるが、残余財産の一部分配の場合には、後の「⑷残余財産一部分配における株式譲渡原価計算」で説明するように、株式の帳簿価額に清算会社から通知を受けた「払戻割合」を乗じて株式の譲渡原価を計算することになる。

⑶　完全支配関係がある場合の税務処理

　みなし配当事由により当該法人との間に完全支配関係がある他の内国法人から金銭その他の資産の交付を受けた場合に、みなし配当が認識される一方で、株式の譲渡損益は不計上となる（法法61条の2第17項）。完全支配関係がない法人間で金銭その他の資産の分配を受けた場合は株式の譲渡損益が認識されるが、完全支配関係がない場合の譲渡損益に相当する額は、完全支配関係がある場合は資本金等の額の加減算処理となる（法令8条1項22号）。完全支配関係がある他の法人の株式は、完全子法人株式等に該当するため、みなし配当は全額益金不算入となる。なお、完全子法人株式等に該当するかどうかは、みなし配当の効力発生日の前日において完全支配関係があるかどうかにより行われる。

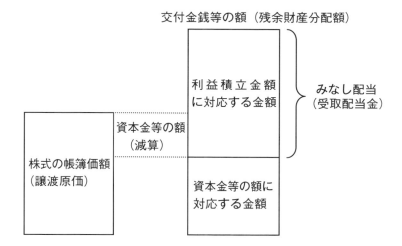

また、適格現物分配に該当する場合は、みなし配当については、適格現物分配に係る益金不算入規定の適用を受けるため、益金不算入となる（法法62条の5第4項）。この場合、受取配当等の益金不算入規定の適用によるものではないため、別表8(1)の記載は不要である。

一方、法人税法61条の2第17項には、「残余財産の分配を受けないことが確定した場合を含む」と括弧書きが付されているため、残余財産が確定し、残余財産の価額がゼロであることが確定した場合についても、同様に取り扱うことが定められている。

したがって、残余財産が確定し、残余財産の分配を受けないことが確定した場合は、株式の消却損を損金算入する処理ではなく、消却損に相当する金額は資本金等の額の減算処理となる。この場合、交付金銭等がゼロであるため、みなし配当は発生しない。

設 例　残余財産の分配を受けないことが確定した場合

以下の前提条件のもと、株主法人における税務処理を示しなさい。

前提条件

当社は、100％の完全支配関係がある子法人を解散し、子法人の清算手続を進行してきた。債務の弁済等もあり、残余財産がないことが確定した。当社の子法人株式の（税務上の）帳簿価額は1,000万円であるが、どのような税務処理が必要か。

また、当社から子法人への寄附金の支出があり、株式の簿価修正をしていた場合には、どのような処理になるか。

解答

1．株式の簿価修正をしていなかった場合

　子法人は完全支配関係がある法人であるので、子法人株式の帳簿価額相当額についての消却損を損金の額に算入することはできない。子法人株式の帳簿価額相当額については、資本金等の額の減算処理を行う。

　ただし、会計上は、子法人株式の帳簿価額について消却損を費用処理することが考えられるので、別表の調整が必要になる。

【会計上の仕訳】

　　子法人株式消却損　1,000　／　　子法人株式　　1,000

【税務上の仕訳】

　　資本金等の額　　　1,000　／　　子法人株式　　1,000

　また、別表5⑴に、上記の処理を適切に反映する必要がある。

別表四　所得の金額の計算に関する明細書

区　　分	総　額	処　　分	
		留　保	社外流出
	①	②	③
当期利益又は当期欠損の額			配　当
			その他
加算　子法人株式消却損否認	10,000,000	10,000,000	
減算			

別表五（一）　利益積立金額及び資本金等の額の計算に関する明細書

I　利益積立金額の計算に関する明細書				
区　　分	期首現在利益積立金額	当期の増減		差引翌期首現在利益積立金額
		減	増	①－②＋③
	①	②	③	④
利益準備金				
積立金				
資本金等の額			10,000,000	10,000,000

Ⅱ　資本金等の額の計算に関する明細書				
区　　分	期首現在資本金等の額	当期の増減		差引翌期首現在資本金等の額
		減	増	
	①	②	③	④
資本金又は出資金				
資本準備金				
利益積立金額			△10,000,000	△10,000,000

　会計上子法人株式消却損を計上しているため、別表5(1)の「利益積立金額の計算に関する明細書」の繰越損益金は減少している（繰越損益金の欄は会計上の繰越利益剰余金に一致させるため）。増加の調整が入ることにより、利益積立金額は変動なしという正しい数字になる。

2．株式の簿価修正をしていた場合

　親法人において子法人株式の簿価修正をしていた場合、子法人株式の税務上の帳簿価額が会計上の帳簿価額とその調整分異なっていることになる。親法人から子法人への寄附金の支出があった場合は、子法人株式の税務上の帳簿価額がその分増額されていることになる。

　したがって、残余財産の分配を受けないことが確定した時点における資本金等の額の減少額もその分大きくなる。株式の簿価修正額がプラス100万円であったとする。資本金等の額の加減算すべき金額は次のとおりである（法令8条1項22号）。

{みなし配当の額＋譲渡対価の額（＝譲渡原価の額）} －交付金銭等の額

　　　0円　　　　　　　　　1,100万円　　　　　　　0円

　結果として、資本金等の額の減少額は1,100万円になる。

【会計上の仕訳】

　子法人株式消却損　　1,000　　／　　子法人株式　　1,000

【税務上の仕訳】

　　資本金等の額　　1,100　　／　　子法人株式　　1,100

別表四　所得の金額の計算に関する明細書

区　　分	総　額	処　　分	
		留　保	社外流出
	①	②	③
当期利益又は当期欠損の額			配　当
			その他
加算　子法人株式消却損否認	10,000,000	10,000,000	
加算			
減算			

別表五（一）　利益積立金額及び資本金等の額の計算に関する明細書

Ⅰ　利益積立金額の計算に関する明細書				
区　　分	期首現在利益積立金額	当期の増減		差引翌期首現在利益積立金額
		減	増	①－②＋③
	①	②	③	④
利益準備金				
積立金				
子法人株式（寄附修正）	1,000,000		△1,000,000	0
資本金等の額			11,000,000	11,000,000

Ⅱ　資本金等の額の計算に関する明細書				
区　　分	期首現在資本金等の額	当期の増減		差引翌期首現在資本金等の額
		減	増	
	①	②	③	④
資本金又は出資金				
資本準備金				
利益積立金額			△11,000,000	△11,000,000

　子法人株式の簿価修正に係る利益積立金額の残高100万円については、通常の子法人株式の譲渡の場合には別表4の減算対象になるが、本設例の場合は、損金の額に算入できないので、別表4の減算は発生しない。別表5(1)上で落として、結果として資本金等の額との振替調整1,100万円との差額である1,000万円が別表4の加算（留保）と対応することになる。会計上、子法人株式消却損を1,000万円計上しているため、「利益積立金額の計算に関する明細書」上の繰越損益金が減少している。増加の調整が入ることにより、利益積立金額は変動なしという正しい数字になる。

(4)　残余財産一部分配における株式譲渡原価計算

　株式の譲渡原価であるが、残余財産の全部分配の場合は、分配直前の株式の帳簿価額がそのまま譲渡原価になる。

　一方、残余財産の一部分配を行ったときに、株式の譲渡原価をどのように計算するのかという問題が生じる。これについては、分配直前の帳簿価額を基礎として政令で定めるところにより計算した金額とされるが（法法61条の2第18項）、政令は次のように計算方法を定めている（法令119条の9第1項）。

残余財産の一部分配を行ったときの株式の譲渡原価の計算方法

譲渡原価＝
分配直前の帳簿価額 × $\dfrac{残余財産一部分配額}{分配直前期末簿価純資産価額}$

（注1）　分数の小数点3位未満は切り上げる。
（注2）　分配直前資本金等の額がゼロ以下である場合には、分数はゼロとする。
（注3）　分配直前資本金等の額がゼロ超え、かつ、分母の分配直前期末簿価純資産額がゼロ以下の場合は、分数は1とする。
（注4）　分子の残余財産分配額が分母の分配直前期末簿価純資産価額を超える場合は、分子は分配直前期末簿価純資産価額とする（分数は1を上限とする）。

　上記の分数（分配直前期末簿価純資産価額に占める残余財産一部分配額の割合）を「払戻割合」というが、分配する会社は各株主に「払戻割合」を通知しなければならないと規定されているため（法令119条の9第2項）、株主は通知を受けた内容に基づいて処理することができる。

　なお、株式の譲渡対価は、残余財産（一部）分配額からみなし配当の額を控除した差額である。

設例　残余財産の一部分配を行ったときの処理

前提条件

次の残余財産一部分配時の発行法人および株主の仕訳を示しなさい。

残余財産の一部分配前の貸借対照表

諸資産	5,000	諸負債	2,000
		資本金等の額	2,300
		利益積立金	700
	5,000		5,000

残余財産の一部分配額　　2,400
前期末簿価純資産額　　3,000

　株主は1社であり、発行済株式総数全株に分配が行われているものとする。また、株主が所有する株式の分配直前の帳簿価額は、2,000とする。

　なお、源泉税は無視するものとする。

解　答

1．発行法人の仕訳

(1)　分配直前分配対応資本金額等

$$2,300 \times \frac{2,400}{3,000} = 1,840$$

(2)　清算法人の株式対応金額

$$1,840 \times 1 = 1,840$$

（分配直前分配対応資本金額等×分配対象株式総数／分配直前発行済株式総数）

(3)　みなし配当金額

$$2,400 - 1,840 = 560$$

　　（税務上の仕訳）

資本金等の額	1,840	／	現預金	2,400
利益積立金額	560	／		

　　なお、上記の仕訳はあくまでも税務上の仕訳であり、別表5(1)に表すことになる。会計上の仕訳は、「第2編　会計編」で解説したように、「残余財産分配仮払金」で会計処理を行い、残余財産の最後分配時に仮払金を精算する処理を行う。

　　（会計上の仕訳）

残余財産分配仮払金	2,400	／	現預金	2,400

2．株主の仕訳

(1)　譲渡原価

$$2,000 \times \frac{2,400}{3,000} = 1,600$$

(2)　譲渡対価

　残余財産分配額－みなし配当 = 2,400 - 560 = 1,840

(3)　株式の譲渡損益

$$1,840 - 1,600 = 240 \text{（譲渡益）}$$

　　ただし、株主法人と清算法人との間に完全支配関係があるため、譲渡益は認識されず、資本金等の額の加算処理となる（法法61条の2第17項、法令8条1項22号）。

　また、受取配当金（みなし配当）については、受取配当等の益金不算入規定により、別表4上の減算対象となる。みなし配当に係る源泉徴収義務も生じない。

現預金	2,400	投資有価証券	1,600
		受取配当金	560
		資本金等の額	240

2 個人の税務

⑴　みなし配当に係る配当控除の適用

　個人株主についても、実質的な内容は（完全支配関係がない場合の）法人株主の場合と同様である。みなし配当は「配当所得の収入金額」とされ、株式の譲渡損益は「株式の譲渡所得」になる。

　配当所得については、配当控除といい、一定の金額の税額控除を受けることができる。配当控除を受けるためには、確定申告を行うが、みなし配当について源泉徴収された所得税および配当控除の額の合計額が、個人の所得税額から控除される（所法92条1項）。

　配当控除の額は、次のとおりである。

配当控除の額

区　分	配当控除の額
その年分の課税総所得金額が1,000万円以下の場合	次の①と②の合計額 ①　剰余金の配当等に係る配当所得の金額（特定株式投資信託の収益の分配に係る配当所得を含む。以下同じ）×10％ ②　証券投資信託の収益の分配金に係る配当所得の金額（特定株式投資信託の収益の分配に係る配当所得を除く。以下同じ）×5％
その年分の課税総所得金額等が1,000万円を超え、かつ、課税総所得金額等から証券投資信託の収益の分配に係る配当所得の金額を差し引いた金額が1,000万円以下の場合	次の①から③の合計額 ①　剰余金の配当等に係る配当所得の金額×10％ ②　（証券投資信託の収益の分配に係る配当所得の金額のうち、課税総所得金額等から1,000万円を差し引いた金額（A）に相当する部分の金額）×2.5％ ③　証券投資信託の収益の分配に係る剰余金の配当等に係る配当所得の金額のうち（A）を超える部分の金額×5％
課税総所得金額等から証券投資信託の収益の分配に係る配当所得の金額を差し引いた金額が1,000万円を超える場合	次の①から③の合計額 ①　（剰余金の配当等に係る配当所得の金額のうち、課税総所得金額等から1,000万円と証券投資信託の収益の分配に係る配当所得の金額の合計額を差し引いた金額（B）に相当する

	部分の金額）×5% ②　剰余金の配当等に係る配当所得のうち、（B）を超える部分の金額×10% ③　証券投資信託の収益の分配に係る配当所得の金額×2.5%
課税総所得金額等から剰余金の配当等に係る配当所得の金額と証券投資信託の収益の分配に係る配当所得の金額の合計額を差し引いた金額が1千万円を超える場合	次の①と②の合計額 ①　剰余金の配当等に係る配当所得の金額×5% ②　証券投資信託の収益の分配金に係る配当所得の金額×2.5%

(2)　残余財産の一部分配を受けた場合の株式取得価額の付替

　残余財産の一部分配を受けた場合には、株式の取得価額の付替計算を行う必要があり、付替後の金額が新たな評価額となる。株式取得価額の付替計算は次のとおりである（所令114条1項）。

旧株のその後の1株当たり取得価額＝旧株の従前の1株当たり取得価額×（1－払戻割合）

$$払戻割合＝\frac{一部分配額}{分配直前期末簿価純資産額}$$

（注）　払戻割合の小数点3位未満は切り上げる。

　「払戻割合」は、株主の所有する株式の取得価額の付替計算に必要となるため、清算法人は株主に通知しなければならない（法令119条の9第2項、所令114条5項）。

　残余財産が残らなかったケースで、残余財産の分配がゼロの場合は、株式の譲渡損ではなく、株式の消滅損になる。株式の発行会社の清算・破産等により個人が所有する株式の価値が失われたとしても、それによる損失は原則として他の株式等の譲渡益や給与所得など他の所得の金額から控除することはできない。しかし、特定口座に保管されていた内国法人の上場株式が、上場廃止となった日以後、特定管理株式または特定保有株式に該当していた場合で、その株式を発行した株式会社に清算結了等の一定の事実が生じた時は、その株式の譲渡があったものとして、その株式の取得価額を譲渡損失の金額とみなす特例がある（措法37条の11の2）。この特例により譲渡損失とみなされた金額は、その年の他の株式等の譲渡益から控除できる。この特例の適用対象には特定口座で管理されている内国法人が発行した公社債が含まれる。

　また、その譲渡損失とみなされた金額が他の上場株式等の譲渡益から控除しきれなかった場合は、上場株式等に係る譲渡損失の金額として損益通算および繰越控除の対象とすることができる。

第8章 債権者の税務

1 貸倒れの要件

　清算法人に対する債権者の税務上の取扱いであるが、債務者について解散の予定がある、または、解散という事実があったというのみでは、債権者の債権について貸倒れとして損金の額に算入することはできない。債権者が貸倒処理をするためには、資力完全喪失（法基通9－6－1、9－6－2）の要件を満たしていることが必要である。

　通常清算は、残余財産が残る場合と残らない場合がある。特別清算のように、債務超過で残余財産が残らないことが明らかとはいえない。したがって、通常清算の場合は、その事実のみでは、貸倒れの要件を満たさないことになる。法的整理手続ではない通常清算の場合は、貸倒れの一般的な要件に照らし合わせて、判断しなければならない。

　第1に、債務者の債務超過の状態が相当期間継続し、その金銭債権の弁済を受けることができないと認められる場合において、その債務者に対して書面で明らかにした債務免除額は、貸倒損失として損金算入が認められる（法基通9－6－1）。

　第2に、債務者の資産状況、支払能力等からみて、その貸金等の全額が回収できないことが明らかになった場合には、その明らかになった事業年度において貸倒れとして損金経理をすることができる（法基通9－6－2）。担保物があるときは、これを処分した後でなければ貸倒処理することができない。

　第3に、継続的な取引を行っていた債務者に対する売掛債権で債務者との取引を停止した時（最後の弁済期または最後の弁済の時が取引を停止した時以後である場合には、これらのうちの最も遅い時）以後1年以上経過した場合等で、売掛債権から備忘価額を控除した残額を貸倒損失として損金経理したときは、これが認められる（法基通9－6－3）。

　なお、債務者につき、債務超過の状態が相当期間継続し、その営む事業に好転の見通しがないこと、災害、経済事情の急変等により多大な損害が生じたことなどにより、その金銭債権の一部について取立て等の見込みがないと認められるときは、個別評価金銭債権に係る貸倒引当金の計上が認められる（法令96条1項）。債権について回収可能性がないと

判断されるケースで、担保物が残っているような場合に、債権の金額から担保物の処分による回収見込額を控除した残額について、個別評価金銭債権に係る貸倒引当金を計上する場合はあるが、実務上は計上する場面は限られる。

　なお、貸倒引当金は（一括評価金銭債権および個別評価金銭債権ともに）、①中小法人等、②銀行、保険その他これらに類する法人および③売買があったものとされるリース資産の対価の額に係る金銭債権を有する法人等に限り認められるものとされ、これら以外の法人については、認められない。

2　寄附金に該当しない場合

　法人がその子会社等の解散、経営権の譲渡等に伴い当該子会社等のために債務の引受けその他の損失負担または債権放棄等（以下、損失負担等）をした場合において、その損失負担等をしなければ今後より大きな損失を蒙ることとなることが社会通念上明らかであると認められるためやむを得ずその損失負担等をするに至った等そのことについて相当な理由があると認められるときは、その損失負担等により供与する経済的利益の額は、寄附金の額に該当しないものとされる（法基通9-4-1）。

　寄附金に該当しないものと判断される要件を示した指針であるが、本通達の要件を満たし、寄附金に該当しないと判断される場合は、損失負担を行った法人は、その法人の損失負担額が全額損金の額に算入され、一方子会社等においては益金の額に算入される。

　なお、法人による完全支配関係がある法人に対して寄附金の支出をしたときは、支出した法人においては全額損金不算入、寄附金を受領した法人においては受贈益が全額益金不算入となる。たとえ法人による完全支配関係があったとしても、法人税基本通達9-4-1の要件を満たしていると判断される場合には、損失負担を行った法人は、その法人の損失負担額が全額損金の額に算入され、一方受けた法人においては全額益金の額に算入されることになる。

3　特別清算、破産の場合

　通常清算の場合と異なり、特別清算および破産については、清算法人または破産法人に

おいて弁済不能であることが圧倒的に多く、債権者の債権について貸倒損失の計上要件を満たすケースが多いと考えられる。それぞれについて、貸倒れの認識のタイミングを的確に判断することが必要である。

(1)　特別清算の場合

　会社法の規定による特別清算開始の申立てがあったときは、債権金額の50％相当額について、個別評価金銭債権に係る貸倒引当金の計上が認められる（法令96条1項3号ニ）。いわゆる形式基準による貸倒引当金の計上である[89]。

　また、特別清算の手続が進行し、会社法の規定による特別清算に係る協定の認可の決定があった場合において、この決定により切り捨てられることとなった部分の金額は、その事実の発生した日の属する事業年度において貸倒れとして損金の額に算入する（法基通9－6－1(2)）。この場合、債権金額の50％相当額の貸倒引当金を戻し入れたうえで、切り捨てられることとなった部分の金額について貸倒損失の計上を行うこととなる。

　特別清算は、①解散後清算中の会社について清算の遂行に著しい支障を来たすような事情が認められた場合、または、②債務超過の疑いがある場合に、裁判所は、申立てまたは職権によって会社に対して特別清算の開始を命ずることができるとされている。裁判所の監督下において、協定の認可決定により、強制的に債務整理を行う法的整理手続の1つである。

　特別清算に係る協定の認可決定により切り捨てられることとなった部分の金額は、法律上債権が消滅することになるため、法人税基本通達9－6－1の取扱いにより、当然に貸倒れの対象となる。

(2)　破産の場合

　破産法の規定による破産手続開始の申立てがあったときは、債権金額の50％相当額について、個別評価金銭債権に係る貸倒引当金の計上が認められる（法令96条1項3号ハ）。法律手続の開始時点において、形式基準により債権金額の50％相当額について貸倒引当金の計上を認める点は特別清算と同様である。

　破産手続は、債務者が支払不能や債務超過に陥り、再建ができなくなったときに、裁判

---

[89]　貸倒引当金は（一括評価金銭債権および個別評価金銭債権ともに）、①中小法人等、②銀行、保険その他これらに類する法人および③売買があったものとされるリース資産の対価の額に係る金銭債権を有する法人等に限り認められるものとされ、これら以外の法人については、認められない。この点は、以下の破産の場合についても、同様である。

所が選任する破産管財人により、債務者の財産を強制的に換価処分し、それを債権者に対して平等に配当として分配する清算型の倒産手続である。事業の清算を目的とするもので、個人から大企業まで利用が多い倒産手続である。

　破産法による破産宣告の場合、破産者の財産を換金し、最終配当が行われることにより破産手続は終結する。しかし、破産法の場合、会社更生法、民事再生法、または会社法における特別清算のように債権の切捨てという取扱いがもともとないため、裁判所の終結決定があったとしても法律的には債権は消滅しない。法人は、破産手続によりその有する財産を清算することで解散するが、個人は、破産宣告決定後、さらに免責決定を得ることで、破産手続による配当を除いて、破産債権者に対する全債務についてその責任を免除されるという取扱いになっている[90]。

　法律上の債権の消滅にまで至れば、法人税基本通達9－6－1に基づいて貸倒処理を行うことができるが、相当の時間がかかるため、それまでに何らかの税務上の対応ができないかが問題となる。

　破産管財人から配当見込みの報告書を入手することによって、配当見込額を除いた部分を回収不能見込額として処理する方法が考えられる。この場合、配当可能見込額が存在する以上は、全額の回収不能とはいえないため、事実上の貸倒れ（法基通9－6－2）で対応することはできないものと解される。したがって、個別評価金銭債権に係る貸倒引当金の計上によって対応することになる（法令96条1項2号）。ただし、先に説明したように、中小法人等、銀行、保険会社その他これらに類する法人等以外の法人については貸倒引当金制度が廃止されたため、この対応は認められない。

　最終配当後の破産終結決定に至れば、それ以上の回収可能性はまったく見込めないこととなり、この時点で事実上の貸倒れとして処理することは可能であると考えられる。すなわち、次の裁決事例が示すように、裁判所が、破産法人に財産はないことを公証の上で廃止決定または終結決定を出し、法人の登記が閉鎖される。この決定がなされた時点で破産法人は消滅するため、破産法人に分配可能な財産がないのは明らかである。破産法人に対して有する金銭債権もその全額が減失したと解され、その時点が貸倒れの時期となる。

　また、破産手続の終結前であっても、破産管財人から配当金額がゼロであることの証明がある場合や、その証明が受けられない場合であっても、債務者の資産の処分が終了し、今後の回収が見込まれないまま破産終結までに相当な期間がかかるときは、破産終結決定

90　法人の場合は、裁判所の廃止決定または終結決定により登記が閉鎖され消滅するが、個人の場合は免責決定により責任を免除され、新たなスタートをするという取扱いになっており、この点法人と個人で手続に違いがみられる。

前であっても、配当がないことが明らかなことを条件として、法人税基本通達９－６－２を適用し、貸倒損失として損金経理を行い、損金の額に算入することも認められる旨が示されている。

国税不服審判所・裁決事例（平成20年６月26日）より裁決要旨
（裁決要旨文献番号66C13395、裁決事例集 No.75　P314）
「法人の破産手続と破産債権に係る貸倒れの時期」
　法人の破産手続においては、配当されなかった部分の破産債権を法的に消滅させる免責手続はなく、裁判所が、破産法人に財産はないことを公証の上で出すところの廃止決定または終結決定があり、当該法人の登記が閉鎖されることとされており、この決定がなされた時点で当該破産法人は消滅することからすると、この時点において、当然、破産法人には分配可能な財産がないのであり、当該決定等により破産法人に対して有する金銭債権もその全額が滅失したとするのが相当であると解され、この時点が破産債権者にとって貸倒れの時点と考えられる。
　なお、破産手続の終結前であっても、破産管財人から配当金額が零円であることの証明がある場合や、その証明が受けられない場合であっても、債務者の資産の処分が終了し、今後の回収が見込まれないまま破産終結までに相当な期間がかかるときは、破産終結決定前であっても、配当がないことが明らかな場合は、法人税基本通達９－６－２を適用し、貸倒損失として損金経理を行い、損金の額に算入することも認められる。

第9章
会社解散・清算と仮装経理

1 仮装経理とは

　仮装経理とは、架空売上の計上、費用の過少計上、架空資産の計上など、粉飾経理により、利益を過大計上し、結果として法人税の過大申告をすることをいう。単なる計算誤りや法令の適用誤りに基づく過大申告は対象とはならない。業績の悪化した会社の場合、実態よりも業績をよく見せようと、仮装経理により所得を水増しするケースがみられる。特に建設会社の場合、黒字決算でないと、官公庁からの受注を得にくくなるため、仮装経理を行うケースが少なくない。

　そのような仮装経理に基づく過大申告については、法人みずからが修正経理を行い、修正経理をした事業年度の確定申告書を提出するまでの間は、税務署長は更正をしないことができるとされており、実際に修正経理をした事業年度の確定申告書を提出する前の段階で更正された例はないと思われる。本来であれば、税務署長は、課税標準または税額を減額更正により正当な金額に是正し、過納税額は遅滞なく還付または納付税額との相殺に充てられるべきであるが、法人自らが粉飾決算を行い、意図的に（悪意で）過大に納めた税額についてまでそのようにする必要はないという考え方のもとに、一種の制裁措置としてこのような法人にとって不利な取扱いが置かれているのである。

2 仮装経理に基づく減額更正の取扱い

(1) 税額控除による取戻し

　法人が過大申告を行い、法人税額を過大納付した場合についての更正については、法令に特別な取扱いが定められている。すなわち、法人が提出した申告書に記載された所得の金額が正当な所得金額を超えている場合において、その超える金額のうちに事実を仮装して経理したことに基づくものがあるときは、税務署長は、その事業年度の所得に対する法

人税につき、その事業年度後の各事業年度においてその事実に係る修正の経理をし、か
つ、その修正の経理をした事業年度の確定申告書を提出するまでの間は、更正をしないこ
とができるとされている（法法129条 1 項）。

　税務署長が減額更正した場合、その更正による過納税額については、その更正の日以後
に終了する事業年度の所得に対する法人税の額から控除する（法法70条）。更正の日の属
する事業年度開始の日から 5 年を経過する日の属する事業年度まで順次控除していく。

　ただし、更正の日の属する事業年度開始の日前 1 年以内に開始する各事業年度の所得に
対する法人税の額でその更正の日の前日において確定しているものがあるときは、税額控
除の対象金額のうちその前 1 年の確定法人税額に達するまでの金額は還付される（法法
135条 2 項）。更正の日の属する事業年度開始の日前 1 年以内に開始する各事業年度に係る
確定法人税額相当額は直ちに還付されるが、残額は 5 年間にわたって税額控除していくと
いう意味である。

仮装経理に基づく税額更正

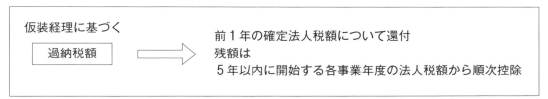

　仮装経理を行っていた法人に対する制裁的な取扱いであり、通常の還付・充当等（国税
通則法56条から58条）の手続よりも納税者に不利な取扱いである。

⑵　5 年間で控除しきれなかった税額についての還付

　更正の日の属する事業年度開始の日から 5 年を経過する日の属する事業年度[91]の確定申
告書提出期限（以下、「最終申告期限」という）が到来した場合（最終申告期限までに最
終申告期限に係る申告書の提出がなかった場合は、当該申告書に係る期限後申告書の提出
または当該申告書に係る事業年度の法人税の決定があった場合）、それまでに控除しきれ
なかった法人税について還付される（法法135条 3 項）。5 年間で控除しきれない控除未済
額が残ったときは、控除未済額の全額が還付されるという意味である。

　また、残余財産が確定し、その残余財産の確定の日の属する事業年度の確定申告書の提
出期限が到来した場合、控除未済額があるときは、還付される（法法135条 3 項 1 号）。

91　更正の日の属する事業年度（Ｘ 1 期）開始の日から 5 年を経過する日とは、Ｘ 5 期の事業年度終了の日である。

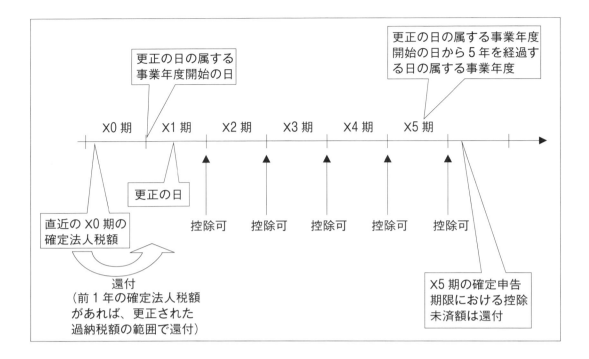

(3)　実在性のない資産の取扱い

　過去に仮装経理を行っている場合、架空の売掛金、架空の棚卸資産などの架空資産が貸借対照表上計上されていることが想定される。このような架空資産がある法人が解散した場合に、どのように取り扱われるかが問題となる。これについては、国税庁から、質疑応答事例が出されている[92]。

①　期限切れ欠損金額の損金算入の可否

　法人が、当該事業年度末の時点の実態貸借対照表により債務超過の状態にあるときは、「残余財産がないと見込まれる」ことになるが、実在性のない資産は実態貸借対照表上ないものとして評価されることから、その評価の結果、当該実態貸借対照表上、債務超過の状態にあるときには、「残余財産がないと見込まれる」ことになり、期限切れ欠損金額を損金の額に算入することができる。

　実在性のない資産とは架空資産のことであり、架空資産の処分価格はゼロであるため、実態貸借対照表に計上しないという意味である。

92　国税庁「平成22年度税制改正に係る法人税質疑応答事例（グループ法人税制その他の資本に関係する取引等に係る税制関係）」（平成22年10月6日）。

② 実在性のない資産の取扱い

　法人が解散した場合における期限切れ欠損金額の損金算入措置の適用上、実在性のない資産については、過去の帳簿書類等の調査結果に応じて、それぞれ次のとおり取り扱うものとされている。

ⅰ　過去の帳簿書類等を調査した結果、実在性のない資産の計上根拠（発生原因）等が明らかである場合

　(a)　実在性のない資産の発生原因が更正期限内の事業年度中に生じたものである場合には、法人税法129条 1 項《更正に関する特例》の規定により、法人において当該原因に応じた修正の経理を行い、かつ、その修正の経理を行った事業年度の確定申告書を提出した後、税務当局による更正手続を経て、当該発生原因の生じた事業年度の欠損金額（その事業年度が青色申告の場合は青色欠損金額、青色申告でない場合には期限切れ欠損金額）とする。

　(b)　実在性のない資産の発生原因が更正期限を過ぎた事業年度中に生じたものである場合には、税務当局による更正手続はないものの、実在性のない資産は当該発生原因の生じた事業年度に計上したものであることから、法人において当該原因に応じた修正の経理を行い、その修正の経理を行った事業年度の確定申告書上で、仮に更正期限内であればその修正の経理により当該発生原因の生じた事業年度の損失が増加したであろう金額をその事業年度から繰り越された欠損金額として処理する（期首利益積立金額から減算する）ことにより、当該発生原因の生じた事業年度の欠損金額（その事業年度が青色申告であるかどうかにかかわらず期限切れ欠損金額）とする。

ⅱ　過去の帳簿書類等を調査した結果、実在性のない資産の計上根拠（発生原因）等が不明である場合

　裁判所が関与する破産等の法的整理手続、または、公的機関が関与もしくは一定の準則に基づき独立した第三者が関与する私的整理手続を経て、資産につき実在性のないことが確認された場合には、実在性のないことの客観性が担保されていると考えられる。このように客観性が担保されている場合に限っては、その実在性のない資産がいつの事業年度でどのような原因により発生したものか特定できないとしても、その帳簿価額に相当する金額分だけ過大となっている利益積立金額を適正な金額に修正することが適当と考えられる。したがって、このような場合にあっては、法人において修正の経理を行い、その修正の経理を行った事業年度の確定申告書上で、その実在性

のない資産の帳簿価額に相当する金額を過去の事業年度から繰り越されたものとして処理する（期首利益積立金額から減算する）ことにより、期限切れ欠損金額とする。

　実在性のない資産の計上根拠（発生原因）等が不明である場合には、裁判所が関与する破産等の法的整理手続、または、公的機関が関与もしくは一定の準則に基づき独立した第三者が関与する私的整理手続を経て、資産につき実在性のないことが確認された場合に限り、修正経理に基づいて、その実在性のない資産の帳簿価額に相当する金額について、期首利益積立金額から減算することにより、期限切れ欠損金額として取り扱うことが認められる点に留意が必要である。

　具体的な別表の記載方法については、国税庁「平成22年度税制改正に係る法人税質疑応答事例（グループ法人税制その他の資本に関係する取引等に係る税制関係）」（平成22年10月6日）の問11を参考とされたい。

3 会社解散・清算との関係

　仮装経理に基づく過大申告の場合の更正に伴う法人税額の控除の取扱いと会社解散・清算との関係を整理しておく必要がある。

　解散の日の翌日以降の清算中の各事業年度の所得計算は、継続企業と同じ損益法による。清算所得という概念はないため、清算中の各事業年度の所得に対する法人税から、仮装経理に基づく過大申告の場合の更正に伴う法人税額の控除を行う。すなわち、解散という事実が発生しても、控除未済額についての一括還付は受けられない。

　清算中の各事業年度についても、「仮装経理に基づく過大申告の場合の減額更正に伴う法人税額」の5年間にわたる税額控除が継続していく（法法70条）。ただし、残余財産が確定したことを事由として、控除しきれない残額があったとき控除未済額の全額が還付される（法法135条3項1号）。一方で5年間にわたり税額控除を行っていき、5年間の期限が到来した時点で控除未済額が残っているときは還付される。5年間にわたる税額控除を行っている途中で、残余財産の確定があったときは、当然に残余財産確定の日の属する事業年度に係る確定申告書の提出期限[93]が到来したときに、その時点における控除未済額が一括還付されることになる（法法135条3項1号）。

93　残余財産確定の日に終了する最後事業年度に係る確定申告書の提出期限であるから、残余財産の確定の日の翌日から1ヵ月を経過する日（残余財産の分配の日がその期間内であるときは、分配の日の前日）である。

4　修正経理の方法

　減額更正を受けるためには、法人が仮装事実について修正経理をし、それに基づく確定申告書を提出しなければならない。修正経理とは、具体的にどのように処理を行えばよいのかについて説明する。修正経理とは、具体的には確定決算において損益計算書の特別損失に「前期損益修正損」として計上する処理である[94]。その場合、その修正事業年度の所得の金額の算定上損金の額に算入することはできないため、申告書別表4上で加算（留保）の調整を行う。

　減額更正の請求手続の結果、仮装経理事業年度の減額更正が行われた場合、仮装経理額について仮装経理事業年度の申告書別表4上で減算（留保）され、それによりマイナスの利益積立金額が修正経理事業年度まで繰り越され、別表4の加算（留保）により生じたプラスの利益積立金額と相殺される形となる。要するに、仮装経理に基づく過大納税についてすべて減額更正が認められた場合には、仮装経理事業年度から修正経理事業年度までを通算してみると、結果的に真実の姿に戻ることになる[95]。

　なお、企業会計基準第24号「会計方針の開示、会計上の変更及び誤謬の訂正に関する会計基準」を適用する法人の場合、過去の誤謬の訂正は、原則として修正再表示により行われ、会社法上の計算書類において、過年度の累積的影響額を当期首の資産、負債および純資産の額に反映するとともに、誤謬の内容等を注記することとされている。

　この修正再表示による処理は、当期首において過年度の収益の過大計上や費用の過少計上（資産の過大計上や負債の過少計上）の修正およびこれに伴う当期首の利益剰余金の修正の結果を表示するものであり、「前期損益修正損」等により経理した結果と同一の結果を表示するものである。したがって、修正再表示による処理は、当期首において「前期損益修正損」等による経理をしたものと同一視し得るものであるから、法人税法129条の「修正の経理」として取り扱われる[96]。

94　大阪地判（平成元年6月29日）、仮装経理による損益の修正は、企業会計原則（損益計算書原則六「特別損益」・注解12）に則れば、特別損益項目中で前期損益修正損等と計上してなされるべきである旨を示している。
95　中村利雄「仮装経理に基づく過大申告の場合の更正・還付等の特例に関する一考察（中）」、税理平成6年9月号、P34。
96　国税庁「法人が『会計上の変更及び誤謬の訂正に関する会計基準』を適用した場合の税務処理について」（平成23年10月20日）。

第10章 その他諸税の取扱い

1 事業税および住民税の取扱い

(1) 法人税法の規定に基づく課税所得・法人税額がベース

清算中の事業年度に係る事業税（特別法人事業税を含む）および住民税（都道府県民税および市町村民税）については、法人税の取扱いと同様である。

事業税の課税標準となる所得については、法人税法の規定に基づいて計算された課税所得金額をベースにするため、その所得に対して税率を乗じて納付税額を計算する。また、住民税についても、法人税割については法人税法の規定に基づいて計算された法人税額に対して税率を乗じて計算する。住民税の均等割についても、清算中の事業年度末の現況（資本金等の額、従業者数等）により、税額が決まってくる。

(2) 分割法人の取扱い

2以上の都道府県に事務所または事業所を設けて事業を行う法人は、「分割法人」といい、事務所等が所在する各都道府県および各市町村に申告書を提出しなければならない。会社を解散した場合であっても、同様である。

清算中に終了する各事業年度終了の日現在の数値を用いることとされており、継続企業の取扱いと同様の取扱いである。清算中の各事業年度（残余財産の確定の日の属する事業年度を除く）および残余財産確定の日の属する最後事業年度ともに、これらの事業年度の所得を解散していない法人の所得とみなして算出し、各事業年度の所得および法人税額に基づいて事業税および住民税（法人税割）を計算することになる。この点、残余財産確定の日の属する事業年度（最後事業年度）とそれ以外の清算中の事業年度の計算体系を区別していない。

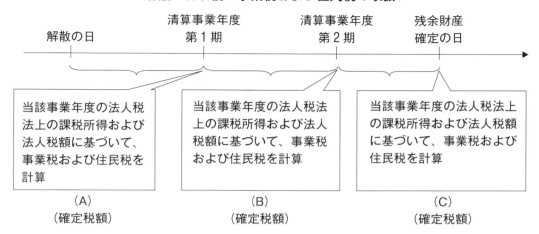

解散の日以後の事業税および住民税の取扱い

2 **外形標準課税の取扱い**

　各事業年度終了の日における資本金の額が１億円超の普通法人については、外形標準課税が適用される。解散をした法人の場合、解散日現在の資本金が１億円超の法人に外形標準課税が適用される。

　外形標準課税の課税標準は、「所得割」、「付加価値割」および「資本割」であるが、清算法人については、次に示すようにこのうちの一部が適用される。

清算法人の取扱い

申告（事業年度）の区分	適用される課税標準
解散事業年度に係る確定申告	所得割、付加価値割、資本割
清算中の事業年度（残余財産の確定の日の属する事業年度を除く）に係る確定申告	所得割、付加価値割
残余財産確定の日の属する最後事業年度に係る確定申告	所得割

　清算中の各事業年度の所得金額等を解散していない法人の所得金額等とみなして、事業税額を計算することになる。

　清算中の法人は、その清算中に事業年度（残余財産の確定の日の属する事業年度を除く）が終了した場合においては、当該事業年度の付加価値額、所得金額（または収入割が適用される法人については収入金額）を解散していない法人の付加価値額、所得（または収入金額）とみなして、当該事業年度につき当該事業年度の付加価値額、所得（または収

入金額）およびこれらに対する事業税額を計算し、その税額があるときは、当該事業年度終了の日の翌日から2ヵ月以内に当該事業年度に係る付加価値割、所得割または収入割に係る事業税額を事務所または事業所所在の道府県に申告納付しなければならない（地法72条の29第1項）。

　また、次のように、残余財産確定の日の属する最後事業年度について、当該事業年度の所得をベースとして、事業税を計算することになる。すなわち、その清算中に残余財産の確定の日の属する事業年度が終了した場合においては、当該事業年度の所得を解散していない法人の所得とみなして、当該事業年度につき当該事業年度の所得およびこれに対する事業税額を計算し、その税額があるときは、当該事業年度終了の日の翌日から1ヵ月以内（当該期間内に残余財産の最後の分配または引渡しが行われるときは、その行われる日の前日まで）に当該事業年度に係る所得割に係る事業税額を事務所または事業所所在の道府県に申告納付しなければならない（地法72条の29第3項）。

3　消費税の取扱い

　消費税については、会社が解散し、清算中の事業年度に移行した場合であっても、通常どおりに課税されることになる。消費税法上の「課税期間」は、法人税法上の事業年度と一致する。事業年度の途中で解散した場合には、法人税法と同様に、その事業年度開始の日から解散の日までが1つの課税期間となり、解散の日の翌日から1年間ごとに課税期間が発生する。また、残余財産確定の日の属する最後事業年度の期間（通常は1年に満たない期間となる）が、最後の課税期間となる。

　消費税法上の基準期間は、前々事業年度である。基準期間が1年に満たない事業年度であるときは、課税売上高を次のように調整して算出する。

$$\text{基準期間の課税売上高} = \frac{\text{その基準期間の課税売上高}}{\text{その基準期間の月数の合計}} \times 12$$

　基準期間の課税売上高が1,000万円以下の場合は、消費税の納税義務が免除され（免税事業者となり）、また、基準期間の課税売上高が5,000万円以下の場合は、簡易課税制度の適用を受ける旨の届出書を事前に提出している事業者については、簡易課税制度の適用が認められる。したがって、資産の譲渡の時期を工夫することにより、節税が図れる場合がある。

第11章 会社清算と第二次納税義務との関係

1 清算結了登記後の未納税額の納税義務

　会社を解散・清算した場合に納税義務が発生した場合に、仮に清算結了登記が終わっていたとしても、法的に法人は消滅しておらず、納税義務は残ることになる。

　清算結了登記後において税務調査を受け、更正処分を受け未納税額が発生した場合は、未納税金を納付するまでは清算事務は実質的に終了していないものと解されるため、清算中の法人が存続しているものとして納税義務が残る[97]。その点は、次の通達が示しているとおりである。

清算結了の登記をした法人の納税義務等（法基通1－1－7）

> 　法人が清算結了の登記をした場合においても、その清算の結了は実質的に判定すべきものであるから、当該法人は、法人税を納める義務を履行するまではなお存続するものとする。
> （注）　本文の法人が通算法人である場合において当該法人が清算結了の登記をしたときの当該法人の納税義務等について、当該法人は、その法人税については、本文に定めるところにより、当該法人税を納める義務を履行するまではなお存続するものとし、法人税法第152条第1項《連帯納付の責任》の規定により連帯納付の責任を有することとなった他の通算法人の同項に規定する法人税については、当該法人および他の通算法人が当該法人税を納める義務を履行するまではなお存続するものとする。

2 第二次納税義務

　損益法の下では、残余財産が残る場合には、期限切れ欠損金が使用できないため、所得の金額と青色欠損金の金額との関係次第で課税所得が発生し得る。そのときの納税資金の支払資金が法人にない場合も考えられる。

　法人が未納税額の支払をできないときは、ケースによっては清算人等やその他の者に第二次納税義務が生じる場合がある。第二次納税義務については、国税徴収法にいくつかの

97　東京地判・昭和46年4月5日。東京地判・昭和43年（行ウ）75号。神戸地判・昭和61年（行ウ）第13号。

規定が置かれているが、会社を解散・清算した場合に生じ得る第二次納税義務を中心として解説する。特に重要なのが、次に説明する清算人等の第二次納税義務（国税徴収法34条）であると考えられる。

(1)　清算人等の第二次納税義務

①　清算人等に第二次納税義務が発生する場合

清算人や株主に第二次納税義務が発生する場合がある。ただし、国税徴収法34条の適用は、その法人が納付すべき税金を納付しないで残余財産の分配が行われた場合に限られるため、残余財産の分配がないときは、原則として、清算人等に第二次納税義務が生じることはない。また、仮に残余財産の分配がなされた場合であっても、財産の価額を限度として第二次納税義務を負うことになる。その点は、次に規定されているとおりである。

清算人等の第二次納税義務（国税徴収法34条）

> 法人が解散した場合において、その法人に課されるべき、またはその法人が納付すべき国税を納付しないで残余財産の分配または引渡しをしたときは、その法人に対し滞納処分を執行してもなおその徴収すべき額に不足すると認められる場合に限り、清算人および残余財産の分配または引渡しを受けた者は、その滞納に係る国税につき第二次納税義務を負う。ただし、清算人は分配または引渡しをした財産の価額の限度において、残余財産の分配または引渡しを受けた者はその受けた財産の価額の限度において、それぞれその責めに任ずる。

国税徴収法34条の「法人に課されるべき、またはその法人が納付すべき」とは、法人が結果的に納付しなければならないこととなるすべての国税をいい、解散の時または残余財産の分配または引渡しの時において成立していた国税に限られない（国税徴収法基本通達・第34条関係の2）。

また、「分配」または「引渡し」は、法人が解散した後に行ったものに限らず、解散を前提にそれ以前に行った分配または引渡しも含まれる（東京地判・昭和47年9月18日、国税徴収法基本通達・第34条関係の3なお書き）。

なお、残余財産の分配は、金銭その他の財産を交付する方法で行われるケースがほとんどである。しかし、清算法人が株主、社員に対する債権を有するときは、その債権を取り立てたうえで残余財産の分配をする手続を省略し、その債務を免除（債権を放棄）し、実質的にこれと同様の効果を上げることがある。このような場合の債務の免除も残余財産の分配または引渡しとなると解されている[98]。

② 残余財産の分配と第二次納税義務との関係

　損益法による所得計算となるため、過大な負債を抱えている清算法人において債務免除が行われると、多額の納税義務が生じることがあり得る。そのような場合であっても、清算人は残余財産の分配をしたときに、分配した財産の価額を限度として第二次納税義務を負うことになるし、残余財産の分配を受けた者（株主）は分配を受けた財産の価額を限度として第二次納税義務を負う。納税義務を履行しない状況下において、株主に残余財産の分配を行うことは通常ないため、第二次納税義務を履行することになるケースは限られるものと思われる。残余財産の分配を行った後に、所得計算の誤りが後で発見され、想定していなかった更正処分を受けたような場合に、問題となりうる論点かと考えられる。ただし、先に説明したとおり、「分配」または「引渡し」には解散を前提にそれ以前に行った分配または引渡しも含まれるため、解散を前提に分配または引渡しを行ったことにより、それが原因で納税資金に不足をきたすようなケースでも問題は生じ得る。

⑵　**事業を譲り受けた特殊関係者の第二次納税義務**

　納税者の親族その他の特殊な関係のある個人または同族会社に事業を譲渡し、かつ、その譲受人が同一または類似の事業を営んでいる場合は、その譲受人は、譲受財産（取得財産を含む）を限度として、第二次納税義務を負う。

　納税義務を免れるために、特殊関係者に事業移転を行うようなケースが想定され、その譲渡が法定納期限より１年以上前にされている場合は、第二次納税義務を負うことはない。

事業を譲り受けた特殊関係者の第二次納税義務（国税徴収法38条）

> 　納税者が生計を一にする親族その他納税者と特殊な関係のある個人または被支配会社（当該納税者を判定の基礎となる株主または社員として選定した場合に法人税法67条２項（特定同族会社の特別税率）に規定する会社に該当する会社をいい、これに類する法人を含む）で政令で定めるものに事業を譲渡し、かつ、その譲受人が同一または類似の事業を営んでいる場合において、その納税者が当該事業に係る国税を滞納し、その国税につき滞納処分を執行してもなおその徴収すべき額に不足すると認められるときは、その譲受人は、譲受財産の価額の限度において、その滞納に係る国税の第二次納税義務を負う。ただし、その譲渡が滞納に係る国税の法定納期限より１年以上前にされている場合は、この限りでない。

98　吉国二郎・荒井勇・志場喜徳郎共編「国税徴収法精解」大蔵財務協会、Ｐ330。

⑶　無償または著しい低額の譲受人等の第二次納税義務

　滞納者がその財産につき行った無償または低廉譲渡、債務免除その他第三者に利益を与える処分が原因で未納税額が生じている場合には、これらの処分により権利を取得し、または義務を免かれた者は、これらの処分により受けた利益が現に存する限度（これらの者がその処分の時にその滞納者の親族その他の特殊関係者であるときは、これらの処分により受けた利益の限度）で第二次納税義務を負う（国税徴収法39条）。

　いわゆる詐害行為に当たる場合に、その処分による受益者に第二次納税義務を負わせるものであり、詐害行為の取消と同様の実質効果が生じる。

　特殊関係者を対象として債務免除（債権放棄）を行い、それが原因で徴収不足が生じるような場合に、この第二次納税義務については注意をしなければならない。国税徴収法39条のいう「債務の免除」とは、債権者である主たる納税者が債務者に対し一方的意思表示により債務を無償で消滅させる、いわゆる債権放棄（民法519条）のほか、契約による免除も含まれる。この場合において、債務の免除と対価関係にある反対給付があるときは、それが国税徴収法39条の「対価」に当たる（国税徴収法基本通達・第39条関係の４）。

　なお、対価が著しく低額かどうかは、画一的に判断できるものではなく、当該行為につき通常行われている取引行為との対比のなかで社会通念にのっとり低額かどうかを判定すべきである。すなわち、「著しく低い額の対価」によるものであるかどうかは、当該財産の種類、数量の多寡、時価と対価の差額の大小等を総合的に勘案して、社会通念上、通常の取引に比べ著しく低い額の対価であるかどうかによって判定し[99]、次のことに留意する（国税徴収法基本通達・第39条関係の７）。

> ①　一般に時価が明確な財産（上場株式、社債等）については、対価が時価より低廉な場合には、その差額が比較的僅少であっても、「著しく低い額」と判定すべき場合がある。
>
> ②　値幅のある財産（不動産等）については、対価が時価のおおむね２分の１に満たない場合は、特段の事情のない限り、「著しく低い額」と判定すること。ただし、おおむね２分の１とは、２分の１前後のある程度幅をもった概念をいい、２分の１をある程度上回っても、諸般の事情に照らし、「著しく低い額」と判定すべき場合がある。

無償または著しい低額の譲受人等の第二次納税義務（国税徴収法39条）

> 　滞納者の国税につき滞納処分を執行してもなおその徴収すべき額に不足すると認められる場合において、その不足すると認められることが、当該国税の法定納期限の１年前の日以後に、滞納者がその財産につき行った政令で定める無償または著しく低い額の対価による譲渡

99　広島地判・平成２年２月15日・判例時報1371号、Ｐ82。福岡高判・平成13年11月９日・事件番号平成10（行コ）16。

（担保の目的でする譲渡を除く）、債務の免除その他第三者に利益を与える処分に基因すると認められるときは、これらの処分により権利を取得し、または義務を免かれた者は、これらの処分により受けた利益が現に存する限度（これらの者がその処分の時にその滞納者の親族その他の特殊関係者であるときは、これらの処分により受けた利益の限度）において、その滞納に係る国税の第二次納税義務を負う。

⑷　共同的な事業者の第二次納税義務

　納税者が同族会社である場合、その判定の基礎となった株主または社員が、納税者の事業の遂行に欠くことができない重要な財産を有していて、かつ、当該財産に関して生ずる所得が納税者の所得となっている場合において、その納税者の国税につき滞納処分を執行してもなおその徴収すべき額に不足すると認められる場合は、当該株主または社員は、当該財産を限度として、その滞納に係る第二次納税義務を負う（国税徴収法37条）。

　例えば同族会社にはみるべき資産がなく、オーナー個人の所有する不動産や動産を借りているような場合に、その同族会社に法人税や源泉所得税の滞納が生じたとしても、その事業の遂行に不可欠と認められる不動産または動産は、経済的にはその同族会社の財産とみられるものの、法律上は第三者であるオーナー個人の所有であるため、滞納処分を執行できないように思われる。その場合に、その一体性に着目して、同族会社の株主等に第二次納税義務を課すものである。

共同的な事業者の第二次納税義務（国税徴収法37条）

　次の各号に掲げる者が納税者の事業の遂行に欠くことができない重要な財産を有し、かつ、当該財産に関して生ずる所得が納税者の所得となっている場合において、その納税者がその供されている事業に係る国税を滞納し、その国税につき滞納処分を執行してもなおその徴収すべき額に不足すると認められるときは、当該各号に掲げる者は、当該財産（取得財産を含む）を限度として、その滞納に係る国税の第二次納税義務を負う。

　一　納税者が個人である場合

　　その者と生計を一にする配偶者その他の親族でその納税者の経営する事業から所得を受けているもの

　二　納税者がその事実のあった時の現況において同族会社である場合

　　その判定の基礎となった株主または社員

補 編
各種相談事例

本編では、筆者がこれまで実務セミナー等で相談を受けたものについて、取り上げるものとする。内容については、私見が含まれていることをお断りしておきたい。

Q 文献を読むと、解散時において債務超過の疑いがあるときは、普通清算ではなく特別清算手続によることが書かれています。中小企業の場合、解散時は債務超過でスタートすることが多いと思いますが、普通清算ではなく特別清算によらなければならないのでしょうか。

A 中小企業の場合、確かに解散時は債務超過でスタートすることが多いと思われます。ただし、その債務の中心は役員や関係法人からの借入金であり、清算中に債務免除を受ける場合が多いわけです。債務免除を受けることにより債務が整理され、清算事務を終了させることは可能ですので、普通清算手続によることは問題なく、実際にそのようにしている事例が多いと思います。

Q 清算手続のなかに、債権者に対する公告および催告があります。公告は官報に掲載する必要があるようですが、官報公告には一定の費用がかかります。公告したことを証する書類は清算結了登記の申請に際しての添付書類になっていないようですが、公告を省略することは可能なのでしょうか。

A 清算手続として、官報公告および知れている債権者に対する催告が要求されています（会社法499条1項）。公告および催告をしたことを証する書類は、清算結了登記の申請に係る添付書類にはなっていませんので、残余財産の確定に至ったうえで登記申請を行った場合は、清算結了登記は受理されると思われます。

しかし、公告を省略したことにより、万が一債権者が残存していた場合は、清算事務が終了していないことになりますので、法人は存続していることになります。知れている債権者以外の債権者については、公告において一定の期限までに債権の申出がない場合は、清算から除斥される旨が記載されるわけですが、公告をしていない以上は、債権債務関係は存続していることになります。その場合、清算結了登記が行われていることに、実質的に意味がないということになります。

　重要なのは、法人格が消滅したかどうかは、清算結了登記が行われたかどうかは関係なく、清算事務が実質的に終了したかどうかによるということです。

Q 清算手続も終わり、清算結了登記も完了したのですが、税務調査が入り、調査の結果、50万円ほどの追徴が発生しました。清算結了登記も終わっているのに、税金を納めなければならないのでしょうか。

A 　法人格が消滅したかどうかは、清算結了登記が完了しているかどうかは関係なく、清算事務が実質的に終了したかどうかによります。税務調査が入り、結果として過少申告が指摘されたのであれば、納税義務の履行が未了ということになります。租税債務が残っている以上、法人は存続していることになります。

　残余財産が残らない案件の場合は、基本的には課税所得が生じないのが通常です。もし残余財産が残り、それを株主に分配しているのであれば、それを法人に返還したうえで納税を行うことになると考えられます。仮に残余財産の分配をしたため法人に財産がないと主張しても、清算人は分配をした残余財産の価額を限度として、残余財産の分配を受けた株主はその受けた財産の価額を限度として第二次納税義務を負いますので（国税徴収法34条）、納税を避けることはできないと考えられます。

Q 清算中の法人についても、青色欠損金の控除制限は課されると聞きました。当社は、資本金の額が1億円を超えていますので、青色欠損金の控除制限が課されるものと思います。当社は、青色欠損金は潤沢にありますが、期限切れ欠損金はあまりありません。そこで、資本金の額を減少しようと考えたのですが、清算中の法人は資本金の額の減少ができないと司法書士から聞きました。そのような制限があるのでしょうか。根拠法令を教えてください。

A 　清算中の法人は、資本金の額の減少をはじめとした株主資本の計数の変更はできないとされています。会社法509条1項2号において、清算株式会社には、会社法の第5章「計算等」の第3節から第5節までの規定は適用されない旨が規定されており、第3節の中に資本金の額の減少をはじめとした株主資本の計数の変更に係る規定が含まれていま

す。資本金の額の減少を検討するのであれば、解散決議前に事前に行っておくべきものと思われます。

Q 法人を解散しましたが、法人住民税の均等割は、これまでどおり課されるのでしょうか。

A 法人住民税の均等割の免税制度は、県税事務所および市役所等の地方自治体に「休業届」の提出により、会社の営業実態がなく、まったく活動していない会社である旨を申し出たうえで、認められる可能性がある制度です（県税事務所、市役所等によって対応が異なる面もあります）。

　本来の趣旨としては、人的かつ物的な面の両面において活動実態がない場合に認められる制度ですので、清算事務を遂行している状況にある場合には、免税は原則として適用されないと思われます。ただし、例外的に、清算中の法人に対して、条例により均等割を免除している自治体や減免している地方自治体もあるようですので、一度地方自治体にご相談されることをお薦めします。

Q 法人を解散・清算することになりました。社長に対する貸付金があります。清算中に債権放棄しようと思ったのですが、顧問税理士から役員給与であると認定される可能性があると聞きました。この貸付金を解消しないと、清算結了には至りません。どのような解消方法が考えられるでしょうか。

A 社長に対する貸付金を単純に債権放棄しますと、役員給与として認定されることが考えられます。定期同額給与、事前確定届出給与および業績連動給与のいずれにも該当しないということで、損金不算入になったうえで、債務免除を受けた社長の側において、多額の給与所得課税が行われる可能性がありますので、かなり不利になります。

　そこで、会社の解散・清算に伴って、役員を退任することになると考えられますので、役員退職給与の支給を決議し、社長貸付金（債権）と未払役員退職給与（債務）の相殺をする方法が考えられます。この場合、法人の側においては役員退職給与について適正額の範囲内であれば全額損金算入され、社長個人の側においては（金銭の交付がなくても）退

職所得として課税の対象になりますが、税負担は比較的少なくて済むと思われます。

> **Q** 決算報告に借入金が残存している内容が記載されていて、債務超過の状態であることが示されている場合には、清算結了登記は受理されないと聞きます。当社は、資産の換価を完了しましたが、清算人に対する債務は残った状態になっています。清算人に対して支払う金銭はありません。この状態で残余財産はないことが確定していると考えられますが、清算結了登記は受理されないのでしょうか。

A　決算報告上で債務が残存していてそれを弁済する原資がない、すなわち債務超過の状態にある場合は、清算事務が終了していないことになりますから、清算結了登記は受理されません。しかし、その債務に係る債権放棄証書が決算報告に添付されている場合は、清算結了登記は受理される運用が行われています。もっとも債務免除を受けたうえで決算報告を作成（その場合は資産・負債ともにゼロ）し、清算結了登記を申請することも考えられます。

この論点に関連して、法務省民事局商事課の局付検事による解説の中に、次の照会に対する回答が掲載されています[100]。

なお、第三者に対する債務が残っていて、残余財産がないことが確定している場合、清算人が立て替えて支払い、その結果清算人に対する債務になりますが、当該清算人の債権放棄証書を添付して清算結了登記申請を行う対応も実務上みられます。

【照会】

清算結了の登記の申請書に添付された株主総会の議事録の附属書類である決算報告書上、いまだ清算株式会社には負債が残存している旨の記載があるものの、株主総会の議事録には、清算人による清算結了に至る経緯説明として「負債はすべて株主3名からの借入金であり、この債務について、同株主らは席上その一切の債権を放棄する」旨記載されていた場合、当該清算結了の登記を受理することはできるか。

【回答】

当該清算結了の登記の申請を受理することはできないが、更に当該決算報告書に同報告

100　吉野太人「会社法施行後における商業登記実務の諸問題(7)」月刊登記情報2008年4月号P42頁以下。

書に記載された負債に係る債権放棄証書が添付されている場合には、当該申請を受理することができる。

Q 最後事業年度において債務の弁済および債務免除が完了し、青色欠損金のほかに期限切れ欠損金を損金算入しないと課税所得がプラスになってしまう見込みであったため、実態貸借対照表を作成したところ、負債は法人住民税均等割に係る未払金のみであり、資産はその未払金の使用に充てる予定の現金のみとなりました。実態貸借対照表の純資産の額はゼロとなりますが、最後事業年度の確定申告書に、残余財産がないと見込まれることを説明するための当該実態貸借対照表および別表7⑷の明細書を添付することにより、期限切れ欠損金を損金算入することができると考えてよろしいでしょうか。

A 残余財産確定の日現在の実態貸借対照表上、資産と負債が同額であり、純資産の額がゼロであるときは、残余財産がないと見込まれますので、当該最後事業年度の所得金額の計算上、青色欠損金のほかに期限切れ欠損金を損金の額に算入することができると考えられます。

Q 最後事業年度（残余財産の確定の日の属する事業年度）において期限切れ欠損金を使用する予定があるため、最後事業年度の末日の実態貸借対照表を作成しています。資産の換価による現金を債務の一部弁済に充て、弁済しきれない債務について債務免除を受けました。結果として、資産も負債もゼロで残余財産の確定に至ったものと認識していました。

　ところが、最後事業年度に係る確定申告書を作成していましたところ、預金利息に係る源泉所得税および復興特別所得税が法人税（＝0）から控除しきれないため、還付されることがわかりました。還付された所得税および復興特別所得税は、清算法人の預金口座に入りますので、法令上は残余財産になるのではないでしょうか。残余財産がないと見込まれる要件を満たさないため、期限切れ欠損金の使用を否認されないでしょうか。

A　法人税から控除しきれない源泉所得税等は、清算法人に対して還付されます。法令上は、たとえ少額であっても残余財産として最終的には株主に分配されることになると考えられます。実態貸借対照表上、未払法人税等を計上して、残余財産がないと見込まれるかどうかを判定することを認める取扱い（国税庁『解散法人の残余財産がないと見込まれる場合の損金算入制度（法法59④）における「残余財産がないと見込まれるとき」の判定について』）との整合性から、還付が見込まれる源泉所得税等に係る未収入金も、原則として、実態貸借対照表に計上して判定するべきものと考えられます。

　この問題については、債務免除を受けたことによる益金を前提として未払法人税等を見積もって実態貸借対照表を作成し、債務超過であると説明することが考えられます（内容およびこの対応を行った場合の注意事項については、本書のP133からP135を参照）。

　また、還付が予定される源泉所得税等の額を織り込んで、すなわちその額に対応する債務を残して債務免除を受けるという対応をとることも考えられます。あるいは、還付される所得税等を残余財産確定の日後に支払う清算費用の一部に充当するという対応も考えられます。あるいは、源泉徴収される所得税等について、税額控除を適用しないで、損金算入する方法を適用することにより、還付が生じないように対応することも考えられます。

　さらに、残余財産の確定後に支払う清算費用について清算法人に支払原資がない場合に、清算人が立て替えて支払うケースがありますが、その場合は清算法人が清算人に対して債務を負うことになります。そのような債務が源泉所得税等の還付予定額を上回るのであれば、実態貸借対照表は債務超過の状態であるということになります。

　いずれにしても、実態貸借対照表上債務超過であることが説明できるのであれば、期限切れ欠損金の損金算入は認められると考えられます。

Q　当社は、解散・清算を予定しています。過去に仮装経理をしていた関係で、貸借対照表に実在性のない資産（架空資産）が残っています。これについては、過去の帳簿書類を調査した結果、実在性のない資産の計上根拠等が判明しませんでした。

　この実在性のない資産については、処分価格がありませんから、実態貸借対照表に計上する必要はないと思います。しかし、仮装経理をしてきた関係で、税務上の欠損金があまりありません。清算中に債務免除も予定しており、青色欠損金の控除と期限切れ欠損金の控除を使っても、課税所得が生じる見込みです。課税が生じないような何か特別な取扱いはあるのでしょうか。

A　過去に仮装経理を行っている場合、実在性のない資産（架空の現預金、架空の売掛金、架空の棚卸資産等の架空資産）が貸借対照表上計上されていることが想定されます。このような実在性のない資産がある法人が解散した場合に、どのように取り扱われるかが問題となります。この問題については、国税庁「平成22年度税制改正に係る法人税質疑応答事例（グループ法人税制その他の資本に関係する取引等に係る税制関係）」（平成22年10月6日）の問11（実在性のない資産の取扱い）を参考にする必要があります。

第1に、過去の帳簿書類等を調査した結果、実在性のない資産の計上根拠（発生原因）等が明らかである場合は、結果的には課税を受けない取扱いになります。

第2に、過去の帳簿書類等を調査した結果、実在性のない資産の計上根拠（発生原因）等が不明である場合は、一定の条件に当てはまる場合のみ、課税を受けない取扱いになります。一定の条件とは、裁判所が関与する破産等の法的整理手続、または、公的機関が関与もしくは一定の準則に基づき独立した第三者が関与する私的整理手続を経て、資産につき実在性のないことが確認された場合です。この場合は、実在性のないことの客観性が担保されていると考えられ、このように客観性が担保されている場合に限っては、その実在性のない資産がいつの事業年度でどのような原因により発生したものか特定できないとしても、その帳簿価額に相当する金額分だけ過大となっている利益積立金額を適正な金額に修正することが適当と考えられます。法人において修正の経理を行い、その修正の経理を行った事業年度の確定申告書上で、その実在性のない資産の帳簿価額に相当する金額を過去の事業年度から繰り越されたものとして処理する（期首利益積立金額から減算する）ことにより、期限切れ欠損金額とすることが認められます。

この後者の取扱いは、裁判所が関与する破産等の法的整理手続、または、公的機関が関与もしくは一定の準則に基づき独立した第三者が関与する私的整理手続を経て、資産につき実在性のないことが確認された場合であって、通常清算の場合には当てはまらない場合も多いと思われます。

Q　会社を解散した後、遅滞なく、官報広告および催告を行い、債権者に対して債権の申出を促す手続が必要です。債権申出期間は2ヵ月を下回ってはいけませんので、当社は2ヵ月設定する予定です。この債権申出期間中は、原則として、債務の弁済を行ってはいけないとされています。租税公課や社会保険料の納付期限が到来する場合、どのように対応したらよいのでしょうか。

A　債権申出期間中は、原則として、一切の債務について弁済が禁止されます（会社法500条1項）。したがって、租税公課、社会保険料、水道光熱費、従業員等の給与も支払禁止となります。債権申出期間が経過した後に支払うことになります。ただし、少額債権、清算中の法人の財産につき担保権等によって担保される債権、その他これを弁済しても他の債権者を害するおそれがない債権に係る債務については、裁判所の許可を得て、弁済することが可能とされています（同条2項）。裁判所の許可を得ないで弁済をした結果、すべての債権者に対する弁済ができなくなった場合は、清算人に任務懈怠による損害賠償責任が課せられると考えられます。

　なお、債権申出期間中に期限が到来する租税公課等については、裁判所の許可を得る場合の実務負担等も考慮し、清算人が立て替えて支払っておいて、債権申出期間を経過した後に、当該清算人に対して弁済する対応がとられる場合もあります。

太田達也（おおた　たつや）

【主な経歴】

公認会計士・税理士

昭和34年、東京都生まれ。

昭和56年、慶應義塾大学経済学部卒業。第一勧業銀行（現みずほ銀行）勤務
　　を経て、

昭和63年、公認会計士第２次試験合格後、太田昭和監査法人（現 EY 新日本
　　有限責任監査法人）入所。

平成４年、公認会計士登録。

　豊富な実務経験・知識・情報力を活かし、各種実務セミナー講師として活
躍中で、複雑かつ変化のめまぐるしい会計及び税実務のわかりやすい解説
と、実務に必須の事項を網羅した実践的な講義には定評がある。また、多数
の書籍の執筆および雑誌等への寄稿を積極的に行っている。

【主な著書】────────────────

「改正商法の完全解説」

「『増資・減資の実務』完全解説」

「『役員給与の実務』完全解説」

「『固定資産の税務・会計』完全解説」

「新会社法の完全解説」

「『リース取引の会計と税務』完全解説」

「『債権処理の税務・会計・法務』完全解説」

「決算・税務申告対策の手引」

「『純資産の部』完全解説」

「事業再生の法務と税務」

「合同会社の法務・税務と活用事例」

「同族会社のための『合併・分割』完全解説」

「『自己株式の実務』完全解説」

「消費税の『インボイス制度』完全解説」

週刊「経営財務」

週刊「税務通信」(以上、税務研究会)

「新会社法と新しいビジネス実務」

「会社法決算のすべて」

「会社法決算書作成ハンドブック (2017年版)」

「四半期決算のすべて」(以上、商事法務)

「不良債権の法務・会計・税務」

「会社分割の法務・会計・税務」

「金融商品の会計と税務」

「四半期決算の会計処理」

「四半期開示の実務」(以上、中央経済社)

「株主総会の財務会計に関する想定問答」

「例解　金融商品の会計・税務」(以上、清文社)

「減損会計実務のすべて」(税務経理協会) など執筆多数。

＜第４版＞　「解散・清算の実務」完全解説

平成22年 8 月30日	初 版 第 一 刷 発 行	（著者承認検印省略）
令和 6 年11月20日	第 4 版第一刷印刷	
令和 6 年11月29日	第 4 版第一刷発行	

Ⓒ　著　者　太田　達也
発行所　税 務 研 究 会 出 版 局

https://www.zeiken.co.jp
週　刊「税務通信」　発行所
　　　「経営財務」
代表者　山　根　　　毅

〒100-0005
東京都千代田区丸の内 1 - 8 - 2 （鉄鋼ビルディング）

乱丁・落丁の場合は、お取替えいたします。　　　印刷・製本　奥村印刷

ISBN978-4-7931-2849-3